『自治体法務検定問題集 2023 年度版』内容誤りのお詫びと訂正

…まして、内容誤りがございました。お客様には、ご迷惑をおかけいたしまして誠に申し訳ございません。

その旨申し上げますとともに、下記のとおり訂正いたします。

記

頁・問	誤	正
104頁 問60	③…の出題である。公布は、国の法令の場合官報への掲載により行われる。法律、条例はそれぞれ国会、地方議会の議決により成立する。どちらも、予め定められた施行日の到来により施行される。法律は衆参両議院の議決ることにより成立す り成立し、条例は地方公共団体の議会の議決により成立する。よって③が妥当である。（基本法務テキスト9頁）	③…の出題である。行政法のうち、行政と私人の関係を規律するものは私人にも適用されるので、Aは誤りである。行政活動にも民事法が適用される場合があるので、Bは正しい。したがって、妥当なものは③である。（基本法務テキスト3頁）
107頁 問70	③ 国が一定の事務を法定受託事務として創設する場合には、自治事務とは異なり、地方自治法施行規則の別表に掲げなければならない。	③ 国が一定の事務を法定受託事務として創設する場合には、自治事務とは異なり、地方自治法施行令の別表に掲げなければならない。
	③ 法定受託事務が地方自治法・地方自治法施行規則の別表に掲げられているのに対し、自治事務は掲げられていない。	③ 法定受託事務が地方自治法・地方自治法施行令の別表に掲げられているのに対し、自治事務は掲げられていない。
122頁 問17	[解説]…法律・条例の成立及び施行についての解説も加筆する。（基本法務テキスト9頁）	[解説]…法律は衆参両議院で可決することにより成立し、条例は地方公共団体の議会の議決により成立する。よって③が妥当である。（基本法務テキスト9頁）
125頁 問60	[解説]…。したがって、②は妥当ではない。法定受託事務が地方自治法・地方自治法施行規則の別表に…	[解説]…。したがって、②は妥当ではない。法定受託事務が地方自治法・地方自治法施行令の別表に…

以上

第一法規株式会社　https://www.daiichihoki.co.jp
〒107-8560 東京都港区南青山 2-11-17
TEL 0120-203-694/FAX 0120-302-640

JN025372

基本法務・政策法務

自治体法務検定
問題集

2023年度版

自治体法務検定委員会 編

第一法規

自治体法務検定とは

　地方分権の推進により、自治体は、自らの判断で、知恵をしぼり工夫をこらして、最良の政策を推進していかなければなりません。そのためには、自らが責任をもって法令の解釈を行い、住民福祉の向上に資するための条例・規則を制定することが大切となってまいります。いま、「自治体法務」の重要性が唱えられているのは、まさにこのためなのです。

　自治体において法務に対するニーズが高まってきた要因としては、第1に、地方分権改革によって自治体が処理する事務の範囲が拡大したため、各自治体は法のルールに則って適正かつ透明な事務処理を行う責務があることがあげられます。第2に、わが国の民間企業には厳しい"コンプライアンス"や"コーポレート・ガバナンス"が求められるようになってきていますが、自治体に対しても全く同じことが求められているということがあります。自治体には、マスコミや住民からの非難を受けず、各種の争訟にも堪えうるような事前配慮が必要となります。

　これからの自治体は、住民に身近なところで、それぞれの地域にふさわしい独自の行政サービスを提供しなければなりません。そのためには、教育、福祉、環境、安心・安全、まちづくり、土地利用、産業振興、内部管理、情報、財務会計・監査等、多岐多彩な専門的能力をもった職員が必要となります。その際、自治体職員も、これらの各分野に共通した法的問題や地域独自の政策を法的に設計し構築するための法務能力を備えることが期待されます。

　このような要請を受けて、高い法務能力を備えた自治体職員を養成するための1つの手段として設けられたのが「自治体法務検定」という仕組みです。この検定は、「基本法務編」と「政策法務編」というそれぞれのテキストを勉強した上で、主にその中から出題される問題に答えていただき、その採点結果によって、その時点での受検者の法務能力を評価するというものです。ひと口に自治体といっても、都道府県や市町村はそれぞれ多種・多様であり、地域の独自性や自治行政の中での法務に対する比重の置き方もさまざまかと思いますが、これからの新しい時代の地方自治を担い、各自治体を牽引する役割を担う職員になっていただくためにも、一人でも多くの自治体職員の皆様に、「自治体法務検定」に参加していただけることを期待しています。

2013年9月

自治体法務検定委員会

委員長　塩野　宏

基本法務と政策法務

◎基本法務とは

自治体行政実務との関連をふまえ、法というものの基本を身につける。

　基本法務は、自治体が政策を推進していく上で欠かすことのできない基本法分野（憲法、行政法、地方自治法、民法、刑法）の知識と、政策を根拠づける法への理解力及び自治行政を推進するに際し必要となる国や自治体の法制に関する理解力などの、すべての自治体職員に必要とされる法務能力の向上を目指すものです。

　また、本検定は、単に基本法務の基礎知識の習得のみを目指すのではなく、それを自治体の実務にいかに活かすかという、いわば「考える自治体職員」としての力が身につくようにもなっています。

◎政策法務とは

「わがまち」の自治を創造するための法務知識を身につける。

　政策法務は、地方分権の趣旨を踏まえ、自ら法令を解釈・運用し、条例を制定し、自らの戦略に基づいて法務行政を行うなどの、自治体（と自治体職員）が自らの価値と判断に基づいて行政実務を推進していくための政策法務能力の習得を目指すものであり、行政法、地方自治法、行政学の分野を対象にしています。

　ひと通り備わった法務知識を基礎として、その法務知識を事案解決や新たな政策立案とその実現にいかに活かすか、法務の基礎力から応用力までを問います。

この問題集の使い方

◎問題集の位置づけ

　この問題集は、2023年度自治体法務検定「基本法務」及び「政策法務」の一般受検（2023年9月24日、2024年2月18日）で出題された問題とその解答及び解説です。

　主に各自治体で勤務する職員が、『自治体法務検定公式テキスト　基本法務編』『自治体法務検定公式テキスト　政策法務編』（共に第一法規刊）で学習をした後に、この問題集を繰り返し解くことで、自治体法務検定委員会が認定する「プラチナクラス」「ゴールドクラス」「シルバークラス」を取得するに必要な法務能力を身につけ、もって各自治体の第一線で活躍できる公務員となることを目指すための問題集です。

　なお、出題された問題は、主に2022年8月1日公布日現在の法令及び制度等を基にしています（2023年度検定対応の公式テキストに同じ）。

◎自治体法務検定受検対策として

　自治体法務検定の受検に向けた学習において、実際に出題された問題を解くことによって、問題形式や問題の傾向、時間配分等を把握することができます（検定時間：各120分）。

◎自治体法務検定受検後のフィードバックとして

　2023年度自治体法務検定一般受検の受検者が、解答を誤った問題について、どこをどう誤ったのか、その原因を確認するとともに、解説で盛り込まれる法令・判例等を理解することにより、出題された問題をより深く理解することができます。

◎自己研鑽の教材として

　自らの法務能力の向上を目指し学習する自治体職員の自己研鑽のための教材として活用できます。また、『自治体法務検定公式テキスト　基本法務編』『自治体法務検定公式テキスト　政策法務編』を併用して学習することにより、より効果的に法務知識を身につけることができます。

◎自治体における法務研修時の演習問題用テキストとして

　自治体法務検定で出題される問題は、自治体の実務に即した内容で構成されていますので、自治体で実施する法務研修等における演習問題として活用することができます。また、法務研修後の学習効果の測定手段としても活用することができます。

◎公務員試験等を目指す学生の模擬教材として

　「基本法務」は、憲法、行政法、地方自治法、民法、刑法など幅広い法分野の知識を問う問題からなり、一方の「政策法務」にはより洞察力が必要な問題が含まれることから、本問題集は、各法分野を広く深く学習するのに最適なものであり、公務員試験等を目指す学生の受験対策として格好の模擬教材となるものです。

◎自治体法務検定委員会による認定について

　自治体法務検定委員会では、受検者が検定で獲得した点数により、次のようなクラス認定を行っておりますので、1つでも上のクラスを目指して頑張ってください。

　　シルバークラス：500～699点

　　ゴールドクラス：700～899点

　　プラチナクラス：900～1000点

◎収載範囲

　本書には、2023年度に実施された自治体法務検定一般受検2回分の問題・解答・解説（計280問）を収載しています。

・2023年9月24日（日）実施　「基本法務」70問、「政策法務」70問

・2024年2月18日（日）実施　「基本法務」70問、「政策法務」70問

◎凡例

・本書では、以下の略語を使用しています。

　基本法務テキスト

　　　自治体法務検定委員会編『自治体法務検定公式テキスト　基本法務編　2023年度検定対応』（第一法規、2023年）

　政策法務テキスト

　　　自治体法務検定委員会編『自治体法務検定公式テキスト　政策法務編　2023年度検定対応』（第一法規、2023年）

・解答と解説に、各テキストの章番号を表示しています。

　　（例）序　１　２

　※「自治体法務検定」公式サイト（http://www.jichi-ken.com/）では、2023年度自治体法務検定一般受検の分析結果が掲載されていますので、ご参照ください。

◆装丁──篠　隆二

目　次 ━━━━━━━━━━━━━━━━━━━━━━━━━━━━●

2023年度自治体法務検定問題集

自治体法務検定とは
基本法務と政策法務
この問題集の使い方

第1章　自治体法務検定　基本法務（2023年度9月）

第1節　問題

問1　地方公共団体の収入である地方税のうち法定普通税に該当するものとして正しいものを、①〜④の中から1つ選びなさい。

①　都市計画税

②　国民健康保険税

③　水利地益税

④　道府県たばこ税

問2　次の事案に係る最高裁判所の見解として妥当なものを、①〜④の中から1つ選びなさい。

（事案）

甲市は、「パチンコ店等、ゲームセンター及びラブホテルの建築等の規制に関する条例」（以下「本件条例」という）により、パチンコ店等の建築等をしようとする者は市長の同意を得なければならないこと、市長は、商業地域以外の用途地域及び市街化調整区域においては、上記の同意をしないものとすること、市長は、上記の同意を得ないで建築をしようとする者には、建築の中止、原状回復等の措置を命ずることができること等を定めていた。ただし、上記の命令違反に対する罰則は、規定されていなかった。Xは、パチンコ店を建築しようとして、本件条例による建築の同意を申請したが、甲市長Aは、建築予定地が準工業地域に属することから、本件条例に基づき、不同意とした。しかし、Xが建築工事に着手したため、Aは、本件条例に基づき、建築工事中止命令を発したが、工事が続行されたため、甲市は、Xを相手取って、工事の続行禁止を求める民事訴訟（以下「本件訴え」という）を提起した。

①　本件条例に基づく建築工事中止命令は、違反に対する罰則が規定されていないことから、法的義務を課さない行政指導の性質を有するものと解さざるをえず、本件訴えによってその履行を強制することはできない。

②　本件条例に基づく建築工事中止命令に従う義務は、公法上の義務であるから、何らかの公法上の請求をすることができるかどうかはともかく、民事訴訟としての本件訴えによって履行を強制することはできない。

③　本件訴えは、本件条例によるパチンコ店等の建築等の規制が国の法令に違反しない適法なものであることの確認を抽象的に求めるものであって、具体的事件性を欠くから、法律上の争訟にあたらない。

④　本件訴えは、地方公共団体が専ら行政権の主体として国民に対して行政上の義務の履行を求めるものであって、自己の権利利益の保護救済を目的とするものではないから、法律上の争訟にあたらない。

問3　「行政手続における特定の個人を識別するための番号の利用等に関する法律」（以下「番号法」という）に関する次の記述のうち、妥当でないものを1つ選びなさい。

①　番号法に基づく個人番号の指定等に関する事務は、市町村の自治事務ではなく法定受託事務である。

②　番号法に基づく個人番号が記載されたカードを「個人番号カード」とよぶが、当該カードには、氏名、住所、生年月日、性別、個人番号その他政令で定める事項が記載され、かつ、本人の写真が表示されるものとされる。

③　番号法によると、国又は地方公共団体に限らず、何人も番号法に定められた場合を除き、特定個人情報（番号法に基づく個人番号をその内容に含む個人情報）を収集し又は保管してはならないとされている。

④　ある市の住民の個人番号が漏えいして不正に用いられるおそれがあると認められるときは、当該市の市長は、政令で定めるところにより、従前の個人番号に代えて、新たな個人番号を指定することができるが、そのためには当該住民の請求が必要である。

問4　外務省機密漏洩事件最高裁決定について述べた次の記述のうち、妥当なものを1つ選びなさい。

①　国家の刑事責任について論じたものである。

②　正当業務行為について論じたものである。

③　責任能力について論じたものである。

④　期待可能性について論じたものである。

問5　行政処分の効力に関する説明として最も妥当でないものを、①～④の中から1つ選びなさい。

①　行政処分に重大かつ明白な瑕疵がある場合、取消訴訟以外の訴訟で当該処分の無効を主張することができる。

②　行政処分が違法であることを理由として国家賠償請求をするについては、あらかじめ処分の取消し又は無効確認の判決を得る必要はない。

③　行政処分について取消訴訟の出訴期間が経過して不可争力が生じた後においても、当該処分をした行政庁が職権で当該処分を取り消すことは可能である。

④　行政処分には自力執行力があるから、一般に、行政処分によって課された非代替的作為義務が履行されないときは、行政上の間接強制（執行罰）により履行を強制することができる。

問6　不法行為に関する次の記述のうち、妥当でないものを1つ選びなさい。

①　加害者に責任能力がない場合、当該加害者の監督者は、無過失責任を負う。

②　土地工作物の設置又は保存に瑕疵があったときは、占有者又は所有者が責任を負う。

③　被害者が死亡したときは、被害者の子、親、配偶者は慰謝料請求をすることができる。

④　不法行為の効果は、法律で原状回復を認める名誉毀損のような場合等を除き、金銭賠償である。

問7　地方公共団体の公の施設の指定管理者に関する次の記述の空欄に入る語句の組合せとして正しいものを、①～④の中から1つ選びなさい。

> （　ア　）は、指定管理者の指定をしようとするときは、あらかじめ、当該普通地方公共団体の（　イ　）を経なければならない

① ア：普通地方公共団体　　　　　イ：議会の議決
② ア：普通地方公共団体の議会　　イ：長の決定
③ ア：普通地方公共団体　　　　　イ：長の決定
④ ア：普通地方公共団体の長　　　イ：議会の議決

問8　団体及びその構成員の自由に関する次の記述のうち、最高裁判所の判例に照らして妥当でないものを1つ選びなさい。

① 憲法第三章に定める国民の権利及び義務の各条項は、性質上可能なかぎり、内国の法人にも適用されるものと解すべきであるから、株式会社は、自然人たる国民と同様に、政治的行為をなす自由を有する。

② 地方議会議員の選挙にあたり、労働組合がいわゆる統一候補を決定し、統一候補以外の組合員で立候補しようとする組合員に対し、立候補を思いとどまるように勧告又は説得することは、労働組合の政治活動の一環として許される。

③ 政治団体に対して金員の寄付をするかどうかは、選挙における投票の自由と表裏を成すものとして、各人が自主的に決定すべき事柄であり、税理士会が政治団体に対して金員の寄付をすることは、税理士会の目的の範囲外の行為である。

④ 震災により被災した他の司法書士会に復興支援拠出金を寄付するために、司法書士会が会員から負担金を徴収することは、会員の思想信条の自由を害するものであるから、当該拠出金の寄付は司法書士会の目的の範囲外の行為である。

問9　親族に関する次の記述のうち、妥当でないものを1つ選びなさい。

① 扶養義務を負担する者は、第一に直系血族と兄弟姉妹であり、第二に特別の事情の存する場合に3親等内の親族間において家庭裁判所の審判で義務付けられた者である。

② 扶養する義務のある者が数人ある場合あるいは扶養を受ける権利のある者が数人ある場合、当事者間の協議で定めるものとし、これが不調又は不能の場合には、家庭裁判所が扶養権利者の需要、扶養義務者の資力その他一切の事情を考慮してこれを定めるものとしている。

③ 特別養子制度は、特別の事情がある場合において、子の利益のために特に必要があるときに限り、家庭裁判所の審判によることなく当事者間の協議で成立させる制度である。

④ 近年、特別養子制度が改正され、特別養子となる者の対象年齢は原則6歳未満から原則15歳未満に引き上げられた。

問10　地方公共団体の協力方式の一つである地方公共団体の協議会に関する次の記述のうち、妥当なものを1つ選びなさい。

①　都及び特別区の事務の処理について都及び特別区によって設置される都区協議会は、都の事務の一部を特別区が共同して管理し及び執行するための管理執行協議会にあたる。

②　地方公共団体が他の地方公共団体との間で協議会を設ける際は、当該他の地方公共団体との協議により規約を定めなければならないが、当該協議会が管理執行協議会である場合には、当該協議について関係地方公共団体の議会の議決を経る必要はない。

③　地方公共団体は、協議会を設けたときは、その旨及び規約を告示しなければならないが、都道府県の加入するものにあっては総務大臣、その他のものにあっては都道府県知事への届出は、地方公共団体への法令による義務付けの見直しによって廃止されている。

④　地方自治法上、地方公共団体が協議会を設けることは地方公共団体の自治事務であるが、公益上必要がある場合においては、都道府県の加入するものについて、総務大臣は関係のある地方公共団体に対し、地方公共団体の協議会を設けることを勧告することができる。

問11　次の記述のうち、令和4年（2022年）刑法改正で法定刑が重くなった罪はどれか、①〜④の中から1つ選びなさい。

①　侮辱罪（刑法231条）

②　公電磁的記録不正作出罪（刑法161条の2第2項）

③　受託収賄罪（刑法197条1項）

④　電子計算機使用詐欺罪（刑法246条の2）

問12　次の記述のうち、令和4年（2022年）刑法改正で廃止された刑はどれか（ただし施行日までは存続する）、①〜④の中から1つ選びなさい。

①　死刑

②　懲役

③　罰金

④　没収

問13　次の判例（最決平17・7・4刑集59巻6号403頁）中に示された「必要な医療措置を受けさせる義務」と最も関係の薄い概念はどれか、①〜④の中から1つ選びなさい。

（判例）
　被告人は、自己の責めに帰すべき事由により患者の生命に具体的な危険を生じさせた上、患者が運び込まれたホテルにおいて、被告人を信奉する患者の親族から、重篤な患者に対する手当てを全面的にゆだねられた立場にあったものと認められる。その際、被告人は、患者の重篤な状態を認識し、これを自らが救命できるとする根拠はなかったのであるから、直ちに患者の

生命を維持するために<u>必要な医療措置を受けさせる義務</u>を負っていたものというべきである。それにもかかわらず、未必的な殺意をもって、上記医療措置を受けさせないまま放置して患者を死亡させた被告人には、不作為による殺人罪が成立し、殺意のない患者の親族との間では保護責任者遺棄致死罪の限度で共同正犯となると解するのが相当である。

① 法益に対する「現在の危難」

② 法益に対する危険を発生させる「先行行為」

③ 被害法益に対する「排他的支配」

④ 作為犯との「等価値性」

問14　表現の自由に関する次の記述のうち、最も妥当なものを 1 つ選びなさい。

① 判例によれば、検閲とは、公権力が外に発表されるべき思想の内容をあらかじめ審査することと定義される。

② 判例によれば、報道機関による報道の自由には、取材の自由と同じく憲法21条の保障が及ばない。

③ 表現の自由は、情報の送り手の権利を保障したものであり、受け手の権利を保障するものではない。

④ 表現の自由は、自己実現の価値と自己統治の価値に支えられていることから、優越的地位を有する。

問15　行政不服審査法に関する次の記述のうち、妥当なものを 1 つ選びなさい。

① 審査庁が主任の大臣か、地方公共団体の長であるかを問わず、いずれの場合も、審査庁は、総務省に置かれる行政不服審査会に諮問することになる。

② 行政不服審査会は、必要があると認める場合には、審査請求に係る事件に関し、審査請求人にその主張を記載した書面（主張書面）の提出を求めることができるが、審査庁に対して主張書面の提出を求めることはできない。

③ 行政不服審査会は、審査請求人や審査庁など審査関係人から申立てがあった場合には、必ず審査関係人に口頭で意見を述べる機会を与えなければならない。

④ 行政不服審査会は、諮問に対する答申をしたときは、答申書の写しを審査請求人及び参加人に送付するとともに、答申の内容を公表するものとされている。

問16　地方公務員に対してすることができる処分として妥当でないものを、①〜④の中から 1 つ選びなさい。

① 懲戒処分としての停職

② 懲戒処分としての降任

③ 分限処分としての免職

④ 分限処分としての降任

問17 行政手続法に基づく不利益処分の理由提示に関する次の記述のうち、最高裁判所の判例に照らし、最も妥当でないものを1つ選びなさい。

① 行政手続法に基づいて不利益処分の理由をどの程度提示すべきかは、理由提示が求められている趣旨に照らし、当該処分の根拠法令の規定内容、当該処分に係る処分基準の存否及び内容並びに公表の有無、当該処分の性質及び内容、当該処分の原因となる事実関係の内容等を総合考慮して決定すべきである。

② 行政手続法上、不利益処分において必要とされる理由提示がなされていない場合、当該処分は行政手続法に定める理由提示の要件を欠いた違法な処分であると解され、当該処分がその内容において裁量権の逸脱濫用にあたるか否かに拘わらず、取消しを免れない。

③ 処分の根拠法令において処分の具体的基準が定められており、かつ、公にされている処分基準の内容が単純で、いかなる理由に基づいて、どのような処分基準の適用によって当該処分が選択されたのかを処分の相手方において容易に知りうるような場合は、理由提示において処分基準の適用関係を示さなくても違法ではない。

④ 行政手続法上、処分基準を設定し公にすることは努力義務とされているから、行政庁が処分基準を設定し公にしている場合に、理由提示において処分基準の適用関係を示すことも努力義務であると解され、理由提示において処分基準の適用関係を示さなくても違法ではない。

問18 法律の留保に関する次の記述のうち、妥当なものを1つ選びなさい。

① 侵害留保説は、法律の根拠さえあれば、いくらでも国民の自由や財産を制限できるとするもので、立憲主義とは整合しない。

② 侵害留保説によれば、新型コロナウイルス感染症緊急経済対策の一環としての特別定額給付金給付は、法律で決定されるべき事柄である。

③ 最高裁判所によれば、国家公務員が行ってはならない政治的行為の内容を「人事院規則で定める」とした法律は、政府に立法を包括的に委任するもので違憲である。

④ 重要事項留保説によれば、財務省や経済産業省などの省庁を設置法律の制定なしに設立することは、立法権を国会に独占させた憲法41条に違反する。

問19 事務管理に関する次の記述のうち、妥当なものを1つ選びなさい。

① 橋の欄干から飛び降りて自死しようとしている者を本人の抵抗を排して救助する場合、救助行為は明らかに本人の意思に反しているため事務管理は成立しない。

② XがYの保有する特許権を無断で使用して製作及び販売した商品がXの才覚も功を奏して多額の収益を得た場合、Xの行為について事務管理が成立する余地はないが、この場合、YがXに対して不当利得返還請求をすることにより、Xが得た全額の利益の返還が認められる。

③ 隣人の留守中に巨大台風が襲来し、隣人の家屋と誤信してその家屋を修繕した場合には、実際には自己の家屋であったときでも、事務管理は成立する余地がある。

④ 山岳地帯の村落が登山遭難者のために救護隊を組織して活動する行為は、事務管理が成立するといえる。

問20　地方公共団体の議会に関する次の記述のうち、妥当でないものを１つ選びなさい。

①　憲法は、地方公共団体の議会の議員の任期を４年と定めている。

②　憲法は、地方公共団体の議会の議員の選出につき、当該地方公共団体の住民による直接選挙とすることを定めている。

③　公職選挙法は、市町村の議会の議員の被選挙権につき、当該地方公共団体の選挙権を有する者で満25歳以上の者に認めている。

④　地方自治法は、市町村の議会の議員定数を条例で定めることとしている。

問21　次の文章は、ある最高裁判所の判決文の一部である。空欄に当てはまる語句の組合せとして正しいものを、①〜④の中から１つ選びなさい。

> 「法及び規則が位置基準によって保護しようとしているのは、第一次的には、上記のような不特定多数者の利益であるところ、それは、性質上、（　ア　）に属する利益であって、原告適格を基礎付けるには足りないものであるといわざるを得ない。したがって、場外施設〔出題者注：自転車競技法上の場外車券売場〕の周辺において居住し又は事業（（　イ　）に係る事業を除く。）を営むにすぎない者や、（　イ　）の利用者は、位置基準を根拠として場外施設の設置許可の取消しを求める原告適格を有しないものと解される。……位置基準は、（　ア　）を保護する趣旨に加えて、……業務上の支障が具体的に生ずるおそれのある（　イ　）の開設者において、健全で静穏な環境の下で円滑に業務を行うことのできる利益を、個々の開設者の（　ウ　）として保護する趣旨をも含む規定であるというべきであるから、当該場外施設の設置、運営に伴い著しい業務上の支障が生ずるおそれがあると位置的に認められる区域に（　イ　）を開設する者は、位置基準を根拠として当該場外施設の設置許可の取消しを求める原告適格を有するものと解される。」

①　ア：一般公益　　イ：医療施設等　　ウ：個別的利益

②　ア：一般公益　　イ：墓地　　ウ：個別的利益

③　ア：共通利益　　イ：医療施設等　　ウ：事実上の利益

④　ア：共通利益　　イ：墓地　　ウ：事実上の利益

問22　地方公共団体の予算に関する次の記述のうち、妥当なものを１つ選びなさい。

①　地方公共団体の長は、毎会計年度予算を調製し、年度開始前に、議会の議決を経なければならないが、年度開始のどれぐらい前までに当該予算の案を提出すべきかについては、地方自治法上明確に定められてはいない。

②　予算案の提出を受けた議会は、増額して議決することを認める地方自治法の規定があることから、増額して予算を議決することができるが、減額して予算を議決することはそれを認める地方自治法の明文規定がないことから認められない。

③　地方公共団体の長は、必要に応じて、一会計年度のうちの一定期間に係る暫定予算を調製し、これを議会に提出することができ、その後、当該会計年度の予算が成立したときは、当該暫定予

算はその効力を失う。

④　歳出予算の経費の金額は、予算の執行上必要がある場合には、各款の間又は各項の間において相互にこれを流用することが認められている。

問23　刑法上の故意と錯誤に関する次の記述のうち、妥当でないものを1つ選びなさい。

①　故意には確定的故意と未必の故意がある。

②　未必の故意には認識のある故意と認識のない故意がある。

③　錯誤には事実の錯誤と違法性の錯誤がある。

④　事実の錯誤には客体の錯誤と方法の錯誤がある。

問24　請負に関する次の記述のうち、妥当でないものを1つ選びなさい。

①　建物建築請負契約における完成建物の所有権の帰属に関し、判例は、注文者が材料の全部又は主要部分を提供する場合に、原始的に注文者に所有権が帰属すると解している。

②　建物建築請負契約における完成建物の所有権の帰属に関し、判例は、請負人が材料の全部又は主要部分を提供する場合に、原始的に請負人に所有権が帰属し、引渡しによって注文者に所有権が移転すると解している。

③　請負人が仕事を完成しない間は、注文者は、いつでも損害を賠償することなく契約を解除することができる。

④　仕事の目的物が種類・品質に関して契約の内容に適合しない場合には、注文者は請負人に対し、追完請求、報酬減額請求、損害賠償請求、契約の解除をすることができる。

問25　不法行為の成立要件に関する次の記述のうち、妥当でないものを1つ選びなさい。

①　失火の場合、失火者に軽過失でなく重過失があるときにのみ不法行為責任を負う。

②　過失は、一般人に要求される程度の注意義務違反を指すところ、医師のように専門的職業にあれば、その職業としての標準的な注意を怠ることが過失になる。

③　日照や騒音などの生活利益の侵害の場合には、受忍すべき限度を超えたときに違法と評価される。

④　不法行為者が、自己の行為の責任を弁識する能力を有しない場合は責任を負わず、判例では15歳前後まではこの能力がないとされている。

問26　ＡＢ間でＡが所有する土地を目的物として、売買契約を締結したが、まだＡからＢに対して所有権移転登記は済まされていない。この場合における次の記述のうち、妥当なものを1つ選びなさい。

①　Ａの土地上に無権限で建物を建てて居住しているＣがいるとき、Ｂは登記がなければ土地の所有権をＣに対抗することができない。

② 　ＡＢ間の売買契約を知っているＣが、Ａと同土地を目的物とする売買契約を締結した場合、Ｂは登記がなくても土地の所有権をＣに対抗することができる。

③ 　ＡＢ間の売買契約締結後、ＡがＣにも当該土地を売却し、ＡからＣへ移転登記がなされた。ＣがＡから土地を購入した目的が既に引渡しを受けているＢに法外な値段で売りつけようとする場合であっても、Ｂは登記を具備していなければ土地の所有権をＣに対抗することができない。

④ 　Ａ所有の土地について賃貸借契約を締結している賃借人Ｃが、土地上に建物を所有し、当該建物の登記を具備しているとき、Ｂは登記を具備していなければ、Ｃに対して賃料を請求することができない。

問27　債務引受及び第三者弁済についての次の記述のうち、妥当なものを1つ選びなさい。ただし、ＸがＹに対し金銭債権を有していて、ＺはＹの友人であり、Ｙに代わりＸに弁済を行いたいと考えているものとする。

① 　ＸとＺの契約では、ＹのＸに対する債務を併存的債務引受でＺが負担することはできない。

② 　金銭債務の弁済は誰でもできるから、ＺはＹが反対してもＸに弁済することができる。

③ 　ＹとＺの契約では、ＸがＺに対して承諾しない限り、併存的にも免責的にもＹのＸに対する債務を引き受ける効果を生じさせることはできない。

④ 　ＸとＺとで締結された免責的債務引受の契約では、ＸがＹに対して通知をしなくても、免責的債務引受の効果が生じる。

問28　憲法92条所定の「地方自治の本旨」と地方自治法の関係に関する記述として妥当なものを、①〜④の中から1つ選びなさい。

① 　地方自治法には、憲法とは異なり、「地方自治の本旨」について直接言及する条文はないが、地方自治法の各条文は、地方自治の本旨に適合するように解釈・運用しなければならない。

② 　地方自治の本旨は、団体自治と住民自治からなるとされるところ、団体自治について規定するのが地方自治法であり、住民自治については、地方選挙権について定める公職選挙法など地方自治法以外の法律が規定している。

③ 　憲法第8章「地方自治」は、普通地方公共団体と特別地方公共団体を区別していないので、地方自治の本旨は、両者に同様に保障されるとするのが判例の立場である。

④ 　地方自治法が規定する、組織法としての規定だけでなく、国との関係を含む地方公共団体の運営についての規定も、地方自治の本旨に基づくものである。

問29　地方公共団体の執行機関に関する次の記述のうち、妥当なものを1つ選びなさい。

① 　地方公共団体の長には、議長から条例の送付を受けた場合、原則として30日以内に公布することが義務付けられている。

② 　地方公共団体の長は、議長から長の不信任議決の通知を受けた日から20日以内に議会を解散することができる。

③　都道府県知事の補助機関として副知事を置くことは法律上義務付けられており、その定数は条例で定めることとされている。

④　副知事及び副市町村長の選任には、地方公共団体の長が、そのことにつき議会の同意を得ることが求められている。

問30　地方公務員の勤務関係等に関する次の記述のうち、妥当でないものを1つ選びなさい。

①　一般職の職員は、採用によって職員としての身分を獲得するが、この採用行為は、同意に基づく行政処分として理解されている。

②　勤務関係の成立時期は、辞令書の交付又はこれに準ずる行為がなされた時である。

③　定年に達した場合には、定年に達したその年度内の条例で定める日に、任命権者による特別な処分などの手続を経ずに、当然かつ自動的に離職する。

④　職員本人が退職願いを提出した場合には、任命権者の行政処分を待つまでもなく、当然に離職する。

問31　債権と債務に関する次の記述のうち、妥当でないものを1つ選びなさい。

①　法定利率は6％であるが、6年ごとに見直される。

②　債権は、契約自由の原則により、公序良俗に反しなければ、法令の制限内において当事者が自由にその内容を決めることができる。

③　債務者が債務を任意に履行しないときは、債務の性質上許されない場合でない限り、強制的にその債務を履行させることができる。

④　債権は、人に対して一定の行為を請求する権利である。

問32　憲法に定めのある「一の地方公共団体のみに適用される特別法」（以下、「地方自治特別法」という）に関する次の記述のうち、妥当なものを1つ選びなさい。

①　一の地方公共団体の地域を対象とする法律であれば、国の事務や組織について規定するものであっても、地方自治特別法に該当する。

②　一の地方公共団体とは、単数の地方公共団体のことを指すから、複数の地方公共団体を対象とする場合には、地方自治特別法に該当しない。

③　事実上は一の地方公共団体のみに適用される法律であっても、法律上は一般的に適用があるという形をとっていれば、地方自治特別法に該当しないとするのが判例である。

④　憲法は、地方自治特別法を制定する場合には、その地方公共団体の議会の同意又は住民投票の過半数の同意を得ることを要求している。

問33　憲法上の権利に関する次の記述のうち、最高裁判所の判例に照らして妥当なものを1つ選びなさい。

① 未決勾留による拘禁者の新聞紙閲読の自由に対する制限が許されるためには、その閲読を許すことにより、刑事施設内の規律及び秩序が損なわれる明らかな差し迫った危険の発生が、具体的に予見されることが必要である。

② 名誉毀損の被害者が公人であり、その表現内容が公的問題に関する場合には、表現に係る事実が真実に反し虚偽であることを知りながらその行為に及んだとき、又は、虚偽であるか否かを無視して表現行為に踏み切った場合にのみ、名誉毀損罪が成立する。

③ 憲法第三章の自由権的基本権の保障規定は、国又は公共団体の統治行動に対して個人の基本的な自由と平等を保障する目的に出たもので、専ら国又は公共団体と個人との関係を規律するものであり、私人相互の関係を直接規律することを予定するものではない。

④ 財産権に対する規制立法の合憲性を肯定しうるのは、原則として、重要な公共の利益のために必要かつ合理的な措置であり、かつ、当該規制に比べて財産権に対するよりゆるやかな制限によってはその目的を十分に達成することができない場合に限られる。

問34　次の記述のうち、罪が成立しない場合として妥当でないものはどれか、①〜④の中から１つ選びなさい。

① 真正身分犯の構成要件該当行為を非身分者が単独で行った場合

② 構成要件に該当し正当防衛の要件を欠く場合

③ 心神喪失状態での犯行とされ、原因において自由な行為が成立しない場合

④ 刑罰規定が罪刑法定主義に違反し違憲無効とされた場合

問35　行政代執行法に関する記述として妥当でないものを、①〜④の中から１つ選びなさい。

① 法律（法律の委任に基づく命令、規則及び条例を含む）により直接に命ぜられ、又は法律に基づき行政庁により命ぜられた代替的作為義務又は不作為義務が、代執行の対象とされている。

② 他の手段によって義務の履行を確保することが困難であり、かつその不履行を放置することが著しく公益に反すると認められることが、代執行の要件とされている。

③ 非常の場合又は危険切迫の場合において、代執行の急速な実施について緊急の必要があり、戒告及び通知の手続をとる暇がないときは、それらの手続を経ないで代執行をすることができる。

④ 代執行に要した費用は、国税滞納処分の例により、義務者から徴収することができる。

問36　民法上の物権に関する次の記述のうち、妥当でないものを１つ選びなさい。

① 法令の制限内において、物を自由に使用・収益・処分することができる権利を所有権という。

② 小作料を支払って、他人の土地において、耕作又は牧畜を行うことができる権利を永小作権という。

③ 工作物又は竹木を所有するために、他人の土地を使用することができる権利を地役権という。

④ 一定の地域の住民が一定の山林・原野等を共同して収益する慣習上の権利を入会権という。

問37　地方自治法上の関与の手続ルールに関する次の記述のうち、妥当でないものを1つ選びなさい。

① 国の許認可取消しに関するルールは、これに相当する行政手続法のルールとは異なり、書面主義が原則とされている。

② 国の許認可に関するルールは、これに相当する行政手続法のルールと同じく、基準の設定及び公表が法的義務とされている。

③ 国の許認可に関するルールは、これに相当する行政手続法のルールと同じく、標準処理期間の設定及び公表が法的義務とされている。

④ 地方公共団体の申請に関するルールは、これに相当する行政手続法のルールと同じく、所定の事務所に到達したときに成立し、応答義務を生じさせる。

問38　国家賠償法2条により賠償責任が成立する要件としての「公の営造物の設置又は管理」の「瑕疵」に関する次の記述のうち、最高裁判所の判例に照らして、最も妥当でないものを1つ選びなさい。

① 国道上に87時間にわたり故障車が放置され、道路管理者がその事実を知らず、全く措置を講じないうちに、当該故障車に起因して衝突事故が発生した場合、道路管理に瑕疵があったと認められる。

② 未改修河川の管理の瑕疵の有無は、河川改修に関する工事実施基本計画に定める規模の洪水における流水の通常の作用から予測される災害の発生を防止するに足りる安全性を河川が備えているかどうかを基準として判断される。

③ 道路工事の注意を促す工事標識板や赤色灯等が倒されたことに起因して、工事現場付近で車両事故が発生したとしても、赤色灯等が倒されたのが事故発生の直前で、道路管理者による原状回復が時間的に不可能であった場合、道路管理に瑕疵があったとは認められない。

④ 河川管理の瑕疵の有無は、河川管理における財政的・技術的及び社会的諸制約のもとでの同種・同規模の河川の管理の一般的水準及び社会通念に照らして是認しうる安全性を河川が備えているかどうかを基準として判断される。

問39　憲法上の権利の類型に関する次の記述のうち、妥当なものを1つ選びなさい。

① 自由権は「国家からの自由」ともいわれ、その内容は、精神的自由・経済的自由・人身の自由に分けることができる。

② 社会権は国家に対する不作為請求権であり、憲法の規定だけを根拠として権利の実現を裁判所に請求することができる。

③ 参政権は、選挙権や被選挙権に代表される国民の国政に参加する権利であり、「国家による自由」ともいわれる。

④ 受益権（国務請求権）は「国家への自由」ともいわれ、請願権や裁判を受ける権利といった、「基本権を確保するための基本権」である。

問40　国家賠償に関する次の記述のうち、最も妥当なものを１つ選びなさい。

① 国家賠償法１条は、公務員の過失によって私人に損害をもたらした場合の賠償について定めるが、公務員が故意に私人に対して損害を与えた場合には民法に基づく損害賠償請求が認められることになる。

② 国家賠償法１条は、国の適法な活動に起因する損害を金銭的に填補するための損失補償についても定めている。

③ 国家賠償法１条の規定は、国と地方公共団体の活動に起因する損害のほか、指定確認検査機関の活動に起因する損害についても適用されることがある。

④ 国家賠償法１条は、公の営造物の設置管理の瑕疵に起因する損害の賠償についても定めている。

問41　産婦人科の医師Ｘは、甲県医師会Ｙから、旧優生保護法に基づく指定医師の指定を受けていたが、Ｙは、Ｘが違法な実子あっせん行為を繰り返したとして、Ｘに対し、指定を撤回する処分をした。この事案に係る最高裁判所の見解として妥当でないものを、①〜④の中から１つ選びなさい。

① この判決は、Ｙが指定医師の指定をした後に、Ｘが法秩序遵守等の面において指定医師としての適格性を欠くことが明らかとなり、Ｘに対する指定を存続させることが公益に適合しない状態が生じたとしている。

② この判決は、Ｙによる指定医師の指定の撤回が、Ｘの行った実子あっせん行為の犯罪性、違法性を確認し、それに対して非難を加える制裁的処分として行われたとしている。

③ この判決は、指定医師の指定の撤回によってＸの被る不利益を考慮しても、なおそれを撤回すべき公益上の必要性が高いと認められるとしている。

④ この判決は、法令上指定の撤回について直接明文の規定がなくとも、指定医師の指定の権限を付与されているＹは、その権限においてＸに対する指定を撤回できるとしている。

問42　抗告訴訟に関する次の記述のうち、妥当なものを１つ選びなさい。

① 違法な処分により被害を受けた者は、抗告訴訟で賠償を求めることができる。

② 抗告訴訟では、不当な処分の取消しを求めることはできない。

③ 抗告訴訟の対象となる処分について、判例は、行政指導や公立学校の教育活動等を含む広義説に立っている。

④ 抗告訴訟は、個別の処分に関し特に法律で認められている場合にのみ提起することができる。

問43　次の文章は、ある最高裁判所の判決文の一部である。空欄に当てはまる語句の組合せとして正しいものを、①～④の中から1つ選びなさい。

　「原判決は、その理由において、……同条〔出題者注：国家賠償法1条〕の適用を見るがためには、公務員が、（　ア　）に権限行使の意思をもつてした職務執行につき、違法に他人に損害を加えた場合に限るとの解釈を排斥し、本件において、……巡査がもつぱら自己の利をはかる目的で警察官の職務執行をよそおい、被害者に対し不審尋問の上、犯罪の証拠物名義でその所持品を預り、しかも連行の途中、これを不法に領得するため所持の拳銃で、同人を射殺して、その目的をとげた、判示のごとき職権濫用の所為をもつて、同条にいわゆる職務執行について違法に他人に損害を加えたときに該当するものと解したのであるが、同条に関する右の解釈は正当であるといわなければならない。けだし、同条は公務員が（　ア　）に権限行使の意思をもつてする場合にかぎらず自己の利をはかる意図をもつてする場合でも、（　イ　）に職務執行の（　ウ　）をそなえる行為をしてこれによつて、他人に損害を加えた場合には、国又は公共団体に損害賠償の責を負わしめて、ひろく国民の権益を擁護することをもつて、その立法の趣旨とするものと解すべきであるからである。」

①　ア：客観的　　イ：主観的　　ウ：外形
②　ア：主観的　　イ：客観的　　ウ：外形
③　ア：客観的　　イ：主観的　　ウ：実質
④　ア：主観的　　イ：客観的　　ウ：実質

問44　売買に関する次の記述のうち、妥当でないものを1つ選びなさい。
①　契約不適合責任が問題となる類型として、売買の目的物の種類、品質、数量に関する契約不適合責任と、移転した権利が契約の内容に適合しない場合に関する契約不適合責任がある。
②　目的物の種類・品質に関する契約不適合には、物質的な欠点のみならず、環境瑕疵、心理的瑕疵、法律的瑕疵も含まれる。
③　売主が種類、品質又は数量に関して契約の内容に適合しない目的物を買主に引き渡した場合及び移転した権利が契約の内容に適合しない目的物を引き渡した場合のいずれにおいても、買主がその不適合を知った時から1年以内にその旨を売主に通知しなければ、買主は契約不適合責任を追及することができなくなる。
④　強制執行や担保権の実行としての競売のような民事執行法その他の法律の規定に基づく競売によって買い受けた物に、物の不存在若しくは数量に関する不適合又は権利の不存在若しくは権利に関する不適合があった場合は、買受人は、債務者に対して、契約の解除又は代金の減額を請求することができる。

問45　地方公共団体の執行機関及びその他の組織に関する次のア～エの文章を読み、妥当なものの組合せを、①～④の中から１つ選びなさい。

> ア　「長の被選挙権について、公職選挙法は、都道府県知事については年齢満30年以上の者、市町村長については年齢満25年以上の者とし、地方公共団体の議会の議員とは異なり、当該地方公共団体の住民であることは要件としていない。」
>
> イ　「長の地位は、地方自治法143条１項による失職、議会における不信任議決による失職、住民による解職請求によるほか、内閣総理大臣又は都道府県知事による首長罷免制度による場合を除き、意に反して奪われることはない。」
>
> ウ　「市町村長は、その権限に属する事務を分掌させるため、条例で、必要な地に、支所又は出張所を設けることができる。そして、支所若しくは出張所の位置、名称及び所管区域も条例で定めなければならない。」
>
> エ　「地方公共団体には会計管理者１人を置き、その会計管理者は長の補助機関である職員のうちから長が命ずることとされている。なお、会計管理者の事務を補助させるための出納員については、町村においては置かないことができるとされている。」

①　ア、エ

②　イ、ウ

③　ア、イ、エ

④　ア、ウ、エ

問46　自治立法に関する次の記述のうち、妥当なものを１つ選びなさい。

①　規制対象事項が同じであるが条例と法律の目的が異なる場合、その適用によって、法律の規定や意図する目的と効果を阻害する場合であっても、条例と法律の抵触問題は生じない。

②　条例と法律の規制対象事項が同じであり、規制目的も同一である場合には、直ちに当該条例は法律に違反する違法なものとして扱われる。

③　法令の許認可制度につき、当該法令の規定を上書きする内容を定める条例は、法令の規定を書きかえることになるので、法令による明示の委任がなければ制定できないと解されている。

④　法令の規定で、当該法令の規制を強化するいわゆる上乗せ条例の制定を認めることはできない。

問47　次のＡ及びＢから正しいものをすべて選んだとき妥当なものを、①～④の中から１つ選びなさい。

> Ａ　行政法は私人に適用されない。
>
> Ｂ　民事法は行政活動にも適用される。

①　Ａ及びＢ

②　Ａ

③　Ｂ

④　正しいものはない

問48 次の条文で下線部分の行政機関による作用法上の権限行使について定めるものとして最も妥当なものを、①〜④の中から1つ選びなさい。

① 「<u>内閣総理大臣</u>は、（中略）任務を遂行するため政策について行政機関相互の調整を図る必要があると認めるときは、その必要性を明らかにした上で、関係行政機関の長に対し、必要な資料の提出及び説明を求め、並びに当該関係行政機関の政策に関し意見を述べることができる。」

② 「<u>消防庁</u>は、消防に関する制度の企画及び立案、消防に関し広域的に対応する必要のある事務その他の消防に関する事務を行うことにより、国民の生命、身体及び財産の保護を図ることを任務とする。」

③ 「免許（中略）を受けた者が次の各号のいずれかに該当することとなつたときは、その者が当該各号のいずれかに該当することとなつた時におけるその者の住所地を管轄する<u>公安委員会</u>は、政令で定める基準に従い、その者の免許を取り消し、又は六月を超えない範囲内で期間を定めて免許の効力を停止することができる。」

④ 「<u>防衛省</u>は、我が国の平和と独立を守り、国の安全を保つことを目的とし、これがため、陸上自衛隊、海上自衛隊及び航空自衛隊（中略）を管理し、及び運営し、並びにこれに関する事務を行うことを任務とする。」

問49 次の憲法の条文の空欄に入る語句として正しいものはどれか、①〜④の中から1つ選びなさい。

第九十九条 天皇又は摂政及び国務大臣、国会議員、裁判官その他の（　　　）は、この憲法を尊重し擁護する義務を負ふ。

① 国民
② 国家機関
③ 全体の奉仕者
④ 公務員

問50 選挙に関する次の記述のうち、妥当なものを1つ選びなさい。
① 地方公共団体の議会の議員の一般選挙は、任期満了の場合に限って行われる。
② 投票用紙に候補者の職業や住所を記載した投票は、他事記載として無効とされる。
③ 必要な数の当選人が得られなかった場合、これを補うために行われる選挙を補欠選挙という。
④ 候補者の妻が供応接待により買収罪で懲役刑に処せられた場合、連座制の対象となり、当選は無効となる。

問51　地方公共団体の住民の権利義務に関する次の記述のうち、地方自治法及び判例に照らして、妥当なものを1つ選びなさい。

① 地方自治法によると、地方公共団体は、住民が公の施設を利用することについて、不当な差別的取扱いをしてはならないと定められており、したがって、公の施設の利用料金につき、住民である利用者と住民でない利用者とで異なる額を設定することは直ちに違法とされる。

② 地方自治法によると、市町村は、その住民につき、住民たる地位に関する正確な記録を常に整備しておかなければならないとされるが、それはこのような記録への登録がない限り、当該地方公共団体の住民とは法的に認められないためである。

③ 民法によると、住所は「生活の本拠」であるかどうかで決まるが、裁判所は、「生活の本拠」として評価されるためには、そこで継続的に日常生活が営まれているというのみでは不十分であり、「客観的に生活の本拠としての実体を具備している」場所でなければならないと解している。

④ 地方自治法は、一定の年齢で3ヶ月以上市町村の区域内に住所を有する者に、当該市町村の議会の議員や長の選挙権を認めているが、ここでいう「住所を有する者」には当該市町村の区域内で安定した生活を継続的に営み、将来にわたってこれを維持し続ける蓋然性が高いと認められる外国人も含まれる。

問52　法律の留保に関する次の記述のうち、妥当なものを1つ選びなさい。

① 法律の留保を自由主義的に理解するなら、国民と国家との関係に関する規律のうち本質的な事項は、すべて法律に留保されることになる。

② 法律と命令が衝突・抵触する場合であっても、命令の方が個人の自由に資するときは、命令が法律に優先する。

③ 国民の権利や自由に直接の影響を及ぼす命令であっても、法律の授権によることなく定めることができる場合がある。

④ 法律の委任自体が包括的であれば、それに基づき定められた命令が具体的かつ詳細であったとしても、その命令は違憲である。

問53　日本国憲法下の内閣に関する次の記述のうち、誤っているものを1つ選びなさい。

① 新しい内閣総理大臣が、まだ国務大臣を一人も任命していないうちは、前の内閣が引き続き職務を遂行する。

② 内閣を構成する国務大臣の過半数を、参議院議員が占めたとしても、それは憲法上許容されている。

③ 内閣の組織については、憲法が定める基本的な枠組みに基づいて、国会が法律で定めるところによる。

④ 内閣総理大臣は、閣議の決定を経ることなく、任意に国務大臣を罷免することができる。

問54 行政不服審査法に関する次の記述のうち、妥当なものを1つ選びなさい。

① 処分についての審査請求に理由がある場合、審査庁は、裁決で、当該処分を取り消すことができるが、処分庁の上級行政庁又は処分庁のいずれでもない審査庁は、当該処分を変更することはできない。

② 事実上の行為についての審査請求に理由がある場合、審査庁は、裁決で、当該事実上の行為が違法又は不当である旨を宣言するとともに、必要な措置をとるが、処分庁の上級行政庁は、当該事実上の行為を変更すべき旨を命ずることはできない。

③ 不作為についての審査請求に理由がある場合、不作為庁である審査庁は、裁決で、当該不作為が違法又は不当である旨を宣言することなく、当該申請に対して一定の処分をすべきものと認めるときは、当該処分をする。

④ 裁決書には、主文、事案の概要、審理関係人の主張の要旨のほか、理由を記載しなければならないが、主文が審理員意見書又は行政不服審査会等の答申書と異なる内容である場合に、異なることとなった理由まで記載する必要はない。

問55 地方公共団体の執行機関に関する次の記述のうち、妥当でないものを1つ選びなさい。

① 地方公共団体には、その執行機関として、長のほか、法律の定めるところにより委員会や委員が置かれる。

② 議会において長に対する不信任議決がされた後は、長は、議会の解散権を行使することは認められず、所定の期間経過後に失職する。

③ 地方自治法において、長は、当該普通地方公共団体を統轄し、これを代表すると定められている。

④ 地方自治法において、自治紛争処理委員は、執行機関の附属機関とされており、執行機関ではない。

問56 民事裁判のIT化などを内容とする民事訴訟法の改正が成立し、内容ごとに段階的に施行されているが、その改正法に関する次の記述のうち、妥当でないものを1つ選びなさい。

① ウェブ会議の利用やインターネットを利用した申立て・送達や訴訟記録の電子化などの民事訴訟手続の規定が置かれている。

② 法定審理期間訴訟手続（双方当事者が合意した場合に法定の審理期間内に口頭弁論を終結し、法定の期間内に判決言渡しをするという制度）の導入が規定されている。

③ 所定の要件を充たした場合に当事者の住所・氏名を相手方当事者に対して秘匿する制度が規定されている。

④ デジタル機器を使うのが苦手な者もいるため、民事裁判のIT化に伴い、民事裁判を提起する場合には、本人訴訟は認められず、必ず弁護士を訴訟代理人につけて裁判をしなければならないことが規定されている。

問57　Y市は、海岸沿いの公園を作るため、海面を埋め立てることとし、埋立免許の取得等必要な手続をとり、埋立工事（以下「本件工事」という）を開始しようとしている。Y市の住民であるXは、当該埋立免許は違法であると考え、必要な手続を経て、地方自治法に基づく住民訴訟として、本件工事に必要な公金の支出の差止めを請求する訴訟を提起した（以下「本件訴訟」という）。本件訴訟に関する次の記述のうち、妥当でないものを１つ選びなさい。

①　本件工事に関する公金の支出により、Y市に回復の困難な損害を生じる場合でなければ、本件訴訟を提起することはできない。

②　差止請求において、本件工事に関する公金の支出のように、複数の行為を包括的に捉えて差止請求の対象とする場合、その一つ一つの行為を他の行為と区別して特定し認識することができるように個別・具体的に摘示することまでが常に必要とされるものではないとするのが判例の立場である。

③　仮に、本件工事が防災を目的としているなどの理由により、本件工事に関する公金の支出を差し止めることによって人の生命又は身体に対する重大な危害の発生の防止その他公共の福祉を著しく阻害するおそれがあると考えられるときは、本件訴訟による差止請求は認められない。

④　仮に、Xが本件訴訟で勝訴した場合で事件を担当した弁護士に報酬を支払うべきときは、Y市に対し、その報酬額の範囲内で相当と認められる額の支払いを請求することができる。

問58　意思表示に関する次の記述のうち、妥当なものを１つ選びなさい。

①　第三者が心裡留保による意思表示の無効に対抗するには、その者が善意でかつ過失がないことが必要である。

②　第三者が通謀虚偽表示による意思表示の無効に対抗するには、その者が善意でかつ過失がないことが必要である。

③　第三者が詐欺による意思表示の取消しに対抗するには、その者が善意でかつ過失がないことが必要である。

④　第三者が強迫による意思表示の取消しに対抗するには、その者が善意でかつ過失がないことが必要である。

問59　自治立法に関する次の記述のうち、妥当なものを１つ選びなさい。

①　法定受託事務を処理するために条例を制定することができる。

②　憲法は条例制定権の根拠を定めていない。

③　条例に条例違反者に対して刑罰を適用する旨の規定を置くことはできない。

④　条例案を議会に提案できるのは議員だけである。

問60　次の記述の空欄には、類推か反対かのいずれかの語が入る。その組合せとして妥当なものを、①〜④の中から1つ選びなさい。

「馬つなぐべからず」とあれば、なぜ馬をつないで悪いか、その理由がある。その理由は、馬を離れた多少とも一般的なものであろう。例えば、その木を動揺させているためとか、糞尿をして困るとかである。そうすると、その一般的な理由が牛についても同様なら、（　ア　）解釈をすることになり、もし異なるなら、（　イ　）解釈をすることになる。例えば、馬を禁じたのがいななくだけのためなら、牛については（　ウ　）解釈をすることになる。

（我妻栄著、遠藤浩・川井健補訂『民法案内1　私法の道しるべ第二版』より抜粋。なお、一部修正してある）

① 　ア：類推　　イ：反対　　ウ：類推
② 　ア：類推　　イ：反対　　ウ：反対
③ 　ア：反対　　イ：類推　　ウ：類推
④ 　ア：反対　　イ：類推　　ウ：反対

問61　戦前と戦後の地方制度の比較に関する記述として妥当でないものを、①〜④の中から1つ選びなさい。

① 　府県の条例制定権は戦後初めて認められたものではなく、戦前においても、昭和期に入ってから府県にも条例制定権が認められるようになっていた。

② 　戦後は、地方公共団体については都道府県と市区町村という二層制が採用されているが、戦前は、府県と市町村の間に郡という団体が置かれる三層制が採用されていた時期があった。

③ 　地方議員の選挙権・被選挙権については、戦前には、昭和期に市町村に限ってではあるが、女子にも選挙権を与えた普通選挙が導入されたが、戦後は都道府県にもこれが拡大した。

④ 　都道府県知事は、戦前においては国による任命制であったのに対して、戦後は住民による直接公選が実現した。

問62　地方公共団体の情報公開条例と国の情報公開法（行政機関の保有する情報の公開に関する法律）との異同についての次の記述のうち、下線部が妥当でないものを1つ選びなさい。

① 　情報公開条例においては、開示請求手数料が無料とされている例があるが、情報公開法においては、開示請求手数料は有料とされている。

② 　情報公開条例には、知る権利につき明文で規定している例があるが、情報公開法には、知る権利につき明文の規定はない。

③ 　情報公開条例には、公務員の職務遂行に係る公務員の氏名を不開示情報から除く旨を明文で規定している例があるが、情報公開法には、公務員の職務遂行に係る公務員の氏名を不開示情報から除く旨の明文の規定はない。

④　情報公開条例には、開示請求権の濫用禁止を明文で規定していない例があるが、情報公開法は、開示請求権の濫用禁止を明文で規定している。

問63　地方公務員（地方公営企業等の労働関係に関する法律が適用されないものに限る）の権利と義務に関する次の記述のうち、妥当なものを 1 つ選びなさい。

①　職員は憲法上の勤労者に該当せず、現行公務員法制では団結権が認められていない。

②　地方公務員は政治的行為が制約されるが、かかる制限に違反した場合は、懲戒処分及び刑事罰の対象となる。

③　地方公務員は争議行為が禁止されているが、これを企て、あおり、そそのかしなどをした者に対する罰則まではない。

④　地方公務員は争議行為が禁止されるほか、労働協約締結権も否定されている。

問64　契約の解除に関する次の記述のうち、妥当でないものを 1 つ選びなさい。

①　売買契約の解除後に買主が目的物である不動産を第三者に売った場合は、解除により売主に目的物の所有権が戻るのと売買により第三者が所有権を取得するのがあたかも二重に譲渡されたのと同様の状態になるので、先に対抗要件である登記を取得した方が優先される。

②　判例によれば、解除の効果は、契約を遡及的に消滅させると解されている。

③　債務不履行による損害賠償と同じく、解除においても、債務者の帰責事由の存在が要件とされる。

④　履行遅滞の場合は、原則として、相当の期間を定めて催告し、その期間内に履行されなかった場合に契約を解除することができるが、催告期間が経過した時における債務の不履行がその契約及び取引上の社会通念に照らして軽微である場合は、解除することができない。

問65　地方公共団体の議会に関する次の記述のうち、妥当なものを 1 つ選びなさい。

①　常任委員会、議会運営委員会及び特別委員会は、地方自治法により、必置の機関とされている。

②　議会は公開が原則であり、秘密会を開くことはできない。

③　会期中に議決に至らなかった事件は、地方自治法の定めるところにより、後会に継続される。

④　議会に設置される委員会の委員の選任方法は、条例で定めることとされている。

問66　親族についての設例に関する次の記述のうち、妥当でないものを 1 つ選びなさい。

（設例）
　A男はB女と婚姻したが、B女には姉C女、兄D男がいる。C女には配偶者E男がおり、C女とE男の間には実子F女がいる。D男には、配偶者G女がいたが、D男とG女は離婚した。

① E男は、A男の3親等内の姻族であるから、A男の親族である。

② D男は、A男の3親等内の姻族であるから、A男の親族である。

③ B女は、G女の姻族でない。

④ F女は、A男の3親等の姻族である。

（参考）民法

（親族の範囲）

第七百二十五条　次に掲げる者は、親族とする。

　　一　六親等内の血族

　　二　配偶者

　　三　三親等内の姻族

問67　次の記述のうち、法定受託事務に関する関与の基本類型にあたらないものを、①〜④の中から1つ選びなさい。

① 同意

② 処理基準

③ 是正の指示

④ 代執行

問68　行政主体に関する次の記述のうち、妥当なものを1つ選びなさい。

① 地方公共団体は、法人格を有する行政主体である。

② 独立行政法人は、国家行政組織法上の行政機関であって行政主体ではない。

③ 地方自治法に基づき公の施設を管理する指定管理者は、行政主体である。

④ 会計検査院は、法人格を有する行政主体である。

問69　甲県職員Aは、休日に自動車を運転中、酒気帯び運転の嫌疑で警察に検挙された。Aの懲戒権者Bは、地方公務員法29条1項に基づき、Aに対し停職処分をした。この事例に関する次の記述のうち、妥当でないものを1つ選びなさい。

① 休日に酒気帯び運転をしたことが、地方公務員法29条1項3号にいう「全体の奉仕者たるにふさわしくない非行のあつた場合」に該当するか否かに関する裁量があるとすれば、それは要件裁量である。

② 全体の奉仕者たるにふさわしくない非行のあった場合に、その職員に対して懲戒処分をするか否かに関する裁量があるとすれば、それは、効果裁量である。

③ 全体の奉仕者たるにふさわしくない非行のあった場合に、その職員に対して戒告、減給、停職又は免職のいずれの懲戒処分をするかに関する裁量があるとすれば、それは、効果裁量

である。

④　地方公務員法29条1項3号に基づく懲戒処分については、要件裁量は認められるが、効果裁量は認められない。

（参考）地方公務員法

（懲戒）

第二十九条　職員が次の各号のいずれかに該当する場合には、当該職員に対し懲戒処分として戒告、減給、停職又は免職の処分をすることができる。

　一　この法律……又はこれに基づく条例、地方公共団体の規則若しくは地方公共団体の機関の定める規程に違反した場合

　二　職務上の義務に違反し、又は職務を怠つた場合

　三　全体の奉仕者たるにふさわしくない非行のあつた場合

2～4　（略）

問70　親族に関する次の記述のうち、妥当でないものを1つ選びなさい。

①　養子制度には、普通養子制度と特別養子制度とがある。

②　親権者と子の利益が相反する場合や親権者が複数の子の親権者で子の1人と他の子の利益が相反する場合には、特別代理人の選任を家庭裁判所に請求しなければならない。

③　婚姻の解消である離婚の方法として、協議離婚、調停離婚、審判離婚、裁判離婚がある。

④　調停離婚が不成立に終わった場合、家庭裁判所が、自らの判断で職権をもって離婚の審判を下すことができ、これに対する異議の申立てはすることができない。

第2節　解答と解説

<問1>　3

〔正解〕④（配点10点）

〔解説〕この問題は、地方自治法の財務分野からの出題である。地方税には、使い方が特定されている目的税と特定されていない普通税とがある（地方税法4条1項・5条5項）。また、地方税法にその税目が法定されるものが法定税（法定目的税、法定普通税）といわれる。道府県税の法定普通税の税目は地方税法4条2項に、市町村税の法定普通税の税目は同法5条2項にそれぞれ定められている。よって、④が正しい。（基本法務テキスト242～243頁）

<問2>　2

〔正解〕④（配点25点）

〔解説〕この問題は、行政法の行政作用法分野からの出題である。最判平14・7・9民集56巻6号1134頁は、「国又は地方公共団体が提起した訴訟であって、財産権の主体として自己の財産上の権利利益の保護救済を求めるような場合には、法律上の争訟に当たるというべきであるが、国又は地方公共団体が専ら行政権の主体として国民に対して行政上の義務の履行を求める訴訟は、法規の適用の適正ないし一般公益の保護を目的とするものであって、自己の権利利益の保護救済を目的とするものということはできないから、法律上の争訟として当然に裁判所の審判の対象となるものではなく、法律に特別の規定がある場合に限り、提起することが許されるものと解される。」と判示しているので、④が妥当である。①～③は、いずれも上記判決が採った理由付けと異なるので、妥当でない。（基本法務テキスト117頁）

<問3>　3

〔正解〕④（配点10点）

〔解説〕この問題は、地方自治法の住民の権利義務分野からの出題である。①は、番号法44条の定めるところであり、妥当である。②は、番号法2条7項の定めるところであり、妥当である。③は、番号法20条の定めるところであり、妥当である。番号法7条2項によると、個人番号の変更については、市民からの請求による場合だけではなく、職権によることも認められているため、④は妥当ではない。（基本法務テキスト190～191頁参照）

<問4>　5

〔正解〕②（配点15点）

〔解説〕この問題は、刑法分野からの出題である。外務省機密漏洩事件判決（最決昭53・5・31刑集32巻3号457頁）は、報道機関記者が外務省職員をそそのかして国家機密を漏洩させた事件に関するもので、記者の行為が業務として正当であるかどうかが争われ、国民の知る権利から報道の自由、取材活動の自由を論じた上で、目的の正当性と手段・方法の相当性によって違法性判断を導いたものである。国家の刑事責任や責任能力や、期待可能性について論じているものではない。したがって①、③、④は妥当でなく、②が妥当である。（基本法務テキスト403, 419頁）

＜問5＞ **2**

〔正解〕④（配点15点）

〔解説〕この問題は、行政法の行政作用法分野からの出題である。行政処分に重大かつ明白な瑕疵がある場合には処分は無効となり、取消訴訟以外の訴訟で処分の無効を主張することができるから、①は妥当である。行政処分が違法であることを理由として国家賠償請求をするについては、あらかじめ処分の取消し又は無効確認の判決を得る必要はない（最判昭36・4・21民集15巻4号850頁参照）から、②は妥当である。行政処分について取消訴訟の出訴期間が経過して不可争力が生じた後においても、当該処分について訴訟で争えなくなるだけであって、当該処分をした行政庁が職権で当該処分を取り消すことは可能であるから、③は妥当である。自力執行力はあらゆる行政処分に当然に認められるわけではなく、行政上の強制執行を認める法律の根拠がある場合に限って認められるところ、行政上の間接強制（執行罰）を規定する法律は砂防法のみであり、一般には認められていないから、④は最も妥当でない。（基本法務テキスト103頁）

＜問6＞ **4**

〔正解〕①（配点10点）

〔解説〕この問題は、民法の不法行為分野からの出題である。加害者に責任能力がない場合は、当該加害者についての不法行為責任は成立しないが（民法712条、713条）、責任無能力者の監督者は、監督を怠った場合に、当該責任無能力者の行為について責任を負う（民法714条1項）。したがって、責任無能力者の監督者は無過失責任ではないので、①は妥当でない。土地工作物の設置又は保存に瑕疵があったときは、占有者又は所有者が責任を負う（民法717条1項）ので、②は妥当である。被害者が死亡したときは、被害者の子、親、配偶者は慰謝料請求をすることができる（民法711条）ので、③は妥当である。不法行為の効果は、原則として金銭賠償であり（民法722条1項・417条）、名誉毀損の場合には例外として名誉回復のために適当な処分（原状回復）が認められる（民法723条）。したがって、④は妥当である。よって、正解は①である。（基本法務テキスト371〜375頁）

＜問7＞ **3**

〔正解〕①（配点10点）

〔解説〕この問題は、地方自治法の公の施設分野からの出題である。地方自治法は、「普通地方公共団体は、指定管理者の指定をしようとするときは、あらかじめ、当該普通地方公共団体の議会の議決を経なければならない。」と定める（244条の2第6項）。よって、①が正しい。（基本法務テキスト256頁）

＜問8＞ **1**

〔正解〕④（配点15点）

〔解説〕この問題は憲法分野からの出題である。八幡製鉄事件判決（最大判昭45・6・24民集24巻6号625頁）は、①のように判示する。三井美唄炭鉱労組事件判決（最大判昭43・12・4刑集22巻13号1425頁）は、②のように判示する。南九州税理士会事件判決（最判平8・3・19民集50巻3号615頁）は、③のように判示する。他方で、群馬司法書士会事件判決（最判平14・4・25裁

判集民206号233頁）は、まず、群馬司法書士会が阪神・淡路大震災により被災した兵庫県司法書士会に3,000万円の復興支援拠出金を寄付することは、司法書士会の権利能力の範囲内であるとし、さらに、本件拠出金を調達するための「本件負担金の徴収は、会員の政治的又は宗教的立場や思想信条の自由を害するものではな」いと判示する。したがって、妥当でないものは④である。（基本法務テキスト62頁，76頁）

<問9> **4**

〔正解〕③（配点15点）

〔解説〕この問題は、民法の親族・相続分野からの出題である。扶養義務を負担する者は、第一に直系血族と兄弟姉妹であり、第二に特別の事情の存する場合に3親等内の親族間において家庭裁判所の審判で義務付けられた者である（民法877条）。したがって、①は妥当である。扶養する義務のある者が数人ある場合あるいは扶養を受ける権利のある者が数人ある場合、当事者間の協議で定めるものとし、これが不調又は不能の場合には、家庭裁判所が扶養権利者の需要、扶養義務者の資力その他一切の事情を考慮してこれを定めるものとしている（民法878条・879条）。したがって、②は妥当である。特別養子制度は、特別の事情がある場合において、子の利益のために特に必要があるときに限り、家庭裁判所の審判によって成立させる制度である。したがって、③は妥当でない。2019年に特別養子制度が改正され、特別養子となる者の対象年齢は原則6歳未満から原則15歳未満に引き上げられた（民法817条の5第1項）。したがって、④は妥当である。よって、正解は③である。（基本法務テキスト377〜379頁）

<問10> **3**

〔正解〕④（配点25点）

〔解説〕この問題は、地方自治法の地方公共団体の協力方式分野からの出題である。都及び特別区によって設置される都区協議会は、都及び特別区の事務の処理について、都と特別区及び特別区相互の間の連絡調整を図るために設けられる協議会であり（地方自治法282条の2第1項）、地方自治法252条の2の2第1項に定める協議会のうちの連絡調整協議会に当たる（松本英昭『新版逐条地方自治法〔第9次改訂版〕』（学陽書房、2017年）1626頁は、連絡調整協議会に類するものであるという）。よって、①は妥当でない。地方公共団体が他の地方公共団体との間で協議会を設ける際は、当該他の地方公共団体との協議により規約を定めなければならず（同法252条の2の2第1項）、当該協議については関係地方公共団体の議会の議決を経なければならないのが原則である（同法252条の2の2第3項本文）。しかし、当該協議会が連絡調整協議会である場合に限り、関係地方公共団体の議会の議決を経る必要はない（同法252条の2の2第3項ただし書き）。よって、②は妥当でない。現行地方自治法においても、「普通地方公共団体は、協議会を設けたときは、その旨及び規約を告示するとともに、都道府県の加入するものにあつては総務大臣、その他のものにあつては都道府県知事に届け出なければならない。」（252条の2の2第2項）と定められており、都道府県の加入するものにあっては総務大臣、その他のものにあっては都道府県知事への届出は必須とされている。よって、③は妥当でない。地方自治法上、地方公共団体が協議会を設けることは地方公共団体の自治事務であり、かつ、公益上必要がある場合においては、都道府県の加入するものについて総務大臣は、関係のある地方公共団体に対し、地方公共団体の

協議会を設けることを勧告することができる（同法252条の2の2第4項）。よって、④は妥当である。（基本法務テキスト287頁）

<問11> 5

〔正解〕①（配点15点）

〔解説〕この問題は、刑法分野からの出題である。令和4年（2002年）刑法改正では、拘禁刑の新設と侮辱罪の刑の改正が行われた。侮辱罪の改正では、インターネットを使った誹謗中傷被害の重大化に応じて、それまでは拘留又は科料という軽い刑だけであったのを、1年以下の懲役若しくは禁錮若しくは30万円以下の罰金刑を選択刑として加える改正がなされ重罰化された。この侮辱罪改正の施行日は令和4年7月7日で既に施行されている。しかし同時になされた拘禁刑の新設による改正で廃止された懲役・禁錮は、拘禁刑の施行日が2025年6月1日となったため、それまでは適用されることになる。公電磁的記録不正作出罪、受託収賄罪、電子計算機使用詐欺罪については、令和4年（2022年）改正の対象ではない。したがって、①が妥当であり、②、③、④は妥当でない。（基本法務テキスト18頁）

<問12> 5

〔正解〕②（配点10点）

〔解説〕この問題は、刑法分野からの出題である。令和4年（2022年）刑法改正では、刑の種類に関して、それまで自由刑のうち懲役と禁錮とが区別されていたのを廃止し、拘禁刑として一本化する改正がなされた。刑期の異なるもう一つの自由刑である拘留は維持されている。死刑は古くから廃止論はあるが、改正の対象とはされていない。罰金、没収も対象とはされていない。したがって、妥当なものは②である。（基本法務テキスト18，394頁）

<問13> 5

〔正解〕①（配点25点）

〔解説〕この問題は、刑法分野からの出題である。問題文の引用する判例中の「必要な医療措置を受けさせる義務」は不真正不作為犯の作為義務の内容を示すものである。先行行為と法益の排他的支配は、不真正不作為犯における作為義務の発生を根拠づける基本的な概念で、問題文中の判例でも、「自己の責めに帰すべき事由により患者の生命に具体的な危険を生じさせた」という箇所と「重篤な患者に対する手当てを全面的にゆだねられた立場にあった」という箇所にそれぞれ示されている。等価値性は、不作為を構成要件行為とする明文のない条文に解釈上不真正不作為犯を認めるためには作為犯と等価値の違法性・責任が必要であるという基本を示す概念である。したがって、②、③、④は作為義務との関係性が極めて高い。これに対して、現在の危難という概念は、緊急避難の要件とされている概念である。仮に広く現在危険の発生している状態と捉えても、それ自体は作為義務の根拠となるわけではなく、それだけ関連性は希薄である。したがって、①が最も関係が薄い。（基本法務テキスト408頁）

<問14> **1**

〔正解〕④（配点10点）

〔解説〕この問題は憲法分野からの出題である。税関検査事件判決（最大判昭59・12・12民集38巻12号1308頁）は、「憲法二一条二項にいう『検閲』とは、行政権が主体となつて、思想内容等の表現物を対象とし、その全部又は一部の発表の禁止を目的として、対象とされる一定の表現物につき網羅的一般的に、発表前にその内容を審査した上、不適当と認めるものの発表を禁止することを、その特質として備えるものを指すと解すべきである」と判示する。したがって、①は妥当でない。博多駅事件決定（最大決昭44・11・26刑集23巻11号1490頁）は、「報道機関の報道は、民主主義社会において、国民が国政に関与するにつき、重要な判断の資料を提供し、国民の『知る権利』に奉仕するものである。したがつて、思想の表明の自由とならんで、事実の報道の自由は、表現の自由を規定した憲法二一条の保障のもとにあることはいうまでもない。また、このような報道機関の報道が正しい内容をもつためには、報道の自由とともに、報道のための取材の自由も、憲法二一条の精神に照らし、十分尊重に値いするものといわなければならない」と判示する。したがって、②は妥当でない。マスメディアの発達により情報の「送り手」と「受け手」とが分離した現代において、表現の自由は、単に表現の「送り手」の自由だけでなく、表現の「受け手」の自由である「知る権利」を含むものと解されている。したがって、③は妥当でない。他方、④は表現の自由についての正しい説明である。したがって、妥当なものは④である。（基本法務テキスト68～70頁）

<問15> **2**

〔正解〕④（配点15点）

〔解説〕この問題は、行政法の行政救済法分野からの出題であり、行政不服審査法に基づく行政不服審査会に関する知識を問う問題である。審査庁が地方公共団体の長であるときは、地方自治法上の執行機関の附属機関に諮問されることになるので（行政不服審査法43条1項柱書き）、①は妥当でない。行政不服審査会は、必要があると認める場合には、審査庁に対しても主張書面の提出を求めることができるので（行政不服審査法74条）、②は妥当でない。行政不服審査会は、審査関係人から申立てがあった場合には、原則として審査関係人に口頭で意見を述べる機会を与えなければならないが、必要がないと認める場合には、その機会を与える必要はないので（行政不服審査法75条1項ただし書き）、③は妥当でない。④は、行政不服審査法79条が定めるとおりであり、妥当である。（基本法務テキスト130～131頁）

<問16> **3**

〔正解〕②（配点10点）

〔解説〕この問題は、地方自治法の地方公務員分野からの出題である。職員が、地方公務員法若しくは同法57条に基づく特例法又はこれに基づく条例等に違反した場合、職務上の義務に違反し又は職務を怠った場合、全体の奉仕者にふさわしくない非行のあった場合に、地方公務員法は、懲戒処分をすることができると定めている（29条1項1～3号）。懲戒処分の内容は、同条項において、免職、停職、減給、戒告の4種が定められており、①は妥当であるが、降任処分をすることはできないので、②は妥当でない。他方、職員が、（1）勤務実績が良くない場合、（2）心身

の故障のため、職務の遂行に支障があり、又はこれに堪えない場合、（3）その他、その職に必要な適格性を欠く場合、（4）職制若しくは定数の改廃又は予算の減少により廃職又は過員を生じた場合には、分限処分として、降任、免職にすることが可能であり（地方公務員法28条１項）、③④は妥当である。（基本法務テキスト231頁以下）

<問17> ②

〔正解〕④（配点15点）

〔解説〕この問題は、行政法の行政作用法分野からの出題である。①は、最判平23・6・7民集65巻4号2081頁（一級建築士免許取消事件。以下「平成23年最判」という）が一般論として述べている基準であり、妥当である。平成23年最判は、当該免許取消処分は行政手続法に定める理由提示の要件を欠いた違法な処分であるとして、処分の内容を審査することなく処分を取り消しているから、②は妥当である。平成23年最判の事案では、処分の根拠法令において処分の具体的基準が定められておらず、かつ、公にされている処分基準の内容がかなり複雑であることから、処分基準の適用関係が示されなければ、処分の名あて人において、いかなる理由に基づいてどのような処分基準の適用によって当該処分が選択されたのかを知ることは困難であるとして、処分基準の適用関係を示す必要があるとされている。このことから、③のように解することが可能であり、③は妥当である。平成23年最判は、処分基準を設定し公にすることが努力義務とされていることと、行政庁が処分基準を設定し公にしている場合に理由提示において当該処分基準の適用関係を示す必要があるか否かは別問題と解しており、④は妥当でない。（基本法務テキスト107頁）

<問18> ①

〔正解〕④（配点15点）

〔解説〕この問題は、憲法分野からの出題である。侵害留保説は、国民の自由と財産を議会が君主から守るという歴史的な流れから生まれてきた考え方であり、立憲主義と整合するから、①は妥当でない。補助金交付は国民の権利を侵害する行為ではないから、侵害留保説からは法律事項にはならないので、②は妥当でない。最判昭33・5・1刑集12巻7号1272頁は、問題文の規定を合憲としており、③は妥当でない。重要事項留保説によれば、国民と国家の関係に関する規律のうち重要な事項はすべて法律に留保されるので、そのケースに該当する④は妥当である。よって、正解は④である。（基本法務テキスト34～35頁）

<問19> ④

〔正解〕④（配点25点）

〔解説〕この問題は、民法の事務管理・不当利得分野からの出題である。本人の意思を知っているとき又はこれを推知することができるときは、その意思に従って事務管理をしなければならないが、本人の意思が違法であるときや公序良俗に反する場合には、これに従うべきではなく、事務管理が成立しうる。したがって、自死を試みることは公序良俗に反するので、自死しようとしている者を救助する行為について事務管理が成立しうるため、①は妥当でない。XがYの保有する特許権を無断で使用して製作及び販売した商品がXの才覚も功を奏して多額の収益を得た場合、Xの行為について事務管理が成立する余地はない。そして、YがXに対して不当利得返還請求を

する場合、不当利得返還請求が認められる範囲は、Yが損失を被った限度に限られ、Xの才覚が功を奏して生じた利益の返還請求は認められない。なお、この場合に、準事務管理として、事務管理規定の多くを準用して、Xが取得した利益の全ての引渡義務を認める見解もある。しかし、いずれの見解に立っても、②は妥当でない。隣人の留守中に巨大台風が襲来し、隣人の家屋と誤信してその家屋を修繕した場合に、実際には自己の家屋であったときには、他人の事務ではないため、事務管理は成立しない。したがって、③は妥当でない。山岳地帯の村落が登山遭難者のために救護隊を組織して活動する行為は、職務上の義務によるものではないため、事務管理が成立するといえる。したがって、④は妥当である。以上から、正解は④である。（基本法務テキスト366，367頁）

<問20> 3

〔正解〕①（配点10点）

〔解説〕この問題は、地方自治法の議会分野からの出題である。地方公共団体の議会の議員の任期を定めているのは憲法ではなく地方自治法（93条1項）であり、①は妥当でない。②は憲法93条2項、③は公職選挙法10条1項5号、④は地方自治法91条1項の定めるところであり、妥当である。（基本法務テキスト210，217頁）

<問21> 2

〔正解〕①（配点25点）

〔解説〕この問題は、行政法の行政救済法分野からの出題である。引用部分は、最判平21・10・15民集63巻8号1711頁の判旨の一部である。自転車競技法（平成19年法律第82号による改正前のもの。以下「法」という）4条2項に基づき場外車券発売施設「サテライト大阪」（以下「本件施設」という）の設置の許可をしたところ、本件施設の周辺において病院等を開設するなどして事業を営み又は居住する者が、当該許可の取消しを求めた事案である。判旨前段は原告適格を否定し、後段はそれを肯定しているので、アには「一般公益」が入り、ウには「個別的利益」が入ることがわかるだろう。場外車券売場に関する判例であることから、上記判例を想起することができれば、イには医療施設等が入ることがわかる。（基本法務テキスト143頁）

<問22> 3

〔正解〕③（配点15点）

〔解説〕この問題は、地方自治法の財務分野からの出題である。地方公共団体の長が、毎会計年度の開始前に調製して議会に提出する当初予算の案の提出期限について、地方自治法は、「普通地方公共団体の長は、遅くとも年度開始前、都道府県及び第二百五十二条の十九第一項に規定する指定都市にあつては三十日、その他の市及び町村にあつては二十日までに当該予算を議会に提出するようにしなければならない。」（211条1項後段）と定めている。よって、①は妥当でない。地方公共団体の議会が予算を増額して議決することは、それを認める地方自治法の明文の規定（地方自治法97条2項）があることからも認められる。予算を減額して議決できるかについては、それを認める明文の規定は地方自治法には置かれていないが、これも認められるものと考えられている（松本英昭『新版逐条地方自治法〔第9次改訂版〕』（学陽書房、2017年）383頁）。よって、

②は妥当でない。地方自治法は、「普通地方公共団体の長は、必要に応じて、一会計年度のうちの一定期間に係る暫定予算を調製し、これを議会に提出することができる。」（218条2項）と定めるとともに、「前項の暫定予算は、当該会計年度の予算が成立したときは、その効力を失う」（同条3項）ものとする旨を定める。よって、③は妥当である。地方自治法は、「歳出予算の経費の金額は、各款の間又は各項の間において相互にこれを流用することができない。ただし、歳出予算の各項の経費の金額は、予算の執行上必要がある場合に限り、予算の定めるところにより、これを流用することができる。」（220条2項）と定める。よって、④は妥当でない。（基本法務テキスト241〜242頁）

<問23> **5**

〔正解〕②（配点10点）

〔解説〕この問題は、刑法分野からの出題である。故意には確定的故意と未必の故意があり、未必の故意は「かもしれない」という不確定な認識にとどまっている場合である。認識は故意の不可欠の要件であるから、認識のない故意はありえない。過失には、認識のない過失と認識のある過失という区分概念はあるが、故意にはない。したがって、①は妥当であり②は妥当でない。錯誤には事実の錯誤と違法性の錯誤があり、事実の錯誤には客体の錯誤と方法の錯誤があるから、③、④は妥当である。（基本法務テキスト412頁）

<問24> **4**

〔正解〕③（配点10点）

〔解説〕この問題は、民法の契約分野からの出題である。建物建築請負契約における完成建物の所有権の帰属に関し、判例は、注文者が材料の全部又は主要部分を提供する場合には、原始的に注文者に所有権が帰属するとする一方、請負人が材料の全部又は主要部分を提供する場合には、原始的に請負人に所有権が帰属し、引渡しによって注文者に所有権が移転すると解している（大判大3・12・26民録20輯1208頁、大判昭7・5・9民集11巻824頁など）。したがって、①②は妥当である。請負人が仕事を完成しない間は、注文者は、いつでも損害を賠償して契約を解除することができる（民法641条）。したがって、③は妥当ではない。仕事の目的物が種類・品質に関して契約の内容に適合しない場合には、注文者は請負人に対し、追完請求（民法562条の準用）、報酬減額請求（民法563条の準用）、損害賠償請求（民法564条の準用・415条）、契約の解除（民法564条の準用・541条・542条）をすることができる（民法559条）。したがって、④は妥当である。よって、正解は③である。（基本法務テキスト354〜355頁）

<問25> **4**

〔正解〕④（配点15点）

〔解説〕この問題は、民法の不法行為分野からの出題である。失火の場合、失火者に軽過失でなく重過失があるときにのみ不法行為責任を負うため（失火ノ責任ニ関スル法律）、①は妥当である。過失は、一般人に要求される程度の注意義務違反を指すところ、医師のように専門的職業にあれば、その職業としての標準的な注意を怠ることが過失になるため、②は妥当である。日照や騒音などの生活利益の侵害の場合には、受忍すべき限度を超えたときに違法と評価されるので、③は

31

妥当である。不法行為者が、自己の行為の責任を弁識する能力を有しない場合は責任を負わず（民法712条・713条）、未成年者の場合、自己の行為の責任を弁識する能力を有するのは判例では12歳前後とされている（大判大4・5・12民録21輯692頁（11歳11ヶ月で責任能力ありとされた事例）、大判大10・2・3民録27輯193頁（12歳7ヶ月で責任能力がないとされた事例））ので、④は妥当でなく、正解となる。（基本法務テキスト370～371頁）

<問26> ④

〔正解〕④（配点15点）

〔解説〕この問題は民法の物権分野からの出題である。民法177条の登記がなければ対抗することができない「第三者」とは、当事者若しくはその包括承継人ではないすべての者を指すのではなく、不動産物権の得喪及び変更に関し登記の欠缺（不存在）を主張するについて正当の利益を有する者をいう（制限説、大連判明41・12・15民録14輯1276頁）。何らの権原なく不動産を占有する不法占有者は、不動産物権の得喪及び変更に関し登記の欠缺を主張するについて正当の利益を有しないため、民法177条の「第三者」に該当しない（最判昭25・12・19民集4巻12号660頁）。したがって、①は妥当でない。民法177条の登記がなければ対抗することができない「第三者」は、先になされた物権変動の事実を知っている者（悪意者）でも構わない。したがって、Bは登記がないと所有権をCに対抗することができないので、②は妥当でない。民法177条の登記がなければ対抗することができない「第三者」は、先になされた物権変動の事実を知っている者（悪意者）でも構わないが、第一譲受人がいることを知りつつ、あえて不動産を取得し、第一譲受人に対して法外な値段で売りつけようとするような者は、いわゆる背信的悪意者として、登記の欠缺を主張するにつき正当な利益を有する「第三者」にはあたらない（最判昭43・8・2民集22巻8号1571頁）。したがって、Bは登記を具備しなくてもCに土地の所有権を対抗することができるので、③は妥当でない。Aから土地を賃借したCは、賃借権の登記（民法605条）がなくても、その土地上に自己所有建物の登記があれば、Aから土地を購入したBに借地権を対抗することができる（借地借家法10条1項）。土地の賃借人として借地上に登記ある建物を有する者は、その土地の所有権の得喪につき、登記の欠缺（不存在）を主張するについて正当な利益を有することから民法177条の「第三者」にあたる（大判昭8・5・9民集12巻1123頁、最判昭49・3・19民集28巻2号325頁）。BがCに対して賃料請求権などの賃貸借契約上の権利を主張するためには、当該土地の所有権の取得について登記を具備しなければならない（民法605条の2第3項）。したがって、④は妥当である。以上より、正解は④となる。（基本法務テキスト313～314，351～352頁）

<問27> ④

〔正解〕③（配点15点）

〔解説〕この問題は、民法の債権と債務分野からの出題であり、債務引受及び第三者弁済に関する知識を問う問題である。Yが同意しなくてもXとZの契約によって併存的債務引受が成立する（民法470条2項）。よって、①は妥当でない。金銭債務の弁済は誰でもすることができる（民法474条1項）が、弁済をするについて正当な利益を有しない第三者は、債務者の意思に反して弁済することができない（同条2項）。よって、②は妥当でない。Xに対するYとZの併存的債務引受の契約はXがZに承諾した時に（民法470条3項）、Xに対するYとZの免責的債務引受の契約もXがZ

に承諾した時に（民法472条3項）、その効果が生じる。よって、③は妥当である。XとZとで締結された免責的債務引受の契約では、XがYに対して契約をした旨の通知をした時に、その効力が生じる（民法472条2項）。よって、④は妥当でない。したがって、正解は③である。（基本法務テキスト336～337頁）

<問28>　③

〔正解〕④（配点15点）

〔解説〕この問題は、地方自治法の地方自治の基本原理と地方公共団体分野からの出題である。地方自治法1条、2条11・12項は地方自治の本旨に直接言及している。したがって、①は妥当でない。地方自治法には、住民自治に関わる規定も多数ある。したがって、②は妥当でない。最大判昭38・3・27刑集17巻2号121頁は憲法第8章の地方自治保障は普通地方公共団体にのみ及ぶと解している。したがって、③は妥当でない。憲法92条は「地方公共団体の組織及び運営に関する事項は、地方自治の本旨に基いて、法律でこれを定める。」としている。（基本法務テキスト156～157頁）

<問29>　③

〔正解〕④（配点15点）

〔解説〕この問題は、地方自治法の執行機関及びその他の組織分野からの出題である。地方公共団体の長による条例の公布義務は20日以内と定められており（地方自治法16条2項）、①は妥当でない。長による議会解散権の行使は、議長からの通知を受けた日から10日以内とされており（地方自治法178条1項）、②は妥当でない。地方自治法161条1項ただし書きにより、副知事は条例で置かないことができる。したがって、③は妥当でない。副知事及び副市町村長の選任については議会の同意が求められており（地方自治法162条）、④は妥当である。（基本法務テキスト219～222頁）

<問30>　③

〔正解〕④（配点15点）

〔解説〕この問題は、地方自治法の地方公務員分野からの出題である。一般職の職員は、採用によって職員としての身分を獲得するが、この採用行為は、同意に基づく行政処分として理解されており、①は妥当である。勤務関係の成立時期は、辞令書の交付等がなされた時期であるため、②は妥当である。定年に達した場合には、当然退職することとなる（地方公務員法28条の6第1項）ため、③は妥当である。本人の退職願による離職は一般に依願退職とよばれる。しかし公務員の場合には、本人が退職したいという意思表示を示すだけで当然に離職が認められるのではなく、任命権者による承認（処分）が必要と解されている。地方公務員の勤務関係は行政処分によって成立・変動するので、依願退職の場合も同様に解する必要があるからである。したがって、④が妥当でない。（基本法務テキスト230～231頁）

<問31> 4

〔正解〕① （配点10点）

〔解説〕この問題は、民法の債権と債務分野からの出題である。法定利率は現在３％であるが、３年ごとに見直される（民法404条２項・３項）。したがって、①は妥当でない。債権は、契約自由の原則により、公序良俗に反しなければ、法令の制限内において当事者が自由にその内容を決めることができる（民法521条２項）。したがって、②は妥当である。債務者が任意に履行しないときは、債務の性質上許されない場合でない限り、強制的にその債務を履行させることができる（民法414条１項）。したがって、③は妥当である。債権は、人に対して一定の行為を請求する権利である。したがって、④は妥当である。よって、正解は①である。（基本法務テキスト330，332頁）

<問32> 1

〔正解〕③ （配点10点）

〔解説〕この問題は、憲法分野からの出題である。地方自治特別法とは、地方公共団体の組織、運営、又は権能についての法律をいうから、①は妥当でない。「一の地方公共団体」とは、単数又は複数を問わず特定の地方公共団体のことを指すから、②は妥当でない。最大判平８・８・28民集50巻７号1952頁は、沖縄県のみに事実上適用されている駐留軍用地特別措置法について、③のとおり理解しており、妥当である。地方自治特別法の制定には住民投票の過半数の同意を必要とするから、議会の同意を必要とする点で④は妥当でない。よって、正解は③である。（基本法務テキスト58頁）

<問33> 1

〔正解〕③ （配点25点）

〔解説〕この問題は憲法分野からの出題である。よど号ハイジャック新聞記事抹消事件判決（最大判昭58・6・22民集37巻５号793頁）は、未決拘禁者について、「監獄内の規律及び秩序の維持のためにこれら被拘禁者の新聞紙、図書等の閲読の自由を制限する場合においても、それは、右の目的を達するために真に必要と認められる限度にとどめられるべきものである。したがつて、右の制限が許されるためには、当該閲読を許すことにより右の規律及び秩序が害される一般的、抽象的なおそれがあるというだけでは足りず、被拘禁者の性向、行状、監獄内の管理、保安の状況、当該新聞紙、図書等の内容その他の具体的事情のもとにおいて、その閲読を許すことにより監獄内の規律及び秩序の維持上放置することのできない程度の障害が生ずる相当の蓋然性があると認められることが必要であり、かつ、その場合においても、右の制限の程度は、右の障害発生の防止のために必要かつ合理的な範囲にとどまるべきものと解するのが相当である」と判示する。したがって、①は妥当でない。「夕刊和歌山時事」事件判決（最大判昭和44・6・25刑集23巻７号975頁）は、「刑法二三〇条ノ二の規定は、人格権としての個人の名誉の保護と、憲法二一条による正当な言論の保障との調和をはかつたものというべきであり、これら両者間の調和と均衡を考慮するならば、たとい刑法二三〇条ノ二第一項にいう事実が真実であることの証明がない場合でも、行為者がその事実を真実であると誤信し、その誤信したことについて、確実な資料、根拠に照らし相当の理由があるときは、犯罪の故意がなく、名誉毀損の罪は成立しないものと解するのが相当である」と判示しており、最高裁は②のような「現実の悪意」の法理を採用していない。

したがって、②は妥当でない。森林法共有林事件判決（最大判昭62・4・22民集41巻3号408頁）は、「財産権に対して加えられる規制が憲法二九条二項にいう公共の福祉に適合するものとして是認されるべきものであるかどうかは、規制の目的、必要性、内容、その規制によつて制限される財産権の種類、性質及び制限の程度等を比較考量して決すべきものであるが、裁判所としては、立法府がした右比較考量に基づく判断を尊重すべきものであるから、立法の規制目的が前示のような社会的理由ないし目的に出たとはいえないものとして公共の福祉に合致しないことが明らかであるか、又は規制目的が公共の福祉に合致するものであつても規制手段が右目的を達成するための手段として必要性若しくは合理性に欠けていることが明らかであつて、そのため立法府の判断が合理的裁量の範囲を超えるものとなる場合に限り、当該規制立法が憲法二九条二項に違背するものとして、その効力を否定することができるものと解するのが相当である」と判示する。したがって、④は妥当でない。他方で、三菱樹脂事件判決（最大判昭48・12・12民集27巻11号1536頁）は、③のように判示して、「人権の私人間効力」に関する直接適用説を否定した上で、「私的支配関係においては、個人の基本的な自由や平等に対する具体的な侵害またはそのおそれがあり、その態様、程度が社会的に許容しうる限度を超えるときは、これに対する立法措置によつてその是正を図ることが可能であるし、また、場合によつては、私的自治に対する一般的制限規定である民法一条、九〇条や不法行為に関する諸規定等の適切な運用によつて、一面で私的自治の原則を尊重しながら、他面で社会的許容性の限度を超える侵害に対し基本的な自由や平等の利益を保護し、その間の適切な調整を図る方途も存する」と述べている。したがって、妥当なものは③である。（基本法務テキスト62，64，72〜73頁）

<問34> 5

〔正解〕②（配点10点）

〔解説〕この問題は、刑法分野からの出題である。真正身分犯は、身分犯のうち、その身分がなければ行為など他の構成要件要素を充たしたとしても、身分者と共犯になれば格別、単独では罪が成立しないものである。したがって、①は罪が成立しない場合として妥当である。正当防衛は、構成要件該当性が判断された後違法性阻却事由のひとつとして検討されるもので、その要件を充たせば罪が成立しないが要件を充たさなければ他に阻却事由のない限り罪が成立する場合である。したがって、②は罪が成立しない場合として妥当でない。原因において自由な行為は、結果を発生させた直接の行為の時には責任能力を失っているために責任を問いえないのではないかが問題となる局面で原因時に責任を問う根拠を見出す概念であるから、これが成立しないと結局責任を問いえず罪が成立しなくなる場合である。したがって、③は妥当である。刑罰規定が罪刑法定主義に違反し違憲無効とされた場合は、刑罰規定がなくなるから、罪とならず、④は罪が成立しない場合として妥当である。（基本法務テキスト405，419，421，423頁）

<問35> 2

〔正解〕①（配点10点）

〔解説〕この問題は、行政法の行政作用法分野からの出題である。代執行の対象は代替的作為義務に限られ、不作為義務は対象とされていない（行政代執行法2条）から、①は、妥当でない。②は行政代執行法2条により、③は同法3条3項により、④は同法6条1項により、それぞれ妥当

である。（基本法務テキスト116～117頁）

<問36> 4

〔正解〕③（配点10点）

〔解説〕この問題は民法の物権分野からの出題である。所有権は、「法令の制限内において」、自由にその所有物の使用、収益及び処分をする権利である（民法206条）。したがって、①は妥当である。小作料を支払って他人の土地において、耕作又は牧畜を行うことができる権利を永小作権という（民法270条）。したがって、②は妥当である。地役権とは、設定行為で定めた目的に従って、他人の土地を自己の土地の便益に供することができる権利である（民法280条）。他人の土地において、工作物又は竹木を所有するために、その土地を使用することができる権利は、地上権である（民法265条）。したがって、③は妥当でない。一定の地域の住民が一定の山林・原野等を共同して収益する慣習上の権利を入会権という（共有の性質を有する入会権について民法263条、共有の性質を有しない入会権について民法294条）。したがって、④は妥当である。以上により、正解は③となる。（基本法務テキスト315，316，320～321頁）

<問37> 3

〔正解〕③（配点15点）

〔解説〕この問題は、地方自治法の国又は都道府県の関与分野からの出題である。国の許認可取消しについては書面主義が原則とされているが（地方自治法250条の4）、行政手続法14条3項は、書面主義を採用しているわけではなく、処分が書面で行われる場合には理由も書面で示すことを義務付けるにとどまっている。したがって、①は妥当である。国の許認可については基準の設定及び公表が法的義務とされており（地方自治法250条の2第1項）、行政手続法5条1項・3項も審査基準の設定及び公表を法的義務としている。したがって、②は妥当である。国の許認可については標準処理期間の設定及び公表は努力義務とされており（地方自治法250条の3第1項）、行政手続法6条は、標準処理期間の設定を努力義務とし、設定した場合には公表を義務付けている。したがって、③は妥当ではない。地方公共団体の申請については、所定の事務所に到達したときに成立し、応答義務を生じさせ（地方自治法250条の3第2項）、行政手続法7条も受理概念を否定し到達主義を明らかにしている。したがって、④は妥当である（基本法務テキスト273～274頁）。

<問38> 2

〔正解〕②（配点15点）

〔解説〕この問題は、行政法の行政救済法分野からの出題である。①は、最判昭50・7・25民集29巻6号1136頁の判示に適合しているので、妥当である。②の記述内容は、改修済河川の設置管理の瑕疵の有無を判断する基準（最判平2・12・13民集44巻9号1186頁）であるから、妥当ではない。③は、最判昭50・6・26民集29巻6号851頁の判示に適合しているので、妥当である。最高裁は、河川管理の瑕疵の有無について、同種・同規模の河川の管理の一般水準及び社会通念に照らして是認しうる安全性を備えているかどうかを判断の基準としている（最判昭59・1・26民集38巻2号53頁、前出平成2年最判）から、④も妥当である。上記基準を前提として、最高裁は、改修済河川と未改修河川を区別し、瑕疵の有無を判断している。（基本法務テキスト150～151頁）

＜問39＞ **1**

〔正解〕①（配点10点）

〔解説〕この問題は憲法分野からの出題である。社会権は、国家に対する不作為請求権である自由権とは異なり、国家に対する作為請求権であり、憲法の規定だけを根拠として権利の実現を裁判所に請求できる具体的権利ではない。かかる社会権が「国家による自由」といわれているのに対し、「国家への自由」といわれているのは参政権である。他方で、①は自由権についての正しい説明である。したがって、妥当なものは①である。（基本法務テキスト60，74頁）

＜問40＞ **2**

〔正解〕③（配点10点）

〔解説〕この問題は、行政法の行政救済法分野からの出題である。国家賠償法1条1項は、「国又は公共団体の公権力の行使に当る公務員が、その職務を行うについて、故意又は過失によつて違法に他人に損害を加えたときは、国又は公共団体が、これを賠償する責に任ずる。」と定めている。公務員が故意に私人に与えた損害についても適用があるとしているので、①は妥当でない。また、同条は損失補償について定めていないので、②も妥当でない。公の営造物の設置管理の瑕疵に関する損害賠償については、国家賠償法2条1項が定めている。よって、④は妥当でない。国家賠償法1条の規定は、指定確認検査機関の活動に起因する損害についても適用されることがある。よって、③は妥当である。（基本法務テキスト147～148頁）

＜問41＞ **2**

〔正解〕②（配点15点）

〔解説〕この問題は、行政法の行政作用法分野からの出題である。①③④は、この判決が示した見解であり（最判昭63・6・17判時1289号39頁）、妥当である。この判決は、指定の撤回について、指定医師としての適格性を欠くことが明らかとなり、指定を存続させることが公益に適合しなくなったために行われたものと理解しており、犯罪行為や違法行為に対する制裁とは捉えていない（なお、Xは、別途、医師法違反、公正証書原本不実記載・同行使の罪により有罪判決を受けている）から、②は妥当でない。（基本法務テキスト112頁）

＜問42＞ **2**

〔正解〕②（配点10点）

〔解説〕この問題は、行政法の行政救済法分野からの出題である。違法な処分による被害を受けた者は、国家賠償法に基づき国家賠償を請求することはできるが、抗告訴訟では金銭的な賠償を請求することはできない。よって、①は妥当でない。抗告訴訟の対象となる処分には、行政指導や公立学校の教育活動のような非権力的な事実行為は含まれない。よって、③は妥当でない。抗告訴訟は、処分に関する不服の訴えであれば、個別の法律の定めがなくとも行政事件訴訟法に則り争うことができる。よって、④は妥当でない。抗告訴訟では、違法な処分を争うことができるが、不当な処分は争うことができない。したがって、②が妥当である。（基本法務テキスト136，139～140頁）

<問43> ②

〔正解〕② （配点25点）

〔解説〕この問題は、行政法の行政救済法分野からの出題である。引用部分は、最判昭31・11・30民集10巻11号1502頁の判旨の一部である。本判決は、国家賠償法１条の「職務を行う」について、いわゆる外形標準説又は外形説の立場に立つことを明らかにしたものである。本判決は、警察官が職務を装って犯罪行為を行った事案に関するものである。当該警察官は、客観的には職務執行の外形を備えてはいるが、主観的に権限行使の意思をもって職務を執行したとはいえず、当該警察官の行動に職務執行の実質は備わらない。よって、②の組合せが妥当である。（基本法務テキスト149頁）

<問44> ④

〔正解〕③ （配点15点）

〔解説〕この問題は、民法の契約分野からの出題であり、売買に関する知識を問う問題である。契約不適合責任が問題となる類型として、売買の目的物の種類、品質、数量に関する契約不適合責任（民法562条〜564条）、移転した権利が契約の内容に適合しない場合に関する契約不適合責任（民法565条）があるので、①は妥当である。目的物の種類・品質に関する契約不適合には、物質的な欠点のみならず、環境瑕疵（購入した不動産の日照・景観阻害のような周辺環境に欠点がある場合など）、心理的瑕疵（居住用建物内で自殺や他殺があったような場合など）、法律的瑕疵（都市計画街路の境域内にあり建物を建築しても早晩撤去しなければならない場合（最判昭41・4・14民集20巻4号649頁）など）も含まれるので、②は妥当である。売主が種類又は品質に関して契約の内容に適合しない目的物を買主に引き渡した場合、買主がその不適合を知った時から１年以内にその旨を売主に通知しなければ、買主は契約不適合責任を追及できなくなる（民法566条本文）。他方、目的物の数量に契約不適合があった場合や、移転した権利に契約不適合があった場合には、上記の期間制限はなく、一般の消滅時効（民法166条１項）の規制に服する（最判平13・11・27民集55巻6号1311頁）。したがって、③は妥当でない。強制執行や担保権の実行としての競売のような民事執行法その他の法律の規定に基づく競売によって買い受けた物に、物の不存在若しくは数量に関する不適合又は権利の不存在若しくは権利に関する不適合があった場合は、買受人は、債務者に対して、契約の解除又は代金の減額を請求することができる（民法568条１項）ので、④は妥当である。よって、正解は③である。（基本法務テキスト347〜349頁）

<問45> ③

〔正解〕④ （配点25点）

〔解説〕この問題は、地方自治法の執行機関及びその他の組織分野からの出題である。アは妥当である（公職選挙法10条１項３号〜６号）。イは、その文章中の首長罷免制度が1991年の地方自治法改正により既に廃止されており、妥当でない。ウは地方自治法155条１項及び２項の定めるところであり、妥当である。エは、地方自治法168条及び171条１項の定めるところであり、妥当である。したがって、妥当なものの組合せは④である。（基本法務テキスト219〜220頁）

<問46> **3**

〔正解〕③（配点15点）

〔解説〕この問題は、地方自治法の自治立法分野からの出題である。規制対象事項が同一であるが条例と法律の目的が異なる場合であっても、その適用によって法律規定の意図する目的や効果を阻害する条例は違法となる（最大判昭50・9・10刑集29巻8号489頁、福岡地判平6・3・18行裁例集45巻3号269頁）。したがって、①は妥当でない。条例と法律の規制対象事項と規制目的が同一であっても、法律が必ずしもその規定によって、全国一律に同一内容の規制を施す趣旨ではなく、各地方公共団体がその地方の実情に応じて、別段の規制を施すことを容認する趣旨であると解されるときには、法律の目的や効果を阻害しない限り、条例が法律に違反することはない（最大判昭50・9・10刑集29巻8号489頁）。したがって、②は妥当でない。上書き条例（書きかえ条例）は、法令の規定を書きかえるものであるから、法令による授権がなければ制定することはできないと解されている。したがって、③は妥当である。上乗せ条例については、法律が明文で制定を許容するものがある（大気汚染防止法4条1項など）。したがって、④は妥当でない。（基本法務テキスト182頁）

<問47> **序**

〔正解〕③（配点10点）

〔解説〕この問題は、序章からの出題である。公布は、国の法令の場合官報への掲載、地方公共団体の条例・規則の場合公報への掲載により行われる。法律、条例はそれぞれ国会、地方議会の議決により成立する。どちらも、予め定められた施行日の到来により施行される。法律は衆参両議院で可決することにより成立し、条例は地方公共団体の議会の議決により成立する。よって③が妥当である。（基本法務テキスト9頁）

<問48> **2**

〔正解〕③（配点15点）

〔解説〕この問題は、行政法の行政組織法分野からの出題である。①は内閣府設置法7条7項、②は消防組織法4条1項、④は防衛省設置法3条1項である。②④は、一定の所掌事務の担い手となる単位としての「行政機関」であり、事務配分的行政機関概念でいうところの「行政機関」にあたる。①は、大臣による行政機関相互の調整に関する規定であるから、私人に対する行政作用を定めたものではない。これに対して、③は道路交通法103条に基づく公安委員会の行政調査権限に関する定めであり、作用法上の規定である。したがって、最も妥当なものは③である。（基本法務テキスト88～89頁）

<問49> **1**

〔正解〕④（配点10点）

〔解説〕この問題は、憲法分野からの出題である。憲法尊重擁護義務を負うものの中に「国民」が含まれていないことについて、かつては、当然のことだから書かなかっただけだと捉える見解も説かれていたが、現在では、あえて国民には憲法への忠誠を義務付けなかったところに、日本国憲法の立憲主義の特質を読み取る見解が有力になっている（基本法務テキスト25～26頁）。正し

いものは、④である。

<問50> 3

〔正解〕④（配点10点）

〔解説〕この問題は、地方自治法の選挙分野からの出題である。地方公共団体の議会の議員の全員を選ぶ一般選挙は、任期満了の場合以外に、議会の解散などによって議員が全員いなくなった場合にも行われる（公職選挙法116条）。したがって、①は妥当でない。候補者の氏名以外に、候補者の職業、身分、住所、敬称の類を記載した投票は、有効とされる（公職選挙法68条1項6号）。したがって、②は妥当でない。法定得票数を得た候補者の不足や当選の無効等による当選人の不足を補うための選挙を再選挙（公職選挙法109条・110条）という。したがって、③は妥当でない。なお、候補者が当選人の身分を取得した後に死亡や辞職等によって不足した場合に行われる選挙を補欠選挙という。候補者の親族（配偶者、父母、子、兄弟姉妹）が買収罪など悪質な選挙犯罪によって刑に処せられた場合、連座制が適用されて候補者の当選が無効となる（公職選挙法251条の2第1項4号）。したがって、④は妥当である。（基本法務テキスト195〜197，199，201頁）

<問51> 3

〔正解〕③（配点15点）

〔解説〕この問題は、地方自治法の住民の権利義務分野からの出題である。①は、地方自治法244条3項の条文に関する記述だが、住民と住民でない利用者につき異なる料金を設定しても直ちに違法となるわけではなく、妥当ではない（最判平18・7・14民集60巻6号2369頁）。②は、前半部分は地方自治法13条の2の規定であり妥当であるが、記録への登録によって住民であることが認められるわけではないので、妥当ではない。③は、最高裁は「客観的に生活の本拠としての実体を具備している」場所でなければならないと解しており（大阪高判平19・1・23判時1976号34頁の結論を最判平20・10・3判時2026号11頁が支持）、妥当である。④は、最判平16・1・15民集58巻1号226頁の判示であるが、同判例は国民健康保険に関するものであり、選挙権に関するものではなく、妥当ではない。（基本法務テキスト188〜189，191〜192，293頁）

<問52> 1

〔正解〕④（配点15点）

〔解説〕この問題は、憲法分野からの出題である。法律の留保を自由主義的に理解するなら、「自由と財産」の侵害に関わる事項のみを法律事項に留保するにとどまるから、①は妥当でない。法律の優位は内容ではなく形式的に認められるものであるから、②は妥当でない。法律を根拠とせずに定める独立命令は旧憲法下では認められたが、法律の留保に立脚する現憲法下では認められないので、③は妥当でない（執行命令についても一般的な授権は必要である）。法律の委任が包括的であれば、その命令が法律の委任に適合しているかどうかを判断することができないから、④は妥当である。よって、正解は④である。（基本法務テキスト34〜35頁）

<問53> **1**

〔正解〕①（配点15点）

〔解説〕この問題は、憲法分野からの出題であり、日本国憲法の制度設計についての基礎的な知識を問う問題である。②は、憲法68条 1 項により国会議員が過半数を占めていればよいので妥当である。③は、いろいろな条文に言及する煩を避けて、要約的に「憲法が定める基本的な枠組みに基づいて」としてある（憲法66条ほか）。④は、憲法68条 2 項により妥当である。①の場合は新しい内閣総理大臣がすべての職務を遂行するので誤りである。憲法71条により、前の内閣が職務を行うのは新しい内閣総理大臣が任命されるまでである。ただし、組閣を先行させることが通常である。（基本法務テキスト44頁以下）

<問54> **2**

〔正解〕①（配点15点）

〔解説〕この問題は、行政法の行政救済法分野からの出題であり、行政不服審査法に基づく裁決に関する知識を問う問題である。①は同法46条 1 項の定めるとおりであり、妥当である。同法47条では、事実上の行為についての審査請求に理由がある場合、審査庁は、裁決で、当該事実上の行為が違法又は不当である旨を宣言するとともに、必要な措置をとるが、処分庁の上級行政庁以外の審査庁は、当該事実上の行為を変更すべき旨を命ずることはできないとされているので、②は妥当でない。同法49条 3 項では、不作為についての審査請求に理由がある場合、審査庁は、裁決で、当該不作為が違法又は不当である旨を宣言し、審査庁が不作為庁である場合においては、審査庁が、当該申請に対して一定の処分をすべきものと認めるときは、当該処分をするとされているので、③は妥当でない。同法50条 1 項によれば、④は審理員意見書又は行政不服審査会等の答申書と異なる内容である場合には、異なることとなった理由も記載しなければならないので、④は妥当でない。（基本法務テキスト132頁）

<問55> **3**

〔正解〕②（配点10点）

〔解説〕この問題は、地方自治法の執行機関及びその他の組織分野からの出題である。①は地方自治法138条の 4 第 1 項の定めるところであり、妥当である。長は不信任議決のあった後も議会の解散権を有しており（地方自治法178条 1 項）、②は妥当でない。③は地方自治法147条の定めるところであり、妥当である。④は地方自治法138条の 4 第 3 項の定めるところであり、妥当である。（基本法務テキスト218〜224，227頁）

<問56> **4**

〔正解〕④（配点10点）

〔解説〕この問題は、民法の民事訴訟による権利救済分野からの出題である。民事裁判のIT化は、（ 1 ）訴状等の書面や証拠をオンラインで提出すること等を内容とするe提出、（ 2 ）訴訟記録をオンラインで確認し、期日を管理すること等を内容とするe事件管理、（ 3 ）オンライン上で口頭弁論期日等を開催することを内容とするe法廷の実現に向けてIT化が進められ、ウェブ会議の利用やインターネットを利用した申立て・送達や訴訟記録の電子化などの民事訴訟手続の規定が整

備されているので（新民事訴訟法87条の2・91条の2・109条の2・132条の10～132条の13・170条3項・204条など）、①は妥当である。双方当事者が合意した場合に6月以内という法定の審理期間内に口頭弁論を終結し、口頭弁論終結日から1月以内という法定の期間内に判決言渡しをするという法定審理期間訴訟手続の導入が規定されているので（新民事訴訟法381条の3第2項）、②は妥当である。住所あるいは氏名について、その全部又は一部が当事者に知られることによって当該申立て等をする者又は当該法定代理人が社会生活を営むのに著しい支障を生ずるおそれがあることにつき疎明があった場合には、裁判所は申立てにより住所あるいは氏名の全部又は一部を秘匿する旨の裁判（決定）をすることができるという、当事者の住所・氏名を相手方当事者に対して秘匿する制度が規定されているので（新民事訴訟法133条～133条の4）、③は妥当である。民事裁判がIT化されても、本人訴訟は認められており、弁護士強制主義を採用する民事訴訟法の改正は行われていないので、④が妥当でなく、正解となる。（基本法務テキスト387頁）

<問57> 3

〔正解〕①（配点25点）

〔解説〕この問題は、地方自治法の監査と住民訴訟分野からの出題であり、最判平5・9・7判時1473号38頁を素材として、現行法に則して住民訴訟の1号請求について問う問題である。①は、平成14年改正以前の1号請求の要件に関する記載であり、現行法上は存在しない要件の記述であるため、妥当ではない。②は、前掲最判平5・9・7の判示であり、妥当である。③は、地方自治法242条の2第6項の内容であり、妥当である。④は、地方自治法242条の2第12項の内容であり、妥当である。法改正以前はこのような報酬の請求は4号請求の場合に限定されていたが、現行法上は地方自治法242条の2第1項のすべての訴訟を対象としている。（基本法務テキスト262～263頁）

<問58> 4

〔正解〕③（配点10点）

〔解説〕この問題は、民法総則の諸制度分野からの出題であり、意思表示に関する知識を問う問題である。心裡留保による意思表示は、「善意」の第三者に無効を対抗することができない（民法93条2項）ので、「過失がない」ことは必要でない。よって、①は妥当でない。通謀虚偽表示による意思表示は、「善意」の第三者には無効を対抗することができない（民法94条2項）ので、「過失がない」ことは必要でない。よって、②は妥当でない。詐欺による意思表示は、善意無過失の第三者には取消しを対抗することができない（民法96条3項）。よって、③は妥当である。強迫による意思表示は善意無過失の第三者にも取消しを対抗することができる（民法96条3項の反対解釈）。よって、④は妥当でない。したがって、正解は③である。（基本法務テキスト299～301頁）

<問59> 3

〔正解〕①（配点25点）

〔解説〕この問題は、地方自治法の自治立法分野からの出題である。旧機関委任事務の処理のために条例を制定することは原則として認められなかったが、法定受託事務は条例制定の対象事務を定める地方自治法14条1項の「第二条第二項の事務」（地域における事務）に入ると解されている。

したがって、①は妥当である。憲法は94条において、「法律の範囲内で条例を制定することができる」とし、自治立法権を定めている。したがって、②は妥当でない。条例違反者に対しては、地方自治法14条３項において「二年以下の懲役若しくは禁錮、百万円以下の罰金、拘留、科料若しくは没収の刑」を科する旨の規定を置くことができると定める。これについてはかつて、憲法31条の「罪刑法定主義」の観点から疑問視されたが、最高裁は憲法31条は必ずしも刑罰がすべて法律そのものに定められなければならないとするものでなく、法律の授権するそれ以下の法令によっても定めることができ、地方議会制定法である条例で刑罰を定める場合には、法律の授権が相当な程度に具体的であり限定されていれば足りるとし、罪刑法定主義に抵触しないと判示した（最大判昭37・５・30刑集16巻５号577頁）。したがって、③は妥当でない。条例案は議員のほか、長、直接請求制度を通じた住民も提案することができる。したがって、④は妥当でない。（基本法務テキスト177～180頁）

＜問60＞ 序

〔正解〕②（配点15点）

〔解説〕この問題は、序章からの出題である。法令の規定対象と類似するものに、当該法令を適用しようとするのが類推、当該法令の明示の規定対象ではないものに当該法令の適用を否定するのが反対解釈なので、アには類推、イには反対が入り、牛はいななかないので馬とは異なるためウには反対が入る。したがって、②が妥当である。（基本法務テキスト12頁）

＜問61＞ 3

〔正解〕③（配点10点）

〔解説〕この問題は、地方自治法の地方自治の基本原理と地方公共団体分野からの出題である。昭和４年の府県制改正により条例制定権が導入された。したがって、①は妥当である。地方団体としての郡は、明治23年郡制で導入され、大正10年に廃止された。その後も残った行政組織・機関としての郡役所・郡長も大正15年には廃止された。したがって、②は妥当である。昭和戦前期には、市町村議会議員の選挙について、女子普通選挙権導入の議論はあり、法案も作成されたが実現には至らなかった。したがって、③は妥当でない。都道府県知事は、戦前は国による任命制であったが、戦後は住民による直接公選となったので、④は妥当である。（基本法務テキスト157～158頁）

＜問62＞ 2

〔正解〕④（配点15点）

〔解説〕この問題は、行政法の行政作用法分野からの出題である。①は、情報公開法16条により、妥当である。同法には、知る権利についての明文の規定はないから、②は妥当である。同法５条１号ハは、公務員等の職務遂行に係る情報のうち、当該公務員等の職及び職務遂行の内容に係る部分については、不開示情報から除く旨を明文で規定しているが、公務員の氏名を不開示情報から除く旨の明文の規定はないから、③は妥当である。同法は、開示請求権の濫用禁止を明文では規定してないから、④は妥当でない。（基本法務テキスト120～122頁）

<問63> **3**

〔正解〕④（配点15点）

〔解説〕この問題は、地方自治法の地方公務員分野からの出題である。職員は憲法上の勤労者にあたり、警察・消防を除けば団結権は認められるので、①は妥当でない。政治的行為の制約違反は、国家公務員法では懲戒処分及び刑事罰の対象となるが（国家公務員法102条1項・111条の2第2号？）、地方公務員にあっては刑事罰は科されない（地方公務員法36条）。したがって、②は妥当でない。現行公務員法制は、すべての職員に対して争議行為の禁止を定め、争議行為の企て等をした者には罰則があるため、③は妥当でない（地方公務員法61条4号）。また、地方公務員法55条9項は法令等に違反しない限りで書面による協定の締結を認めているが、労働協約締結権は否定されている。したがって、④は妥当である。（基本法務テキスト236〜237頁）

<問64> **4**

〔正解〕③（配点15点）

〔解説〕この問題は、民法の契約分野からの出題である。売買契約の解除後に買主が目的物である不動産を第三者に売った場合は、解除により売主に目的物の所有権が戻るのと売買により第三者が所有権を取得するのがあたかも二重に譲渡されたのと同様の状態になるので、先に対抗要件である登記を取得した方が優先される（民法177条）と解するのが判例である（最判昭35・11・29民集14巻13号2869頁）。したがって、①は妥当である。判例（最判昭34・9・22民集13巻11号1451頁）によれば、解除の効果は、契約を遡及的に消滅させると解されている（民法545条1項参照）。したがって、②は妥当である。債務不履行による損害賠償とは異なり、債務者の帰責事由の存在は解除の要件ではない（民法541条・542条）。したがって、③は妥当でない。履行遅滞の場合は、原則として、相当の期間を定めて催告し、その期間内に履行されなかった場合に契約を解除することができるが、催告期間が経過した時における債務の不履行がその契約及び取引上の社会通念に照らして軽微である場合は、解除することができない（民法541条ただし書き）。したがって、④は妥当である。よって、正解は③である。（基本法務テキスト343〜344頁）

<問65> **3**

〔正解〕④（配点15点）

〔解説〕この問題は、地方自治法の議会分野からの出題である。地方自治法109条1項は、常任委員会、議会運営委員会及び特別委員会について、条例で置くことができるとしており、必置の機関とはされていない。したがって、①は妥当でない。地方公共団体の議会は、地方自治法115条1項ただし書きの定めるところにより、秘密会を開くことも認められている。したがって、②は妥当でない。地方自治法119条は、会期中に議決に至らなかった事件は後会に継続しないと定めており、③は妥当でない。④は地方自治法109条9項に定めるところであり、妥当である。（基本法務テキスト214〜215頁）

<問66> **4**

〔正解〕①（配点25点）

〔解説〕この問題は、民法の親族・相続分野からの出題である。E男は、A男の姻族の配偶者にすぎ

ず、A男の３親等内の姻族でないため、A男の親族でない（民法725条）。したがって、①は妥当でない。D男は、A男の２親等の姻族であり３親等内の姻族であるから、A男の親族である（民法725条）。したがって、②は妥当である。姻族関係は離婚によって終了するところ（民法728条１項）、D男とG女は離婚しており、B女はG女の姻族でない。したがって、③は妥当である。F女はA男の３親等の姻族である。したがって、④は妥当である。よって、正解は①である。（基本法務テキスト378頁）

＜問67＞ 3

〔正解〕②（配点10点）

〔解説〕この問題は、地方自治法の国又は都道府県の関与分野からの出題である。同意（地方自治法245条１号ニ）、是正の指示（同法245条１号ヘ・245条の７）、代執行（同法245条１号ト・245条の８）はいずれも、法定受託事務に関する関与の基本類型であるが、処理基準（同法245条の９）は地方自治法上の関与にはあたらない。したがって、正解は②である。（基本法務テキスト270～271頁）

＜問68＞ 2

〔正解〕①（配点10点）

〔解説〕この問題は、行政法の行政組織法分野からの出題である。地方自治法２条１項は、「地方公共団体は、法人とする。」と定めており、法人格を有する行政主体である。よって、①は妥当である。独立行政法人は、行政事務を担う法人であって、行政主体である。よって、②は妥当でない。地方自治法244条の２第３項が定める指定管理者制度では、民間のノウハウを公の施設の管理運営のために活用することが想定されている。指定管理者は、もともと行政事務を担う法人として設立されたわけではなく、行政主体にはあたらない。また、会計検査院は法人ではなく、行政機関であるから行政主体にはあたらない。よって、③④は妥当でない。したがって、妥当なものは①である。（基本法務テキスト87頁）

＜問69＞ 2

〔正解〕④（配点10点）

〔解説〕この問題は、行政法の行政作用法分野からの出題である。事実が法律上の要件に該当するか否かに関する裁量が要件裁量であり、事実が法律上の要件を満たす場合に、処分をするか否か、及び、どのような処分を選択するかに関する裁量が効果裁量であるので、①～③はいずれも妥当である。公務員の懲戒処分には効果裁量が認められると解される（最判昭52・12・20民集31巻７号1101頁〔神戸税関事件〕参照）ので、④は妥当でない。（基本法務テキスト107～112頁）

＜問70＞ 4

〔正解〕④（配点10点）

〔解説〕この問題は、民法の親族・相続分野からの出題である。養子制度には、普通養子制度と特別養子制度とがある。したがって、①は妥当である。親権者と子の利益が相反する場合や親権者が複数の子の親権者で子の１人と他の子の利益が相反する場合には、特別代理人の選任を家庭裁

判所に請求しなければならない（民法826条）。したがって、②は妥当である。婚姻の解消である離婚の方法として、協議離婚、調停離婚、審判離婚、裁判離婚がある。したがって、③は妥当である。④は、調停離婚が不成立に終わった場合、家庭裁判所が、自らの判断で職権をもって離婚の審判を下すことができるが、2週間以内に当事者から異議の申立てがあると審判離婚は不成立となる（家事事件手続法284条1項・286条1項・2項・5項）。したがって、④は妥当でない。よって、正解は④である。（基本法務テキスト376～377頁）

第2章　自治体法務検定　政策法務（2023年度9月）

第1節　問題

問1　政策法務の能力と人材養成の手法に関する次の記述のうち、妥当でないものを1つ選びなさい。

① 一般的に、法的知識は法務研修によって、政策知識は政策研修によって、それぞれ特に養成の効果が期待され、いずれの知識も政策法務研修によって養成の効果が期待される。

② 実務知識は、一般的に、OJTによって養成の効果は期待できないが、政策法務研修によって特に養成の効果が期待される。

③ 理解力や論理構成力といった論理力は、一般的に、大学院への派遣研修によって、養成の効果が期待される。

④ あるテーマについて職場横断的なグループを設置して行う「チーム研究（研修）」では、一般的に、法務知識、政策知識、実務知識、論理構成力その他応用力の全般にわたって、養成の効果が期待される。

問2　公法上の義務違反に対する義務の履行確保に関する次の記述のうち、妥当なものを1つ選びなさい。

① 公法上の義務のうち金銭上の義務については、当該義務が履行されないときは、個別具体的な法令の定めがない場合であっても、滞納処分をすることができる。

② 非金銭上の義務は、代替的作為義務、非代替的作為義務及び不作為義務に大別することができ、非代替的作為義務の例としては、違法建築の撤去命令に基づく建物の除却義務がある。

③ 義務の不履行に対しては、間接的に義務の履行を図るため、個別の法令において行政罰や公表制度が定められることがある。

④ 非金銭上の義務に関しては、個別の法令により、是正命令の前に勧告を発出する場合があるが、この勧告は、行政処分に当たる。

問3　法の解釈の方法に関する次の記述のうち、妥当なものを1つ選びなさい。

① 法の解釈において問われるのは、密接に関連する条文との関係で論理的といえるかどうかであるから、憲法との整合性が求められることはない。

② 法令に定義規定が置かれているときは、日常生活における言葉の使い方との比較では不自然さを含む場合であっても、その用語の意味は、当該定義規定による。

③ 裁判所の判断は、直ちに法源となるわけではないため、最高裁の判例であっても、行政庁が事務処理において参考とすることは慎むべきである。

④ 行政上の秩序罰規定の解釈については、様々な事象に柔軟に対応できることが期待されているため、刑事法の解釈における「類推解釈の禁止の原則」と同様の考え方が妥当する余地はないとするのが定説である。

問4　行政訴訟の審理に関する次の記述のうち、妥当でないものを1つ選びなさい。

①　行政訴訟では、一般の民事訴訟と異なり、弁論主義がとられていない。

②　行政訴訟では、裁判所が証人喚問、物証の提出要求、現場検証などを行う職権証拠調べが認められている。

③　釈明処分の特則は、行政活動一般に対して国及び自治体が負っている説明責任が、裁判過程においても履行されるべきことを明示したものと解することができる。

④　立証責任とは、ある事実を立証できなかったときに、一方の当事者が受ける不利益を指す。

問5　自治体による非金銭上の義務の履行確保に関する次の記述のうち、妥当なものを1つ選びなさい。

①　非金銭上の義務の履行確保の手段には、代執行、直接強制及び執行罰といったものが挙げられるところ、これらの中で最も多用されるのは、執行罰である。

②　行政代執行法には、行政代執行を行うための要件が厳格に定められているが、同法は一般法であり、個別法には、同法とは異なる要件での行政代執行を認めるものがある。

③　即時強制は、直接私人の身体や財産に実力行使をするものであることから、これを行うためには法律の根拠が必要であり、条例により即時強制を創設することはできない。

④　公法上の非金銭上の義務の履行を確保するためには、まず民事裁判の手続を用いる必要がある。

問6　地方分権改革の段階的実施に関する次の記述のうち、妥当でないものを1つ選びなさい。

①　第1次地方分権改革は、法定事務を処理する自治体の性格を変えたが、抜本的な権限や財源の移譲や条例制定権の実質的な拡大は行われていないことから「未完の分権改革」と評価されている。

②　地方税の税源移譲、国庫補助負担金の削減、地方交付税の見直しという「地方税財源の三位一体の改革」により、地方税財源の強化は進んだ。

③　第2次地方分権改革で進められてきた「義務付けの見直し」では、同意を要する協議が同意を要しない協議に緩和されるなど一定の成果をみた。

④　第2次地方分権改革で進められてきた「枠付けの見直し」では、「施設・公物設置管理」という自治事務を対象としているのに、「従うべき基準」の範疇での条例化が求められるなど、自治体の裁量は大幅に制限されている。

問7　情報公開請求（公文書開示請求）にかかる決定に関する次の記述のうち、妥当なものを1つ選びなさい。

①　開示請求の対象となっている公文書に、第三者に関する情報が含まれている場合、当該第三者に意見書を提出する機会を与え、第三者が開示に反対の意思を示したときは、不開示としなければならない。

②　開示請求の対象となっている公文書が存在しない場合、行政機関は、公文書が存在していれば

不開示情報に該当するなどの正当な理由がない限り、請求に係る公文書を作成し、又は取得しなければならない。

③　専ら行政機関の業務に著しい支障を生じさせることを目的として、大量の公文書の開示請求がなされた場合、条例に濫用的開示請求決定に関する規定が置かれていなければ、不開示とすることができない。

④　公文書の開示を認める決定について、開示によって法的な不利益を受ける第三者は、処分の名宛人でなくても、審査請求又は訴訟により決定の取消しを求めることができる。

問8　自治権の淵源・根拠に関する次の記述のうち、妥当でないものを1つ選びなさい。
①　固有権説とは、自治体の自治権について、前国家的性質を有する自治体固有の権利であると捉える見解であり、伝来説とは自治体の自治権について、国から付与されたものであると捉える見解である。
②　自治体の自治権について、古くは、固有権説と伝来説との対立がみられたが、今日では、制度的保障説が一般に支持されている。
③　制度的保障説とは、地方自治が憲法によって制度として保障されているものであると捉える見解であるが、判例はこれを否定している。
④　制度的保障説に対しては、憲法によって保障されている地方自治の本質部分とは具体的に何を指すのかが明確ではないという批判的見解もある。

問9　住民自治に関する次の記述のうち、妥当なものを1つ選びなさい。
①　憲法は、個別の住民が自治体運営を直接コントロールする状態を目指して、住民が長を直接選挙する制度を導入した。
②　個々の住民が自治体に直接意見を述べ、それにより自治体の組織と運営を統制することは、日本国憲法が導入した住民自治の一形態である。
③　複数の自治体が共同で広域行政を実施するために設置する「広域連合」は、憲法上の地方公共団体ではないため、議事機関として住民直接公選の議会を設ける必要はない。
④　地方議会の議員はあくまでひとりの住民として議事に参加する立場であり、議員自身の私的な利害関心を議会審議に反映させることで住民自治を実現する役割を担う。

問10　都道府県に関する次の記述のうち、妥当なものを1つ選びなさい。
①　都道府県は、地方自治法において「基礎的な地方公共団体」とされている。
②　都道府県は、地理的・空間的に市町村を包括することになる。
③　憲法では、「地方公共団体」を都道府県と市町村に区分している。
④　都道府県の廃止は、「地方自治の本旨」に反する可能性はない。

問11 直接請求・直接参政制度に関する次の記述のうち、妥当でないものを1つ選びなさい。

① 外国籍の住民も住民監査請求を行うことができる。

② 直接参政制度には、直接請求制度のほか、住民監査請求制度と住民訴訟制度がある。

③ 条例の制定・改廃請求は、外国籍の住民も行うことができる。

④ 直接請求制度は、議会による審議から独立して住民自治を実現させる制度ではない。

問12 自治体法務に必要な諸原則に関する次の記述のうち、妥当なものを1つ選びなさい。

① 「補完性の原則」とは、一般的には、行政による民間への規制を必要最小限の範囲にとどめるべきであるとする原則である。

② 「平等原則」とは、規制目的に対して行政の用いる規制手段が均衡のとれたものであることを要請する原則である。

③ 「比例原則」とは、合理的理由なしに、行政は市民を差別してはならないとする原則である。

④ 「市民参加の原則」とは、行政が様々な行政活動の局面において、市民に対して納得のいく説明をすべきであるとする原則である。

問13 行政不服審査法に基づく審査請求がなされた場合における行政の対応に関する次の記述のうち、妥当なものを1つ選びなさい。

① 審査請求の内容が、法令違反の事実を是正するための処分を処分庁が怠っているという不作為に関する不服であったため、審査庁は却下裁決を下すことになる。

② 法務管理組織の職員は中立的な立場にあるから、処分庁を支援する業務と審理員としての業務の両方を担っても差し支えない。

③ 審理員から意見書の提出を受けた後、審査庁は必ず、行政不服審査会等の第三者機関に諮問する必要がある。

④ 不服申立手続の公正性の確保という観点から、審査請求人による反論書の作成を職員が支援することは望ましくない。

問14 行政における裁量の意義に関する次の記述のうち、妥当なものを1つ選びなさい。

① ある事案における事実関係が法律・条例上の要件のうち一部を備えていない場合について、行政（執行機関）において、要件の全てが備わったものとみなすことができるとする選択・判断の余地を、裁量（行政裁量）という。

② 法が認めた裁量の範囲内で自治体が行った行為であっても、裁判所はその当不当を審査したうえ、当該行為をより適切といえるものに改めるよう自治体に命じる判決をすることができる。

③ 行政の行為は、一見、法が認めた裁量の範囲内に収まっているとしても、その裁量を濫用しているものと評価されることがあり、裁判所はこれを違法と判断することができる。

④ 住民監査請求及び住民訴訟は、自治体の行為の類型にかかわらず、あらゆる活動に係る裁量権の行使について統制をかけるために設けられた制度である。

問15　法令以外の形式と自治体法務との関係に関する次の記述のうち、妥当でないものを1つ選びなさい。

① 自治体の行政運営ないし政策の方向性を示すものとして条例が制定され、当該条例の実効性を確保するものとして行政計画が立案される場合がある。これは、行政計画に条例による根拠を付与することで、自治体の意思として行政計画を実行するという法的な位置付けを行うという意味がある。

② 地方分権改革によって機関委任事務が廃止されたことにより、通達もその役割を終えて自治体に対する拘束力を失ったが、その一部は技術的助言（地方自治法245条の4）や法定受託事務の処理基準（同法245条の9）になったものもある。ただ、技術的助言や処理基準には法的拘束力はなく、それらに従わなかった場合も、是正の指示などの可能性はないと考えられている。

③ 行政実例は、ある事案に対して適用されることのある法令の解釈運用に関する国の見解に過ぎず、当然に自治体を拘束するものではない。しかし、自治体は、ほとんどの場合、行政実例を踏まえて法を執行し事務を行うので、事実上、行政実例が自治体のみならず住民をも「拘束」することとなる。

④ 行政実例として示された国の省庁の解釈は裁判所を当然に拘束するものではない。行政実例が法の解釈を誤っていると認められる場合には、自治体がそれに従って事務処理をしても、違法と判断される。

問16　地方自治法における議会に関する次の記述のうち、妥当なものを1つ選びなさい。

① 市町村は、条例で、議会を置かず、選挙権を有する者の総会を設けることができる。

② 議長又は議員定数の4分の1以上の者は、議長に対して、臨時会の招集を請求することができ、請求があった場合、議長は、請求のあった日から20日以内に臨時会を招集しなければならない。

③ 議長又は議員4人以上の発議により、出席議員の3分の2以上の多数で議決したときは、秘密会を開くことができる。

④ 議会は、条例で常任委員会・議会運営委員会・特別委員会の3種類の委員会を置くことができる。

問17　会計事務職員等に対する長の賠償命令に関する次の記述のうち、妥当なものを1つ選びなさい。

① 会計事務職員等に対する長の賠償命令に関する事項については住民訴訟の対象から除外されている。

② 長による命令の対象となる、会計事務職員等が職務として保管する現金や物品の亡失・損傷についての賠償責任は、現金・物品を問わず、当該職員に故意又は重過失がある場合に限定される。

③ 会計事務職員等に対する長の賠償命令に対して適法な審査請求があった場合、この裁決をするには議会に対して諮問を行わなければならない。

④ 長による賠償命令にもかかわらず当該職員が賠償を行わない場合、滞納処分によりこの徴収がなされる。

問18　地方自治の仕組みに関する次の記述のうち、妥当でないものを1つ選びなさい。

①　市町村の区域内に新たに土地が生じたときは、市町村長は、当該市町村の議会の議決を経たうえで、都道府県知事に届け出なければならない。

②　特別区財政調整交付金を交付するために条例を制定する場合、都知事は、あらかじめ都区協議会の意見を聴かなければならない。

③　都道府県は、その執行機関の権限に属するすべての事務について、条例の定めるところにより、広域連合に処理させることができる。

④　一部事務組合の設置によって当該一部事務組合内の自治体につきその執行機関の権限に属する事項がなくなったときは、その執行機関は、一部事務組合の成立と同時に消滅する。

問19　立法事実に関する次の記述のうち、妥当でないものを1つ選びなさい。

①　立法事実の有無は、立法の際に当然考慮されなければならないが、立法後においても、当該法律が合理的なものとして存続するうえでも必要となる。

②　立法事実の判断にあたって、将来生じ得る事実も視野に入れるべきであり、立法の効果などについても一定の予測が求められる。

③　立法事実は、法律の必要性や合理性の根拠を問い、事実による裏付けを求めることで、恣意を排除するものである。

④　立法の前提となる立法事実は、立法者によって把握・認識されるものであることから、基本的には、その主観的認識に基づいている。

問20　政策法務に関する次の記述のうち、妥当でないものを1つ選びなさい。

①　2000年の地方分権改革実現後は、地域特性に応じた、より積極的な法務を打ち出すための「政策法務」に注目が集まるようになった。

②　政策法務は、立法法務（Plan）、解釈運用法務（Do）、評価・争訟法務（Check-Action）の各段階を有機的に用いて、自治体の課題解決に導き、政策を実現する理論的取組みである。

③　政策法務は、「自治体政策の実現を図るもの」であり、自治体法務の重要な地位を占める。

④　政策法務は自治体法務全体の中核を担うものであるが、その前提に、基礎法務、審査法務などがある。

問21　自治体の法務マネジメントに関する次の記述のうち、明らかに妥当でないものを1つ選びなさい。

①　自治体政策法務を推進するために、政策法務課などの政策法務組織を設置する自治体が少なくないが、地域の課題解決のために条例等の制定に取り組む中心は原課であるべきであり、政策法務組織はこの取組みを法的に支援する役割を担うのが基本である。

②　法務のマネジメントサイクルは、（ア）条例の企画立案（立法法務＝Plan）→（イ）条例の実施・運用（解釈運用法務＝Do）→（ウ）条例の評価・見直し（評価・争訟法務＝Check-Action）で

展開される。

③　近年、政策法務を推進するため、法制担当課を政策法務課に改組する自治体が増えつつある。同課で、従来の法制執務と政策法務の連携・融合を図ることが望ましいが、条例づくりに当たって法制執務と政策法務の役割を同一の職員が併せて担うことは、必ずしも適切とはいえない。

④　条例制定権を生かした例規管理を進めるために、例規の枠組みの見直し（棚卸し、評価、再構築）が必要である。この見直しの一環として要綱の条例化や不要な要綱の廃止を検討することが求められるが、その有用性から、新たに要綱を制定することも考えられる。

問22　情報公開制度における不開示情報に関する次の記述のうち、妥当なものを1つ選びなさい。

①　法人等に関する情報について、一般的にここでいう「法人」には国、自治体、独立行政法人は含まれない。

②　特定の個人を識別することができない情報であれば、個人情報に該当しないため、不開示とはならない。

③　事業を営む個人の情報は、個人情報として不開示情報に該当する。

④　法令秘情報として不開示となるのは、法令等に公開することができない旨が具体的に定められているものに限られる。

問23　自己情報の開示請求・訂正請求・利用停止等請求に関する次の記述のうち、妥当でないものを1つ選びなさい。

①　請求者が保有個人情報の消去を求めている場合であっても、保有個人情報の適正な取扱いを確保することができるときは、実施機関は利用の停止にとどめることができる。

②　開示請求と異なり、訂正請求及び利用停止等請求は、自己情報コントロール権の積極的な行使であることから、任意の代理人による請求は認められておらず、本人のみが行うことができる。

③　訂正請求がなされ、保有個人情報の内容が事実と異なるものであることが判明した場合であっても、利用目的の達成に支障がないときは、実施機関は訂正を行わなくてもよい。

④　開示請求による開示決定を受けた後でなければ、訂正請求及び利用停止等請求を行うことはできない。

問24　契約的手法、民間活力活用手法及び協働促進手法に関する次の記述のうち、妥当でないものを1つ選びなさい。

①　行政手法の分類は、相互に排他的であって、1つの手段が複数の行政手法に分類されることはない。

②　契約的手法とは、関係者の合意により契約を交わし、当該契約の履行により一定の行政目的を達成しようとするものである。

③　民間活力活用手法とは、住民や企業等民間の活力を生かして、行政目的の実現や効率化を図るものである。

④ 協働促進手法とは、市民、市民活動団体、事業者、ＮＰＯなど、様々な主体との協力・連携を進めるものである。

問25 執行活動の見直しに関する基準とその説明の組合せとして妥当なものを、①〜④の中から１つ選びなさい。

① 効率性……法律・条例の効果が上がるように実施すること
② 適法性……法律・条例に基づいて適法に実施すること
③ 協働性……法執行の名宛人の意見を取り入れて実施すること
④ 有効性……形式的・手続的に適正に実施すること

問26 地方自治特別法に関する次の記述のうち、最も妥当なものを１つ選びなさい。

① 「明日香村における歴史的風土の保存及び生活環境の整備等に関する特別措置法」（明日香村特措法）は、奈良県および明日香村という特定の自治体が実施する事業に関して定めた地方自治特別法であるため、同法の制定に際しては住民投票が実施された。
② 古都保存法は、古都として京都市、奈良市、鎌倉市を条文で明記し、その組織、運営について特別の定めを設ける内容を含む地方自治特別法であるため、制定に際してはこれら３市においてそれぞれ住民投票が実施された。
③ 首都圏整備法が対象とする「首都圏」は特定の自治体区域を指しているため、同法の制定に際しては、対象に含まれる各自治体において地方自治特別法の住民投票が実施された。
④ 北海道開発法は、北海道という地域を対象とする法律であって、北海道というひとつの自治体の組織、運営そのものについて特別の定めを設けるものではないので、地方自治特別法には該当せず、同法の制定に際しては住民投票が実施されなかった。

問27 自治体の仕事と法治主義に関する次の記述のうち、妥当でないものを１つ選びなさい。

① 自治体の行政活動を根拠づける「法」には「法律」だけではなく「条例」も含まれている。
② 規程や要綱は法規ではないので、それらに従って事務事業を実施した場合、法律に基づいているとはいえない。
③ 行政機関の恣意的な行政執行や行政権力の行使による住民の権利侵害を防止するため、法律や条例が行政権の行使を限定できるのは、民主的な立法機関である国会や地方議会の議決を経て定められているからである。
④ 「法律による行政の原理」の中核をなしているのは、「法律の優位」と「法律の留保」の原則である。

問28　政策過程の段階に注目するモデルのうち、自治体法務の基本となるモデルとして最も妥当なものを、①～④の中から1つ選びなさい。

①　執行過程論

②　アジェンダ設定論

③　政策段階論

④　政策波及モデル

問29　条例評価の基準に関する次の記述のうち、妥当でないものを1つ選びなさい

①　私人間の紛争調停や司法制度によって問題を解決できるのであればそれに委ねることが望ましく、あえて条例を制定する必要はない。

②　適法性は条例の最低限の基準であり、特に条例については法律の範囲内であるかどうかの慎重な見極めが必要である。

③　効率性の評価は、定量的手法を活用することが難しく、定性的手法によることが妥当である。

④　公平性の評価は、定性的手法によるしかないと考えられ、その際には相当性の原則、禁反言などの法的な一般原則を参照することが考えられる。

問30　個人情報の適正管理に関する次の記述のうち、妥当でないものを1つ選びなさい。

①　行政機関の長等は、保有個人情報の提供を受ける者に対し、提供にかかる個人情報について、利用の目的、方法等に必要な制限を付し、又は漏えいの防止その他の個人情報の適切な管理のために必要な措置を講ずることを求めなければならない。

②　行政機関等から個人情報の取扱いの委託を受けた者等は、委託を受けた業務に関して、個人情報の漏えい、滅失又は棄損の防止その他の安全管理のための措置を講ずることが義務付けられている。

③　個人情報は、原則として本人から収集しなければならず、本人の同意がなければ、行政機関が法令による事務又は業務の遂行に必要な保有個人情報を内部で利用することができない。

④　行政機関の長等は、保有個人情報の漏えい、滅失、棄損その他の保有個人情報の安全の確保に係る事態であって個人の権利利益を害するおそれが大きいものが生じたときは、その旨を個人情報保護委員会に報告し、本人に通知しなければならない。

問31　行政裁量の司法的統制に関する次の記述のうち、妥当なものを1つ選びなさい。

①　行政機関のした行政処分は、その判断が裁量の範囲内であっても、裁判所において違法と判断されることがある。

②　裁量権の行使に関する裁判所の審査密度は低いことから、自治体としても、裁判所が違法と判断しない程度に裁量権を行使すればよい。

③　判例における裁量権の行使に関する審査の方法には、その裁量権の行使が重大な事実の基礎を欠いていたり、又は社会通念上著しく妥当を欠いていたりする場合にこれを違法とするものと、

裁量権行使に至る判断の過程が合理性を欠く場合にこれを違法とするものとがあり、これら2つの審査方法は、選択的に用いられる。

④　裁量判断を行う際には、判断過程の実体的な合理性に加え、審査基準の合理性や事案における適用の合理性を示すことができるようにしておくことが重要である。

問32　多元的な裁量統制に関する次の記述のうち、妥当でないものを1つ選びなさい。

①　裁量の自己統制の例として、行政手続法や行政手続条例が規定する審査基準や処分基準を設け公にすることを挙げることができ、審査基準を設定していなかったことを違法と判断し、かつ、この下になされた行政処分を取り消した裁判例も存在する。

②　裁判所による裁量統制については、裁量の範囲内の行政活動の適切性に関する審査を行うことができないという限界があるが、要考慮事項を考慮しない場合や、考慮すべきでないことを考慮した場合など判断の過程が不合理である場合には、裁判所がこの裁量判断を違法と判断することがありうる。

③　議会による裁量統制としても位置付けられる調査権については、議会の議決事項以外のものも含めて自治体の事務の全てを対象として行使することができる。

④　住民監査請求や住民訴訟による統制は、その審理判断の対象が財務会計行為に限られるが、支出の対象となる先行行為の違法に関する審査がなされることもありうる。

問33　条例の定義規定に関する次の記述のうち、妥当なものを1つ選びなさい。

①　条例の定義規定は、条例で用いる用語について、条例で用いる特定の用法を社会通念とは関わりなく定義するものである。

②　社会通念上一定の意味を有する用語を、条例においてそのまま使用しても特に紛らわしくない場合であっても、条例は定義規定を整備しなければならない。

③　条例の中には、定義の必要な用語が用いられた規定の中で、括弧を用いて用語の意味を定義するものもある。

④　条例の定義規定は、条例の制定目的の中心をなす内容を定める規定であり、実体的規定に分類される。

問34　都道府県と市町村の関係に関する次の記述のうち、妥当なものを1つ選びなさい。

①　都道府県は、市町村を包括する広域自治体であり、地方自治法において基礎的な自治体と位置付けられている。

②　都道府県の事務のうち、広域にわたるものについては、市町村の規模及び能力に応じて、市町村が処理することも可能である。

③　都道府県の事務のうち、その規模や性質において一般の市町村が処理することが適当でないと認められるものについては、市町村の規模及び能力に応じて、市町村が処理することも可能である。

④　都道府県の事務のうち、市町村に関する連絡調整に関するものについては、市町村の規模及び能力に応じて、市町村が処理することも可能である。

問35　事実認定手続の適正化に関する次の記述のうち、妥当なものを 1 つ選びなさい。

①　憲法31条に基づく手続保障は、「刑罰」を科すことに関するものであるため、「行政上の義務」を課すことについて及ぶ余地はないとするのが、判例の考え方である。

②　聴聞の実施について事前の通知を行うに当たっては、相手方に先入観を与えたり、証拠が捏造される契機となったりすることがないようにする必要があるため、仮に、不利益処分の原因となる事実に関する記載をするとしても、抽象的で簡素な表現にとどめるべきである。

③　不利益処分に先立って講じられる弁明の機会の付与の手続は、相手方に自治体当局に対し寛大な措置を請わせる儀式の場ではない。

④　不利益処分は、相手方の納得の下に行うことが重要であるため、自治体当局としては、聴聞や弁明の機会の付与の手続は、不利益処分の原因となる事実のほか法的な仕組みについての説明をする場ではなく、心情に訴えて共感を得るための貴重な機会であると捉えることが重要である。

問36　補助機関に関する次の記述のうち、妥当でないものを 1 つ選びなさい。

①　長による権限行使・職務遂行を内部的に補助する機関のみを補助機関という。

②　補助機関には個々の公務員（補助職員）が就く。

③　長による副知事・副市町村長の選任には、議会による同意が必要とされているが、会計管理者の任命には必要とされていない。

④　会計管理者の事務を補助させるため、出納員その他の会計職員を置くとされているが、町村には出納員を置かないこともできる。

問37　「個人情報の保護に関する法律」における用語の意義に関する次の記述について、妥当でないものを 1 つ選びなさい。

①　「個人情報」は、生存する個人に関する情報に限定され、死者の情報は含まれない。

②　「保有個人情報」とは、行政機関等が組織的に利用するために保有する個人情報をいい、行政文書等に記録されているものに限られる。

③　「要配慮個人情報」とは、本人の人種、信条、社会的身分、病歴、犯罪の経歴等が含まれる個人情報をいう。

④　「個人情報ファイル」は、保有個人情報を含む集合物であって、電子計算機を用いて検索することができるよう体系的に構成されたものに限られる。

問38　自治体の長の多選制限に関する次の記述のうち、妥当なものを 1 つ選びなさい。

①　多選を自粛する条例の例は多いが、憲法上の論点をクリアすることが困難なため、多選を制限

又は禁止する条例が制定された例はない。

② 長の多選制限は、憲法上、長に対する不利益的な取扱いの是非が問題となるものの、職業選択の自由の制限は問題とならない。

③ 憲法上の問題から、長の多選制限を内容とする公職選挙法や地方自治法の改正は試みられたことはなく、今日まで法制度上の実現には至っていない。

④ 長の多選制限が試みられることの背景・理由には、長の選挙を実質的なものとすることで、住民自治を確保しうるという点もある。

問39　自治体に適用される法令とその解釈に関する次の記述のうち、妥当でないものを1つ選びなさい。

① 政省令は、法律を執行するために制定されるものであり、その意味では法律と一体となって法秩序を形成するものであるから、自治体もこれを順守しなければならない。

② 自治体が政省令に従って事務処理を行った場合でも、それが社会通念に照らして適当でないと判断され違法とされる例がある。つまり、自治体は政省令に従ったことで必ずしも免責されるわけではない。

③ 政省令は、法律の具体化という役割を有するものであるから、自治体が法律に基づく事務を執行する際に、政省令に準拠することにもなる。しかし、政省令は国の行政立法であることから、自治体の自主解釈権は政省令には及ばない。

④ 地方自治法14条1項の規定では、条例は法律のみならず、政省令にも違反してはならないとされている。このことは、政省令が法律を執行するために定められているものであることから、政省令と整合をとることで条例が法律に適合するという考え方が導き出される。

問40　二元代表制に関する次の記述のうち、妥当でないものを1つ選びなさい。

① 二元代表制とは、長と議員をそれぞれ住民が直接選挙で選ぶ制度を意味する。

② 複数名を選出する議員選挙は、1人を選出する長の選挙よりも、特定の政策の是非を住民に問うのに適している。

③ 日本国憲法は、各自治体が住民直接公選議会を設置すべきことを明記している。

④ 二元代表制では、長が独自に「住民意思」を調達することができるので、議会での政策論議が活性化することが期待される。

問41　個人情報保護制度に関する次の記述のうち、妥当なものを1つ選びなさい。

① 保有個人情報が漏えいした場合、国及び自治体は、個人情報保護委員会に報告をしなければならない。

② 自治体の職員が、住民から提出された情報公開請求書を綴ってある簿冊から特定のものを抜き取り、そのコピーを第三者に提供した場合であっても、「個人情報の保護に関する法律」により処罰されることはない。

③　法の規定に違反して、利用目的以外の目的のために、自己に関する保有個人情報が利用されているとして、当該自己情報の本人から利用停止請求がなされた場合、当該請求に理由があるときは、行政機関の長は、当該利用を停止しなければならない。

④　2021年の「個人情報の保護に関する法律」の改正により、2023年4月1日からは、個人情報保護委員会が、自治体に関しても指導及び助言、勧告等の権限を有することとなった。このため、自治体が条例により設置している個人情報保護審議会等の機関は、審査請求に関する諮問に関する事務のみを所管することとなった。

問42　一般にわが国の自治体においては、違反行為を発見してもすぐに改善命令等の強制措置をとらずに、行政指導を繰り返すなど、穏当な対応に留まる傾向にあるとされる。そこで次の記述のうち、穏当な対応が行われないケースとして最も妥当なものを1つ選びなさい。

①　産業廃棄物の不法投棄に対する措置

②　森林の違反転用に対する措置

③　農地の違反転用に対する措置

④　食中毒の発生に対する措置

問43　条例をめぐる法制執務知識に関する次の記述のうち、妥当なものを1つ選びなさい。

①　条例改正の方式については、従来、「改め文」と呼ばれる逐語的改正方式が用いられてきたものの、最近では、「溶け込み方式」と呼ばれる新旧対照表による改正方式が用いられることもある。

②　条例の文体については、従来、「である」調が用いられてきたものの、最近では、「ですます」調が用いられることもある。

③　条例の文体については、口語体を用いる必要があるとされており、文語体を用いることはできない。

④　条例の文体については、平仮名を用いる必要があるとされており、片仮名を用いることはできない。

問44　行政処分に係る裁量の統制に関する次の記述のうち、妥当でないものを1つ選びなさい。

①　裁判例によると、処分基準が定められている場合においては、当該処分基準の定めと異なる取扱いをすることを相当と認めるべき特段の事情がなければ、当該処分基準と異なる取扱いをすることは、裁量権の範囲の逸脱又はその濫用に当たると解されている。

②　裁量基準に違反せずに行った処分であっても、裁量基準に違反していないことのみをもって当該処分の合理性を直ちに根拠づけることはできないことがある。

③　裁量基準によらずに処分を行うことは、いかなる場合であっても許容されない。

④　申請に対する拒否処分及び不利益処分を行う際に義務付けられている理由の提示には、行政庁が慎重な判断をすることにより裁量の統制を図る機能がある。

問45 条例、規則に係る地方自治法の規定に関する次の記述のうち、妥当でないものを1つ選びなさい。

① 地方自治法は、「普通地方公共団体は、義務を課し、又は権利を制限するには、法令に特別の定めがある場合を除くほか、条例によらなければならない」と定めている。

② 地方自治法は、「普通地方公共団体は、法令に特別の定めがあるものを除くほか、その条例中に、条例に違反した者に対し、二年以下の懲役若しくは禁錮、百万円以下の罰金、拘留、科料若しくは没収の刑を科する旨の規定を設けることができる」と定めている。

③ 地方自治法は、「普通地方公共団体の長は、法令に違反しない限りにおいて、その権限に属する事務に関し、規則を制定することができる」と定めている。

④ 地方自治法は、「普通地方公共団体の長は、法令に特別の定めがあるものを除くほか、普通地方公共団体の規則中に、規則に違反した者に対し、五万円以下の過料を科する旨の規定を設けることができる」と定めている。

問46 市民参加に関する次の記述のうち、妥当でないものを1つ選びなさい。

① 住民投票は市民参加の代表的手法のひとつであり、投票資格は住民に限定されることが通常である。

② パブリックコメントは市民参加の代表的手法のひとつであり、参加主体を住民に限定しないことが通常である。

③ 周辺環境に影響を及ぼす施設の設置許可に先立つ住民説明会は、あくまで限られた利害関係者に対する説明と同意調達を目的とするものであり、市民参加の代表的手法とはいえない。

④ 自治体の事務事業に関する市民提案制度は、市民参加の代表的手法のひとつであり、地区計画提案制度（都市計画法）や地区防災計画提案制度（災害対策基本法）のように、法律で制度化されたものもある。

問47 法執行を見直すための仕組みである法務管理組織による法律相談に関する次の記述のうち、妥当なものを1つ選びなさい。

① 法律相談は、法令順守を確保するために行われるものであり、地域の実情に即した自主法令解釈を促進する契機とはなりえない。

② 法律相談は、リスクを監視・摘発する仕組みであり、いわゆるモニタリング・コストが発生するというデメリットがある。

③ 法律相談による法執行の見直しは、個別具体の案件にとどまらず、網羅的・組織的な見直しを行うものである。

④ 法律相談は、所管部課の「駆け込み寺」であり、第三者的観点が弱く、組織防衛的対応になる傾向がみられる。

問48　行政不服審査制度に関する次の記述のうち、妥当でないものを1つ選びなさい。

① 行政不服審査制度は、国民の権利利益の救済と行政の適正な運営の確保を目的とした制度である。

② 不服申立てについては、他の法律の規定がない限り行政不服審査法が適用され、条例に基づく処分に対する不服申立てにも適用される。

③ 行政不服審査法の2014年全部改正により、外部の有識者を審理員として、申立人と処分庁の主張を公正に審理することになった。

④ 不服審査の審理では職権探知主義がとられており、必要があれば当事者が申し立てていない事実についても証拠調べを行うことができる。

問49　徳島市公安条例事件最高裁判決に関する次の記述のうち、妥当なものを1つ選びなさい。

① 徳島市公安条例事件最高裁判決は、「条例が国の法令に違反するかどうかは、両者の対象事項と規定文言を対比し、両者の間に矛盾抵触があるかどうかによってこれを決しなければならない」と述べた。

② 徳島市公安条例事件最高裁判決は、「ある事項について国の法令中にこれを規律する明文の規定がない場合でも、当該法令全体からみて、右既定の欠如が特に当該事項についていかなる規制をも施すことなく放置すべきものとする趣旨であると解されるときは、これについて規律を設ける条例の規定は国の法令に違反しない」と述べた。

③ 徳島市公安条例事件最高裁判決は、「逆に、特定事項についてこれを規律する国の法令と条例の規定とが併存する場合」でも、次の場合には、「国の法令と条例との間にはなんらの矛盾抵触はなく、条例が国の法令に違反する問題は生じえない」としたうえで、次の場合として、「後者が前者とは別の目的に基づく規律を意図するものであり、その適用によって前者の規定の意図する目的と効果をなんら阻害することがないとき」、「両者が同一の目的に出たものであつても、国の法令が必ずしもその規定によって全国的に一律に同一内容の規制を施す趣旨ではなく、それぞれの普通地方公共団体において、その地方の実情に応じて、別段の規制を施すことを容認する趣旨であると解されるとき」の2つを挙げた。

④ 法律と条例の関係については、法令が規制するのと同一の事項について法令とは異なる目的で条例を制定するとき、法令と同一の目的の下に法令が規制対象としていない事項について条例を制定するとき（横出し条例）、法令と同一の目的の下に、同一の対象について、法令よりも強度の規制をする条例を制定するとき（スソ出し条例）というパターンがある。

問50　政策といえるための条件に関する次の記述のうち、妥当でないものを1つ選びなさい。

① 政策といえるためには、公共的な課題すなわち社会の構成員の共通利益に関わる問題であって、これを社会全体で解決する必要があると認識されたものを対象とすることが必要である。

② 政策は、課題解決のための活動の方針であり、この活動には、公的な団体（社会福祉協議会、農協等）や市民団体の活動も含まれる。

③ 政策とは目的と手段の体系をなすものであり、目的と手段の両方が明らかで、それらが有機的

な繋がりをもっている必要がある。

④　いわゆる「宣言」は、目的を明示するものであり、手段が示されていなくてもおのずから方向性が定まるので、政策といってよい。

問51　官僚制に関する次の記述のうち、妥当でないものを1つ選びなさい。

①　官僚制に対する肯定的な見方として、M.ウェーバーの官僚制論が有名であり、この理論は、官僚制を近代社会において最も合理的な組織形態と捉えている。

②　官僚制の下では職務の分業が行われるが、これによって官僚は組織全体の目的よりも下位組織の目的を重視するようになり、独自のイデオロギー・哲学が形成されて、組織全体の目的達成が困難になるとの官僚制に対する批判的な見方が提示されている。

③　官僚制の下では、管理層は厳格な服務規律によって官僚を統制しようとするが、規律の強化は下位の官僚の反発を招き、規則に抵触しない範囲内で職務を怠ろうとするとの官僚制に対する批判的な見方が提示されている。

④　官僚制の機能を発揮させようとすれば、逆機能は弱まるという関係にあるため、官僚制問題への対応は、逆機能を克服するかという点に焦点を当てずに、いかに機能を発揮させるかの検討をすることが肝要である。

問52　条例の用語知識に関する次の記述のうち、妥当なものを1つ選びなさい。

①　「者」という用語は人格を有するものをさすのに対し、「物」という用語は人格を持たない有体物を指す。

②　「以下」という用語と「満たない」という用語は基準となる数量を含むが、「未満」という用語は基準となる数量を含まない。

③　「その他」という用語は、その前にある言葉Aをその後にある言葉Bの例示とする趣旨で用いられるため、Bの中にAも含まれることになる。

④　「その他の」という用語は、その前にある言葉Aとその後にある言葉Bとを並列的につなぐ趣旨で用いられるため、AとBは別概念ということになる。

問53　国家賠償請求訴訟に関する次の記述のうち、妥当でないものを1つ選びなさい。

①　国家賠償法に基づく損害賠償請求には、公権力の行使に関するものと公の営造物の設置管理の瑕疵に関するものの2種類がある。

②　国家賠償法1条1項にいう「公権力の行使」には、不作為・権限の不行使が含まれない。

③　国家賠償法1条1項の要件には、当該行為の違法という客観的要件と、故意又は過失という主観的要件がある。

④　国家賠償法2条1項にいう「公の営造物」には、無体財産及び人的施設は含まれないが、動産は含まれる。

問54 「地方分権の推進を図るための関係法律の整備等に関する法律」（地方分権一括法）と条例制定権に関する次の記述のうち、妥当でないものを1つ選びなさい。

① 1999年制定の「地方分権の推進を図るための関係法律の整備等に関する法律」（地方分権一括法）の施行以前は、国の事務である機関委任事務には自治体の条例制定権は及ばなかった。

② 地方分権一括法の施行以後は、自治事務だけでなく法定受託事務であっても、法令に違反しない限りにおいて条例を制定することが可能となった。

③ 地方分権一括法の施行により、条例制定権が実質的に拡大したことから、個別の行政課題を解決するための条例が自由に制定できるようになった。

④ 地方分権改革後も国の個別法の規律密度は依然として高く、個別具体的に事例を検討しないと、条例制定権の範囲は決まらない。

問55 条例評価の対象及び方法に関する次の記述のうち、妥当なものを1つ選びなさい。

① 国の法令を受けて制定された条例の場合は、評価に当たっては国の法令を含めて評価することが必要である。

② 評価の方法について、「参与観察法」は定量的方法の一例であり、「費用便益分析」は定性的方法の一例である。

③ 条例評価に当たっては、定性的方法によらずに定量的方法によるべきである。

④ 条例評価に当たっては、評価を行うことを制度化することは必要ではない。

問56 自治体の事務と国の関与に関する次の記述のうち、妥当でないものを1つ選びなさい。

① 現行の制度において、自治体が担う事務は、機関委任事務と法定受託事務のいずれかに区分される。

② 自治体の事務の根拠となる国の法令について自治体が行う解釈運用に対し、国が統制を図ることが必要となることも想定されるため、その手法として、関与の仕組みが法定されている。

③ 国の自治体に対する関与は、あくまで、自治体の自主性及び自立性が十分に発揮されることへの配慮の下に実施されるべきものとされる。

④ 国から自治体に対する関与が行われた事案の処理にあっても、自治体が、法令の解釈に関する一切の責任を免れるわけではない。

問57 執行管理の見直しに関する次の記述のうち、妥当でないものを1つ選びなさい。

① 執行管理は、原課では課長・係長等の役職者が、庁内では監査委員が主に行う活動である。

② 各課の執行細則を全庁的に把握することが、執行細則を適正に管理するための第一歩である。

③ いわゆる「引き写し審査基準」の問題のひとつに、自治体が自らに課せられた基準策定義務を実質的に果たしていない点が挙げられる。

④ 法執行の公平性・透明性を高めるために、違法・不当行為に対する処分等について、点数化方式の導入を検討することが重要である。

問58　政策の成果を考えるうえで、住民にとって重要なものの組合せとして妥当なものを、①～④の中から1つ選びなさい。

① インプット・アウトプット
② アウトプット・アウトカム
③ アウトカム・インパクト
④ インプット・インパクト

問59　自治体の長が定める規則と裁量基準の制定に係る裁量に関する次の記述のうち、妥当なものを1つ選びなさい。

① 裁量基準は、自治体がその裁量を行使するに当たって参照するものであり、自治体内部の基準に過ぎないから、公布を前提とする自治体の長が定める規則において裁量基準を定めることはない。
② 裁量基準をいかなる形式により定めるかは裁量権者に委ねられており、裁量権者以外の者による制約を受けることはない。
③ 法令若しくは条例の委任を受けて、又はその執行のために自治体の長が規則を定めるときは、当該規則は、当然に、その委任の範囲内又は執行に必要な限度でのみ定められることとなる。
④ 政省令等を制定する際に実施される意見公募手続は、行政手続法の規定に基づき国に義務付けられているものであるから、自治体において何らかの裁量基準を定める際には、同法に基づき意見公募手続の実施が義務付けられることはない。

問60　行政機関が対象者の内情を知るうちに同じような考え方や利害関係に陥り、逆にコントロールされる問題を示した語句として妥当なものを、①～④の中から1つ選びなさい。

① 規制の虜
② 規制のサンドボックス
③ 規制緩和
④ 規制目的二分論

問61　立法事実に関する次の記述のうち、妥当でないものを1つ選びなさい。

① 立法事実とは、法律の基礎にあってその合理性を支える社会的・経済的・文化的な一般的事実である。
② 立法事実は、憲法訴訟において、法律の合憲性審査を行う際の判断基準の1つとなっている。
③ 立法事実は、条例の合憲性審査には応用できるが、条例の法律適合性審査には応用することができない。
④ 条例案の立案に際しては、立法事実を的確に整理しておくことが必要である。

問62　自治基本条例に関する次の記述のうち、妥当でないものを１つ選びなさい。

①　自治基本条例は、「自治体の憲法」と称されることもある。

②　2022年４月１日時点の調査によると、自治基本条例は400を超える自治体で制定されている。

③　自治基本条例が制定・施行されるのは、主として都道府県であり、市町村や特別区の立法例は少ない。

④　国の法律ないし法令に反するような定めを自治基本条例で設けることはできない。

問63　地縁団体・地域自治組織に関する次の記述のうち、妥当なものの組合せを、①～④の中から１つ選びなさい。

> ア　地縁団体（自治会・町内会）は、地方自治法に基づき認可されることにより、認可地縁団体として自治体の業務を担うことができるようになる。
> イ　地縁団体（自治会・町内会）には一般的に法人格がなく、財産を保有することができない。
> ウ　地域自治区とは、市区町村の区域を条例で分割し、区域住民から成る地域協議会の意見を当該区域における自治体の事務処理に反映させる仕組みである。
> エ　地縁団体（自治会・町内会）は、住民が自治を行う団体であり、憲法上の地方公共団体の一種である。

①　ア、イ

②　ア、エ

③　イ、ウ

④　ウ、エ

問64　自治体争訟の類型に関する次の記述のうち、妥当なものを１つ選びなさい。

①　行政不服審査は処分の違法性と不当性の両方を審査することとされ、不当な処分についても審査し、取り消すことができる。

②　行政事件訴訟のうち、当事者訴訟とは公権力の行使に関する不服の訴訟である。

③　国家賠償請求訴訟は自治体争訟に含まれるが、その他の民事訴訟は自治体争訟には含まれない。

④　住民訴訟は、行政事件訴訟法でいうところの機関訴訟に該当する。

問65　行政手法に関する次の記述のうち、妥当でないものを１つ選びなさい。

①　行政手法とは、地域の公共的な課題（行政課題）を解決・処理するために国や自治体が行う活動の手段・方法をいう。

②　行政手法とは、政策に定められた手段の側面を指すものである。

③　行政手法の選択に当たっては、行政課題を具体的に解決・処理するためにどのような行政手法があるのか、それぞれの行政手法にはどのような特徴がありどのような課題・限界があるのか、採用すべき最も有効な行政手法は何か等について、全国一律の検討が求められる。

④　行政手法の類型・分類については、研究者により、また行政手法の作用する場面・当事者の立場により、種々の見方があり、一義的に捉えることはできない。

問66　条例評価の主体及び時期に関する次の記述のうち、妥当でないものを1つ選びなさい。
①　条例評価の主体は、提案者であり執行者である執行機関（長）、制定者である議会、住民その他の機関である。
②　条例評価に当たっては、自己評価だけではなく第三者評価を組み込むことが重要である。
③　条例評価は、条例が施行された後にその状況・成果を見て行う事後評価に限られ、事前評価は必要ではない。
④　明らかに短期的に消失する課題や事象について条例を制定する場合には、一定期間後に条例そのものの効力を失わせる時限立法を用いることが望ましい。

問67　行政委員会・委員に関する次の記述のうち、妥当でないものを1つ選びなさい。
①　地方自治法は自治体の種類ごとに設置される委員会や委員について定めているが、市町村と都道府県には、共通して、教育委員会、選挙管理委員会、人事委員会（人事委員会を置かない場合は公平委員会）及び監査委員の設置が義務付けられている。
②　行政運営における政治的中立性や公平・公正性を確保する必要から、委員会・委員が設置されるが、その例として、選挙管理委員会がある。
③　行政運営における民主性や専門性を確保する必要から、委員会・委員が設置されるが、その例として、海区漁業調整委員会がある。
④　委員会・委員には、裁判手続に準じるような紛争処理の権限を認められることがあるが、その例として、公安委員会がある。

問68　条例の雑則的規定に関する次の記述のうち、妥当なものを1つ選びなさい。
①　長の規則への委任に関する規定は、雑則的規定ではなく、附則規定である。
②　報告徴収に関する規定は雑則的規定であり、その実効性確保のための罰則規定も雑則的規定に分類される。
③　立入検査に関する規定は雑則的規定であり、その実効性確保のための罰則規定も雑則的規定に分類される。
④　条例の遡及適用に関する規定は、雑則的規定ではなく、附則規定である。

問69　行政手法の類型に関する次の記述のうち、妥当でないものを1つ選びなさい。
①　規制的手法とは、対象となる住民、事業者等の意思に反しても、一定の行為を行うよう（作為）、又は行わないよう（不作為）働きかける（義務付ける）権力的な手法である。
②　誘導的手法とは、住民、事業者等に対して、行政の意図する方向へ、助成やインセンティブ（誘

因）・情報等を与えることによって、一定の行為を行うよう（作為）、又は行わないよう（不作為）働きかける非権力的な手法である。

③　調整的手法とは、対象者や利害関係者の間での協議を求めたり、斡旋、調停、苦情処理など、私人間の紛争の解決等のための手法として用いられるものである。

④　実効性確保手法とは、義務を履行しない者に対して、制裁等を与えることにより、行政目的を確実に実現するため用いられる手法であるが、他の行政手法と併用して採用されることは多くない。

問70　規制条例における届出制に関する次の記述のうち、妥当でないものを1つ選びなさい。

①　届出制は、特定の行為を行うに当たってあらかじめ行政庁に一定の事項を通知することを、当該行為者に義務付ける仕組みである。

②　届出制の下では、届出内容の真偽を把握することはできないため、その実効性を確保するために、勧告制や命令制を併用することがある。

③　届出制は、届出内容について行政庁から諾否の判断を得る必要がない仕組みであるが、届出義務違反については、条例で罰則規定を整備することができる。

④　届出制は、許可制よりも規制の程度が低い仕組みであり、同一条例内で届出制と許可制を組み合わせて用いることはできない。

第2節　解答と解説

<問1> 8

〔正解〕②（配点15点）

〔解説〕①は妥当である。なお、法務研修、政策研修、政策法務研修といった集合研修は、研修所等に集合して講師による講義又は演習を行うことによって能力向上を図るものである。②は妥当でない。職場研修（OJT）は、通常の業務を通じて能力向上を図るものであり、特に実務知識の養成の効果が期待できる。③は妥当である。なお、論理構成力にあっては、政策法務研修や、あるテーマについて職場横断的なグループを設置して行う「チーム研究（研修）」によっても、養成の効果が期待できる。④は妥当である。「チーム研究（研修）」では、法務知識、政策知識、実務知識、論理構成力のほか、事案分析力、政策立案力といった応用力の養成も期待できる。（政策法務テキスト366〜368頁）

<問2> 3

〔正解〕③（配点10点）

〔解説〕①は妥当でない。法令に個別の定めがなければ滞納処分をすることはできないことから、民事上の手続により義務の履行を確保することになる。②は妥当でない。違法建築の撤去命令に基づく建物の除却義務は、代替的作為義務である。③は妥当である。選択肢に記載の通りである。④は妥当でない。この場合の勧告の法的性格は、行政指導に当たると考えられている。（政策法務テキスト137〜138頁）

<問3> 3

〔正解〕②（配点15点）

〔解説〕①は妥当でない。憲法の下に全ての法は憲法に違反することはできないことから、その法の解釈の結果も憲法に適合的なものであることが必然的に求められるとされる。②は妥当である。定義規定がある法令の用語の意味については、その定義規定による（法規的解釈の優先）。③は妥当でない。実際上、下級裁判所は、最高裁判所が下した判断（判例）と異なる解釈を行うことは考えにくいことから、行政実務においても、最高裁判所の判断は、法の解釈を通じて、事実上、法の内容を形成していると考えて事務処理をするのが適切であるとされる。④は妥当でない。刑事法の解釈において類推解釈が禁止されるのは、類推解釈を認めれば立法機関ではない裁判所の判断により事後的に罰則を創設して処罰することを認めることに等しく、これが罪刑法定主義（憲法31条参照）や事後処罰禁止原則（憲法39条参照）に反するとされるためであるところ、この考え方は、刑事法の場合ほどに厳密なものでないとしても、行政上の秩序罰規定の解釈においても採用されるべきとされる。（政策法務テキスト113〜114頁）

<問4> 4

〔正解〕①（配点15点）

〔解説〕①は妥当でない。行政訴訟では弁論主義、すなわち、裁判の基礎となる資料の収集を当事

者の権能かつ責任とすることを基本としている。②は妥当である。行政処分の適法性の有無は公益とかかわるため、客観的な真実の究明が期待される点、また、行政主体と私人間の立証能力には大きな差異がある点から、行政訴訟については職権証拠調べが認められている。③は妥当である。釈明処分の特則は、取消訴訟における訴訟関係を明瞭にするため、処分庁に対して処分の内容、根拠規定、処分の理由を明らかにする資料等であって、当該行政庁が保有するものの全部又は一部の提出を求めること等である。④は妥当である。取消訴訟における立証責任の所在についての一致した見解はなく、法律要件分類説（法律効果が自己に有利に働く当事者が当該効果を基礎付ける要件事実について立証責任を負うという見解）のほか、調査義務反映説（処分の適法性を裏付ける事実については基本的に被告が立証責任を負うという見解）、個別具体的判断説（当事者間の公平、証拠との距離、立証の難易等を具体的に検討すべきという見解）などが主張されている。（政策法務テキスト185～186頁）

<問5> 3

〔正解〕②（配点15点）

〔解説〕①は妥当でない。直接強制及び執行罰は、法令上ほとんど存在しないことから、活用が可能な手段は、実質上、代執行のみである。②は妥当である。個別法において、そこでなされる処分に係る代執行の要件を緩和する規定が置かれることがあり、一般に、緩和代執行と呼ばれている。③は妥当でない。多数説によれば、条例によっても即時強制を創設することが可能であるとされているほか、自治体の条例において定められている場合もある（空き家条例における緊急安全措置など）。④は妥当でない。公害防止協定といった行政契約に基づかない非金銭上の義務に関しては、自治体が専ら行政権の主体として、公法上・非金銭上の義務履行確保のために民事裁判手続を用いることは、法律に特別な規定がなければできないとされている（最三小判平14・7・9民集56巻6号1134頁、いわゆる宝塚市パチンコ店等規制条例事件）。（政策法務テキスト141～143頁）

<問6> 1

〔正解〕②（配点10点）

〔解説〕①は妥当である。選択肢に記載の通りである。②は妥当でない。財源を握る各省の思惑が交錯し、自治体の財政運営を厳しくした。③、④は妥当である。選択肢に記載の通りである。（政策法務テキスト18～22頁）

<問7> 7

〔正解〕④（配点15点）

〔解説〕①は妥当でない。第三者が公文書の開示に反対の意思を示す意見書を提出した場合であっても、開示決定をすることはできるが、この場合においては、開示決定の日と開示をする日との間に少なくとも2週間を置くこととされている。これは、第三者が開示決定に対し、審査請求又は取消訴訟を提起するための期間を設けるためである。②は妥当でない。ニセコ町情報公開条例13条は、選択肢に記載の内容についても定めているが、公文書が存在しない場合、不存在決定を行うとする制度が一般的である。③は妥当でない。開示請求が法の一般原理としての権利の濫用

に該当する場合には、当該開示請求は権利の行使として是認することができないとする裁判例がある（東京地判平23・5・26訟月58巻12号4131頁）。④は妥当である。選択肢に記載の通りである。（政策法務テキスト286〜287，291〜292頁）

<問8> 5

〔正解〕③（配点15点）

〔解説〕①、②は妥当である。選択肢に記載の通りである。③は妥当でない。定住外国人選挙権訴訟上告審判決（最三小判平7・2・28民集49巻2号639頁）は「憲法第8章の地方自治に関する規定は、民主主義社会における地方自治の重要性に鑑み、住民の日常生活に密接な関連を有する公共的事務は、その地方の住民の意思に基づきその区域の地方公共団体が処理するという政治形態を憲法上の制度として保障しようとする趣旨に出たものと解される……」と判示している。このように、判例も、地方自治が憲法によって制度として保障されているものであることを認めている。④は妥当である。選択肢に記載の通りである。（政策法務テキスト198〜199頁）

<問9> 6

〔正解〕③（配点10点）

〔解説〕①は妥当でない。憲法93条は、議事機関たる議会を自治体運営の中心に置きつつ、住民直接公選の長の存在が議会の政策論議を活性化させる刺激となることを狙っている。②は妥当でない。日本国憲法上の住民自治は、選挙と議会審議を通じて住民意思を析出させる仕組みに表れている。自治体に個別に意見を述べる請願権は、住民自治ではなく基本的人権として保障される（憲法16条）。③は妥当である。法律に基づく「特別地方公共団体」である広域連合の議会の議員は、各広域連合の規約に基づき、構成自治体の議会で選挙されることが通例である（地方自治法291条の5第1項）。④は妥当でない。議員は私的な利害関心を超えて、十分な調査により公開の場での議論に耐える主張を用意し、対立する主張との妥協ラインを探るべき公的職責を負っている。（政策法務テキスト244〜245頁）

<問10> 5

〔正解〕②（配点10点）

〔解説〕①は妥当でない。地方自治法2条5項は、「都道府県は、市町村を包括する広域の地方公共団体として……」と規定する。②は妥当である。選択肢に記載の通りである。③は妥当でない。地方自治法は、普通地方公共団体として都道府県と市町村を挙げているが、憲法において地方公共団体が具体的に何を意味するのかは明らかでない。④は妥当でない。都道府県の廃止は、「地方自治の本旨」に反する可能性が発生する。（政策法務テキスト210〜212頁）

<問11> 6

〔正解〕③（配点15点）

〔解説〕①は妥当である。選択肢に記載の通りである。②は妥当である。住民監査請求と住民訴訟は住民が個人で行うことができる点で、直接請求制度とは対照的である。③は妥当でない。直接請求は「日本国民たる」住民に限って認められており、選挙権行使の延長線上に位置付けられた

ものである。④は妥当である。直接請求制度は、議会に対して審議させるという形で自治体運営の手続を作動させる仕組みであり、議会を通さずに自治体運営の内容をコントロールすることを可能にするものではない。（政策法務テキスト247〜249頁）

<問12> **1**

〔正解〕①（配点10点）

〔解説〕①は妥当である。なお、同様の視点で、国に対しては、自治体でできることは自治体に、さらに、都道府県に対しては、地域に密着している市町村でできることは市町村に委ねることが要請されているとするものである。②は妥当でない。選択肢の内容は「比例原則」を説明するものである。③は妥当でない。選択肢の内容は「平等原則」を説明するものである。④は妥当でない。選択肢の内容は「説明責任の原則」を説明するものである。（政策法務テキスト25〜26頁）

<問13> **4**

〔正解〕①（配点25点）

〔解説〕①は妥当である。審査請求の対象となる「不作為」とは、法令に基づく申請に対して相当の期間内に処分を行わないことを指すため、選択肢に記載の審査請求は不適法であるとして、却下裁決が下される。②は妥当でない。不服申立手続の公正性の確保という観点から、法務管理組織の職員を審理員に任命する場合には、処分庁を支援する業務を担う法務管理組織職員を外すなどの工夫が必要である。③は妥当でない。他の第三者機関の関与がある場合や審査請求が不適法である場合、請求人が諮問を希望しない場合など一定の場合には、第三者機関への諮問は不要である。④は妥当でない。行政不服審査法84条の規定の趣旨から、申立書や反論書などの書類作成を支援することが、行政不服審査制度を評価・争訟法務として機能させるために有効と考えられる。（政策法務テキスト182〜184頁）

<問14> **3**

〔正解〕③（配点10点）

〔解説〕①は妥当でない。裁量（行政裁量）とは、あくまで法令上の要件が全て備わっていることを前提として、その場合に行政（執行機関）に与えられる選択・判断の余地であり、当不当は判断しない。当不当を判断できるのは行政不服審査である。②は妥当でない。裁判所は、適法か違法かの判断をする機関である。③は妥当である。行政事件訴訟法30条が「行政庁の裁量処分については、裁量権の範囲をこえ又はその濫用があつた場合に限り、裁判所は、その処分を取り消すことができる」旨を定めていることから、「濫用」は「違法」に当たることが分かる。④は妥当でない。住民監査請求・住民訴訟（地方自治法242条〜242条の3）による統制の対象は、行政の活動全般ではなく、「財務会計行為」に限られる。（政策法務テキスト124〜126頁）

<問15> **1**

〔正解〕②（配点15点）

〔解説〕①は妥当である。選択肢に記載の通りである。②は妥当でない。処理基準に従わなかった場合、是正の指示や代執行に繋がる可能性はある（地方自治法245条の7、245条の8）。③は妥

当である。選択肢に記載の通りである。④は妥当である。実際に、行政実例が否定され、自治体が敗訴した判例がある（差押債権支払請求事件・最一小判昭59・5・31民集38巻7号1021頁）。（政策法務テキスト37〜39頁）

<問16> **5**

〔正解〕④（配点15点）

〔解説〕①は妥当でない。総会を設けることができるのは、町と村のみである（地方自治法94条）。②は妥当でない。議会の招集の請求は長に対して行い、議会は長が招集する。ただし、議長による請求のあった日から20日以内に長が臨時会を招集しないときは、議長が臨時会を招集できる。また、議員定数の4分の1以上の者による請求のあった日から20日以内に長が臨時会を招集しないときは、議長は、当該請求をした者の申出に基づき、当該申出のあった日から、都道府県・市にあっては10日以内、町村にあっては6日以内に臨時会を招集しなければならない（地方自治法101条1項〜6項）。③は妥当でない。発議は議員3人以上でよい（地方自治法115条1項）。④は妥当である。（地方自治法109条1項）（政策法務テキスト230〜232頁）

<問17> **3**

〔正解〕③（配点25点）

〔解説〕①は妥当でない。賠償命令の対象となる事項でも住民訴訟の対象となる（地方自治法242条の2第1項4号ただし書参照）。②は妥当でない。現金については「故意又は過失」による（同法243条の2の2第1項かっこ書）。③は妥当である（同条11項）。④は妥当でない。滞納処分による旨の規定はなく、訴訟を通じた形での徴収が図られる。（政策法務テキスト137〜138, 144頁）

<問18> **5**

〔正解〕③（配点25点）

〔解説〕①は妥当である。地方自治法9条の5第1項は、「市町村の区域内にあらたに土地を生じたときは、市町村長は、当該市町村の議会の議決を経てその旨を確認し、都道府県知事に届け出なければならない」と規定している。②は妥当である。地方自治法282条の2第2項は、「前条第1項又は第2項の規定により条例を制定する場合においては、都知事は、あらかじめ都区協議会の意見を聴かなければならない」と規定している。③は妥当でない。地方自治法291条の2第2項は、「都道府県は、その執行機関の権限に属する事務のうち都道府県の加入しない広域連合の事務に関連するものを、条例の定めるところにより、当該広域連合が処理することとすることができる」と規定しており、都道府県は、その執行機関の権限に属するすべての事務について広域連合に処理させることができるわけではない。④は妥当である。地方自治法284条2項は「普通地方公共団体及び特別区は、その事務の一部を共同処理するため、その協議により規約を定め、都道府県の加入するものにあつては総務大臣、その他のものにあつては都道府県知事の許可を得て、一部事務組合を設けることができる。この場合において、一部事務組合内の地方公共団体につきその執行機関の権限に属する事項がなくなつたときは、その執行機関は、一部事務組合の成立と同時に消滅する」と規定している。（政策法務テキスト210, 217〜219頁）

<問19> ②

〔正解〕④（配点25点）

〔解説〕①、②、③は妥当である。④は妥当でない。立法事実は、客観的に検証されるべきものであり、法律の背景となる社会的・経済的・政治的な事情や事実が踏まえられる。（政策法務テキスト59〜63頁）

<問20> ①

〔正解〕②（配点15点）

〔解説〕①は妥当である。選択肢に記載の通りである。②は妥当でない。政策法務は、実践的取組みである。③、④は妥当である。選択肢に記載の通りである。（政策法務テキスト10〜12頁）

<問21> ①

〔正解〕②（配点25点）

〔解説〕①は妥当である。政策法務課が条例づくりの中心となっている小規模自治体や、条例の検討時から政策法務課が参与する県レベルの自治体も存在するが、さまざまな課題を日常的に認識できる原課の役割が重要であり、基本的には政策法務を発揮して直接条例制定に取り組むのは原課であるべきである。②は明らかに妥当でない。自治体の法務マネジメントは法律に基づく事務にも構築されるべきであるが、法律の企画立案（立法法務）は国に専属していることから、この場合、自治体法務は、法律の実施・運用（解釈運用法務）が起点になることになる。すなわち、自治体における法定事務については、「Do→Check-Act→Do」あるいは「Do→Check-Act→Plan」というマネジメントサイクルが構成されることになる。③は妥当である。自治体によって対応は異なるが、法制執務の役割と政策法務の役割については、条例づくりに向けたスタンスが異なるため、別個の職員が担当することが合理的と一般的に考えられる。④は妥当である。例規の棚卸しは、適切な法規範としての整序と運用を行うものであり、要綱の条例化もその1つではあるが、要綱がすべて不適切とは言えず、法律や条例を補完し、あるいは詳細な運用基準として制定することは十分あり得る。（政策法務テキスト27〜29頁）

<問22> ⑦

〔正解〕①（配点10点）

〔解説〕①は妥当である。選択肢に記載の通りである。②は妥当でない。「個人識別情報型」でも「プライバシー保護型」でも、特定の個人を識別することができない情報であっても、個人の人格と密接にかかわる情報であるため、公にすることにより当該個人の権利利益を害するおそれがあるものは不開示とする規定が置かれていることが一般的である。③は妥当でない。事業を営む個人の情報は、その性質上、個人のプライバシーの問題ではなく、法人等の事業活動情報と同等と考えるべきものであり、個人情報から除外され、法人情報と一体的に規定されている。④は妥当でない。法令等の趣旨、目的から公開することができないと認められる情報を含むものと考えられている。（政策法務テキスト279〜282頁）

<問23> ⑦

〔正解〕②（配点15点）

〔解説〕①は妥当である。選択肢に記載の通りである。②は妥当でない。開示請求と同様、任意の代理人による請求が認められている（「個人情報の保護に関する法律」90条2項、98条2項）。③は妥当である。訂正請求は保有個人情報の利用目的の達成のために必要な範囲内について訂正を求めることができるものであり、事実と異なる場合であっても、利用目的の達成に支障がなければ訂正する義務はない。④は妥当である（「個人情報の保護に関する法律」90条3項、98条3項）。（政策法務テキスト312〜314頁）

<問24> ②

〔正解〕①（配点15点）

〔解説〕①は妥当でない。行政手法の分類は必ずしも相互に排他的なものではない。例えば、中高層建築物の建築に伴って生ずる建築紛争に係る協議などは、全体としては調整的手法になるが、建築主にとっては規制的手法ともいえる。②は妥当である。契約的手法の具体例としては、公害防止協定、原子力安全協定などが挙げられる。③は妥当である。民間活力活用手法の具体例としては、PFI制度、指定管理者制度などが挙げられる。④は妥当である。協働促進手法は住民の参加や住民との協働等により、自治体の施策や事業を進める手法で、住民参加条例やまちづくり条例等の中で、多く取り入れられている。（政策法務テキスト68〜70頁）

<問25> ④

〔正解〕②（配点10点）

〔解説〕①は妥当でない。効率性とは、より少ないコスト・人員で実施することである。②は妥当である。執行活動の見直しを通じて、法律・条例の実施状況を事後的に検証し、改善の必要性を判断することが重要である。③は妥当でない。協働性とは、住民など関係者の意見を取り入れるなど民主的プロセスを踏まえて実施することである。④は妥当でない。有効性とは、法律・条例の効果が上がるように実施することである。（政策法務テキスト179頁）

<問26> ⑥

〔正解〕④（配点25点）

〔解説〕①は妥当でない。当時の内閣法制局の見解では、特定の自治体の「組織、運営、権能、権利、義務について特例を定める法律」のみが地方自治特別法とされた。ただし、この見解に従っても明日香村特措法は地方自治特別法に該当する、という意見もありうる。②は妥当でない。適用対象となる自治体を政令で拡張可能な点で、過去に地方自治特別法とされた諸法と異なるが、特定3市においても住民投票は実施されなかった。③は妥当でない。首都建設法の制定に際して地方自治特別法の住民投票が実施されたことと対照的であるが、「首都圏」の範囲は流動的であるため地方自治特別法に該当しないと説明された。④は妥当である。国会では選択肢に記述のように説明されていた。（政策法務テキスト242〜243頁）

<問27> **1**

〔正解〕②（配点10点）

〔解説〕①は妥当である。選択肢に記載の通りである。②は妥当でない。規程や要綱が法令や条例を執行するために制定されたものであれば、それらに従って実施した事務事業は、広い意味で法律に基づいていると言える。③、④は妥当である。選択肢に記載の通りである。（政策法務テキスト2～3頁）

<問28> **8**

〔正解〕③（配点10点）

〔解説〕自治体法務のプロセスは政策段階論（5段階モデル）を基本として考えられている。①の執行過程論は、政策執行段階に注目しその重要性を強調する理論である。②のアジェンダ設定論は、政策課題（アジェンダ）の設定に注目し、社会にある様々な問題の中から、ある課題が「政策課題」として取り上げられる際の判断や働きかけに焦点をあてるものである。③の政策段階論は、政策過程をいくつかの段階に区分して説明しようとするモデルであり、標準的には課題設定→立案→決定→執行→評価という5段階を設定する。④の政策波及モデルは、政策決定に当たって、他の主体が決定した政策を参照して政策をつくる結果、内容の類似した政策が次第に広がっていくというモデルである。（政策法務テキスト340～344頁）

<問29> **4**

〔正解〕③（配点15点）

〔解説〕①は妥当である。当該条例がそもそも必要か、その内容が公的関与として実施する必要があるものかという必要性は条例制定の最低限の条件の1つである。②は妥当である。法律・条例が全体として違法であり無効と判断されれば立法自体の意味がなくなるし、一部の規定が違法とされその効果が否定されても、所期の目的は実現できない。③は妥当でない。効率性の評価は定量的手法によることが妥当であるとされている。④は妥当である。選択肢に記載の通りである。（政策法務テキスト173～175頁）

<問30> **7**

〔正解〕③（配点15点）

〔解説〕①は妥当である（「個人情報の保護に関する法律」70条）。②は妥当である（同法66条第2項）。③は妥当でない。従来の個人情報保護条例では、個人情報は原則として本人から収集しなければならない旨の規定を定めるものがあったが、「個人情報の保護に関する法律」には、そのような規定はない。また、行政機関等が法令による事務又は業務の遂行に必要な保有個人情報を利用することに相当な理由があるときは、必要な限度で内部利用することができる。④は妥当である（同法68条）。（政策法務テキスト301～302頁）

<問31> **3**

〔正解〕④（配点15点）

〔解説〕①は妥当でない。行政庁の裁量処分については、裁量権の範囲をこえ又はその濫用があっ

た場合に限り、裁判所は、その処分を取り消すことができる（行政事件訴訟法30条）。②は妥当でない。自治体の裁量権の逸脱・濫用に関する裁判所の審査密度は低いとされているが、自治体においては、司法審査密度の低さに甘える形で裁量判断を行うのではなく、裁量基準を整備することなど、自己統制の程度を高めることが求められる。③は妥当でない。前者はいわゆる社会観念審査であり、後者はいわゆる判断過程審査であるところ、これらの2つの手法は、相互排他的・選択的に用いられるものではなく、両者を結合させて判断しているものもある（最二小判平8・3・8民集50巻3号469頁など）。④は妥当である。選択肢に記載の通りである。（政策法務テキスト132〜134頁）

<問32> **3**

〔正解〕③（配点25点）

〔解説〕①は妥当である。裁量基準を自ら定めるものとして審査基準や処分基準を位置付けることができ、「行政庁が判断の前提となる審査基準の設定とその公表を懈怠して、許認可等をすることは許され」ず、「処分自体の取消しを免れない」とした裁判例が存在する（那覇地判平20・3・11判時2056号56頁）。②は妥当である。裁判所による裁量審査は当不当には及ばないが、判断過程が不合理な場合に、それを「違法」と評価する裁判例がある。③は妥当でない。議会による調査権（地方自治法100条）の対象については、自治事務についても、法定受託事務についても、一定の政令で定められた事項が除外されている（同条1項かっこ書）。④は妥当である。近年の最高裁は審査を厳格化する傾向にあると指摘されているが、支出等の対象となる先行行為の違法性に関する審査が完全に排除されているわけではない。（政策法務テキスト125〜126, 133〜134頁）

<問33> **2**

〔正解〕③（配点15点）

〔解説〕①は妥当でない。条例の定義規定は、社会通念上複数の解釈が可能な用語について、条例で用いる特定の用法を規定するものである。②は妥当でない。選択肢のような場面では、条例で用語を定義する必要はない。③は妥当である。選択肢に記載の通りである。④は妥当でない。条例の定義規定は、総則的規定に分類される。（政策法務テキスト89頁）

<問34> **2**

〔正解〕③（配点10点）

〔解説〕①は妥当でない。地方自治法2条3項は、市町村を基礎的な自治体と位置付けている。②は妥当でない。広域事務については、都道府県が排他的に処理することとされている（地方自治法2条5項）。③は妥当である（地方自治法2条4項）。④は妥当でない。連絡調整事務については、都道府県が排他的に処理することとされている（地方自治法2条5項）。（政策法務テキスト81頁）

<問35> **3**

〔正解〕③（配点15点）

〔解説〕①は妥当でない。いわゆる成田新法に基づく工作物等使用禁止命令取消等請求事件上告審

判決（最判平４・７・１民集46巻５号437頁）は、刑事手続でないとの理由のみで、憲法31条の定める法定手続の保障の枠外にあると判断することは相当でないと述べた。そのうえで、一般に、行政手続は、刑事手続とその性質において差異があり、また、行政目的に応じて多種多様であるから、行政処分の相手方に事前の告知・弁解・防御の機会を与えるかどうかは、行政処分により制限を受ける権利利益の内容、性質、制限の程度、行政処分により達成しようとする公益の内容、程度、緊急性等を総合較量して決定されるべきものであって、常にそのような機会を与えることを必要としているものではないとしている。②は妥当でない。聴聞や弁明の手続の趣旨に鑑みて、事前の通知においては、相手方が自治体当局の事実認定に対して的確に反論するための準備ができる程度に具体的な記載がなされることが求められる。③は妥当である。選択肢に記載の通りである。④は妥当でない。聴聞や弁明の機会の付与の手続の趣旨は、不利益処分の原因となる事実について、自治体当局の事実認定が正しいかどうかについて、名宛人となるべき者に意見を述べさせることによりその防御権を行使する場・機会を設けようとするものである。（政策法務テキスト112頁）

<問36> 5

〔正解〕①（配点10点）

〔解説〕①は妥当でない。補助機関とは、長のみならず、委員会や委員を含む執行機関による権限行使・事務処理をサポートする機関をいう。②、③、④は妥当である。選択肢に記載の通りである。（政策法務テキスト229～230頁）

<問37> 7

〔正解〕④（配点10点）

〔解説〕①、②、③は妥当である。選択肢に記載の通りである。④は妥当でない。紙媒体のファイルなどで氏名、生年月日、その他の記述等により特定の保有個人情報を容易に検索することができるように体系的に構成したものも含まれる（「個人情報の保護に関する法律」の定義として、①は２条１項、②は60条１項、③は２条３項、④は60条第２項）。（政策法務テキスト297～300頁）

<問38> 5

〔正解〕④（配点15点）

〔解説〕①は妥当でない。施行はされていないものの、神奈川県では「神奈川県知事の在任の期数に関する条例」が「知事は、引き続き３期（各期における在任が４年に満たない場合も、これを１期とする。）を超えて在任することができない」（２条１項）と定めている。②は妥当でない。憲法上の論点として、立候補や職業選択の自由の制限がある。③は妥当でない。国においても、今日まで法制度上の実現には至っていないが、長の多選制限を内容とする公職選挙法や地方自治法の改正について検討がなされてきた経緯がある。④は妥当である。選択肢に記載の通りである。（政策法務テキスト225～226頁）

<問39> 1

〔正解〕 ③（配点15点）

〔解説〕①、②は妥当である。選択肢に記載の通りである。③は妥当でない。自治体が法律に基づく事務を執行する際に、政省令に準拠することにもなる以上、自治体の自主解釈権もまた法律のみならず政省令にも当然に及ぶ。④は妥当である。選択肢に記載の通りである。（政策法務テキスト35〜36頁）

<問40> 6

〔正解〕 ②（配点10点）

〔解説〕①は妥当である。住民意思の取り出し方が、首長選挙と議員選挙の二系統で構成されていることを「二元代表」といい、住民が議員を選挙し、議会が長を選出する一元的な制度（シティ・マネジャー制度）と区別される。②は妥当でない。むしろ長の選挙においてこそ投票による政策選択が意識され、ダムや原発の設置・稼働が知事選の争点とされたこともある。③は妥当である（憲法93条）。④は妥当である。議事機関として議会を設置すると明記した憲法93条１項の趣旨を尊重し、長は議会での政策論議が活性化するように振舞うべきである。（政策法務テキスト244〜247頁）

<問41> 7

〔正解〕 ②（配点25点）

〔解説〕①は妥当でない。保有個人情報に係る本人の数が100人を超える場合には、国及び自治体は、個人情報保護委員会に報告が義務付けられている。②は妥当である。選択肢に記載の通りである。ただし、地方公務員法で規定されている守秘義務違反となり、同法により処罰される。③は妥当でない。法100条において「当該行政機関の長等の属する行政機関等における個人情報の適正な取扱いを確保するために必要な限度で、当該利用停止請求に係る保有個人情報の利用停止をしなければならない。」とされており、必ず利用を停止しなければならないわけではない。④は妥当でない。法129条において「地方公共団体の機関は、条例で定めるところにより、第３章第３節の施策を講ずる場合その他の場合において、個人情報の適正な取扱いを確保するため専門的な知見に基づく意見を聴くことが特に必要であると認めるときは、審議会その他の合議制の機関に諮問することができる。」とされており、審査請求に関する諮問のみに関する事務のみを所管するわけではない。（政策法務テキスト303，313〜315頁）

<問42> 8

〔正解〕 ④（配点25点）

〔解説〕①、②、③は妥当でない。措置命令等が行われる前に行政指導が行われることが多い。④は妥当である。食品衛生法に基づき食中毒発生の際は食品の収去や営業停止等の命令が、弁明の機会の付与をすることなく行われるのが一般的である（食品衛生法28条、60条、行政手続法13条２項１号）。（政策法務テキスト346〜348頁）

<問43> **2**

〔正解〕②（配点10点）

〔解説〕①は妥当でない。「改め文」も「溶け込み方式」のひとつである。②は妥当である。条例をなじみやすいものにするため、「ですます」調を採用する例が増加傾向にある。③は妥当でない。文語体を用いる古い条例は存在し、その改正についても文語体を用いることは可能である。④は妥当でない。片仮名を用いる古い条例は存在し、その改正についても片仮名を用いることは可能である。（政策法務テキスト95〜96頁）

<問44> **3**

〔正解〕③（配点15点）

〔解説〕①は妥当である。最三小判平27・3・3民集69巻2号143頁では、「処分基準の定めと異なる取扱いをするならば、裁量権の行使における公正かつ平等な取扱いの要請や基準の内容に係る相手方の信頼の保護等の観点から、当該処分基準の定めと異なる取扱いをすることを相当と認めるべき特段の事情がない限り、そのような取扱いは裁量権の範囲の逸脱又は濫用に当たることとなると解され」ると判断されている。②は妥当である。裁量基準において複数の選択肢が示されている場合、当該選択肢のいずれを選択するのかについても合理的な理由が必要となる。例えば懲戒処分の基準を定める裁量基準におけるある行為に対する懲戒処分が「免職、停職又は減給」とされている場合、これら3つのいずれを選択しても基準違反とはならないが、軽微な事案に対して免職処分を行うといった場合には、裁量基準に違反していないことのみをもって当該処分の合理性を直ちに根拠づけているとはいい難い。③は妥当でない。裁量基準が長らく見直されておらず、適正確保原則に照らして内容の妥当性に疑義がある場合などにおいては、裁量基準によらずに処分を行うことも許容される場合がある。もっとも、この場合、処分基準により難い理由及び当該案件で裁量基準によらない内容の決定が合理的であることを説明する必要がある。④は妥当である。選択肢に記載の通りである。（政策法務テキスト130〜131頁）

<問45> **2**

〔正解〕②（配点10点）

〔解説〕①は妥当である。地方自治法14条2項に規定されている。このような条例を必要的事項条例という。②は妥当でない。地方自治法14条3項によれば、条例には、刑罰のみならず、「5万円以下の過料に科する旨の規定」も設けることができる。③は妥当である。地方自治法15条1項に規定されている。規則制定の主体は普通地方公共団体ではなく、その長である。④は妥当である。地方自治法15条2項に規定されている。（政策法務テキスト54〜55頁）

<問46> **6**

〔正解〕③（配点10点）

〔解説〕①は妥当である。実際上、住民登録情報を基礎にしないと、投票資格者の範囲を画定して個人を把握し、一人一票で投票整理券を配布して公正に住民投票を実施するのに支障がある。②は妥当である。幅広く意見を募集することで政策改善が期待できる。ただ、それでも意見が全く提出されないことが少なくない（案件によっては大量の意見が提出されることもある）。③は妥

当でない。むしろ市民参加は広い意味での利害関係者が参加主体として想定されるものであり、利害関係のない第三者による調停や検証、紛争処理とは異なる。④は妥当である。選択肢に記載の通りである。（政策法務テキスト261～262頁）

<問47> ④

〔正解〕④（配点15点）

〔解説〕①は妥当でない。法律相談は、所管部課、法務管理組織、弁護士の連携により、地域の実情に即した自主法令解釈を促進する契機となりうる。②は妥当でない。法律相談は、監査制度のようにリスクを監視・摘発する仕組みではないため、いわゆるモニタリング・コストが発生せず、安上がりであるというメリットがある。③は妥当でない。法律相談のデメリットとして、個別具体の案件の見直しであり、網羅的・組織的な見直しに必ずしもつながらない点が挙げられる。④は妥当である。法律相談を評価法務として機能させるための工夫が必要であると指摘される。（政策法務テキスト179頁）

<問48> ④

〔正解〕③（配点10点）

〔解説〕①は妥当である。行政不服審査制度は、行政庁の公権力の行使に関し、国民が簡易迅速かつ公正な手続の下で行政庁に不服を申し立てることができる制度である。②は妥当である。選択肢に記載の通りである。③は妥当でない。審理員になりうるのは、処分に関与していない等の要件を満たす職員である。④は妥当である。審理員は、処分庁の弁明書提出要求、物件の提出要求、審理関係人への質問などの職権証拠調べも行うことができる。（政策法務テキスト182～183頁）

<問49> ②

〔正解〕③（配点25点）

〔解説〕①は妥当でない。徳島市公安条例事件最高裁判決は、「条例が国の法令に違反するかどうかは、両者の対象事項と規定文言を対比するのみでなく、それぞれの趣旨、目的、内容及び効果を比較し、両者の間に矛盾牴触があるかどうかによってこれを決しなければならない」と述べた。②は妥当でない。同判決は、このように解されるときは、「これについて規律を設ける条例の規定は国の法令に違反することとなりうる」と述べた。③は妥当である。同判決によれば、法令と条例とが併存する場合は、条例が法令とは別の目的である場合と両者が同一の目的である場合に分けて判断される。④は妥当でない。法律と条例の関係については、法令と同一の目的の下に、同一の対象について、法令よりも強度の規制をする条例を制定するパターンは、上乗せ条例である。（政策法務テキスト50～51頁）

<問50> ⑧

〔正解〕④（配点10点）

〔解説〕①は妥当である。政策は公共的な課題を解決するためのものである必要がある。公共的な課題とは社会の構成員の共通利益に関わる問題であって、これを社会全体で解決する必要があると認識されたもののことである。②は妥当である。政策は課題解決のための活動の方針であり、

主として国や自治体などの公的機関が行うものであるが、公的な団体、市民団体、NPO、ボランティアによる公共的な活動も含まれる。③は妥当である。政策とは目的と手段の体系をなすもので、目的が明示されていないものや、目的はあってもそれを実現するための手段が明示されていないものは、政策とはいえない。④は妥当でない。宣言については、目的が示されているのみで、手段が示されていないため、政策とはいえない。（政策法務テキスト322〜323頁）

<問51> 8

〔正解〕④（配点15点）

〔解説〕①は妥当である。M.ウェーバーは、官僚制を近代社会において最も合理的な組織形態と捉え、官僚制は、権限の原則、階統制の原則、公私の区別の原則、専門性の原則及び文書主義の原則といった諸原則により、官僚の活動を統制するとともに、組織目的を最大限に達成できる仕組みと考えた。②は妥当である。さらに、選択肢に記載の通り、官僚制の逆機能の例として、セクショナリズム（縦割り体質）が挙げられる。③は妥当である。選択肢に記載の通り、下位の官僚が規則に抵触しない範囲内で職務を怠ろうとした場合、官僚制の逆機能の例として、さらに規律が強化され、組織内の緊張が高まって組織の能率が低下するといった管理の悪循環に陥ることが挙げられる。④は妥当でない。官僚制の機能を発揮させようとすれば、逆機能は強まるという関係にある。官僚制問題への対応は、いかに機能を発揮させながら逆機能を克服するかという点に焦点があると考えられる。（政策法務テキスト350〜351頁）

<問52> 2

〔正解〕①（配点10点）

〔解説〕①は妥当である。選択肢に記載の通りである。②は妥当でない。「満たない」という用語も基準となる数量を含まない。③は妥当でない。「その他」という用語は、AとBを並列的につなぐ趣旨で用いられる。④は妥当でない。「その他の」という用語は、AをBの例示とする趣旨で用いられる。（政策法務テキスト96〜99頁）

<問53> 4

〔正解〕②（配点10点）

〔解説〕①は妥当である。公権力の行使に関する損害賠償請求は「1条訴訟」、公の営造物の設置管理の瑕疵に関する損害賠償請求は「2条訴訟」とそれぞれ呼ばれる。②は妥当でない。公権力の行使には、不作為・権限の不行使も含まれ、警察法、環境行政法、消費者行政法の分野では、行政の不作為を理由とする国家賠償事件が多数提起されてきた。③は妥当である。賠償請求権の成立要件である違法及び「故意又は過失」の内容としては、公務員の注意義務違反が重視されてきた。④は妥当である。公の営造物とは、国又は自治体が直接に公の目的のために供用している有体物を指す。（政策法務テキスト189〜190頁）

<問54> 2

〔正解〕③（配点15点）

〔解説〕①は妥当である。機関委任事務は自治体の事務ではないからである。②は妥当である。法

定受託事務は自治体の事務であるからである。③は妥当でない。地方分権一括法の施行により、条例制定権が形式的に拡大したといえるが、このことによって直ちに、個別の行政課題を解決するための条例が制定できるかという点については、慎重に検討する必要がある。④は妥当である。地方分権改革後も国の個別法の規律密度（法令に基づいて自治体の事務処理の基準・方法・手続などを規定している度合い）は依然として高く、その改正は遅々として進んでいない。（政策法務テキスト51～52頁）

<問55> 4

〔正解〕①（配点15点）

〔解説〕①は妥当である。委任条例、施行条例などについてである。②は妥当でない。「参与観察法」は定性的方法の一例であり、「費用便益分析」は定量的方法の一例である。③は妥当でない。条例評価に当たっては、定性的方法と定量的方法とを適切に使い分けることが重要であり、専ら一方によることは妥当ではない。④は妥当でない。条例評価に当たっては、評価を行うことを制度化することの重要性が説かれている。（政策法務テキスト171～172頁）

<問56> 3

〔正解〕①（配点10点）

〔解説〕①は妥当でない。第1次地方分権改革により機関委任事務は廃止され、現在、法律に基づいて自治体が担う事務は、法定受託事務と自治事務に区分される。②は妥当である。国の法令制定者の考え方と大きく異なった解釈運用がなされることには弊害もあるため、必要な範囲で自治体に対する統制を行うための手法として、関与の仕組みが地方自治法などに規定されている。③は妥当である。国による関与は、自治体の「自主性及び自立性が十分に発揮される」ことへの配慮（自治法1条の2第2項）の下に創設された仕組みであり、かつ、あくまでこの配慮原則の下で実施されるものとされている（自治法245条の3第1項）。④は妥当である。国による関与は、自治体の自主性を損なわせることを積極的に許容するものではなく、同時に、自主法令解釈権の下で適切に法の解釈を行うべき自治体の責任を免れさせるものでもない。（政策法務テキスト118～119頁）

<問57> 4

〔正解〕①（配点15点）

〔解説〕①は妥当でない。庁内で執行管理を主に行うのは、監査委員ではなく、総務系部課（法務、企画、財務、人事、行革等の担当課）である。②は妥当である。条例等と比較すると、執行細則は原課のみで立案・決定される場合が少なくないため、執行細則の棚卸しを実施することが考えられる。③は妥当である。このほか、住民の視点からみたときに分かりづらいものになりがちであることが、「引き写し審査基準」の問題点として指摘される。④は妥当である。審査基準・処分基準に点数方式を取り入れて要件認定を客観化・可視化することで、法執行の公平性・透明性が担保されると考えられる。（政策法務テキスト176～178頁）

<問58> 8

〔正解〕③（配点15点）

〔解説〕①、②、④は妥当でない。③は妥当である。政策分析では、政策に基づいて予算や人員などの政策資源を投入することをインプットいう。アウトプットは事業活動によって形を変えた直接の結果である。アウトカムとは政策のアウトプットを政策目的に沿って活用したことで社会環境に与える成果のことである。政策の成果が時間的にも空間的にも広がりを持つようになって社会環境の広い範囲に与える影響をインパクトという。住民にとって重要なのは、政策の結果として社会環境がよくなったか否かというアウトカム・インパクトである。（政策法務テキスト336～337頁）

<問59> 3

〔正解〕③（配点10点）

〔解説〕①は妥当でない。自治体の長が定める規則（地方自治法15条）は、法令又は条例の施行のために制定されるものも多く、これらの中には裁量基準を定めるものもある。②は妥当でない。法令や条例によっては、その施行について「規則で定める」と形式を指定しているものがあり、この場合には、まずは規則で定めることが求められる。③は妥当である。この考え方は、自治体の行政運営は、最少の経費で最大の効果を挙げるようにしなければならないとする地方自治法2条14項を背景に持つものといえる。④は妥当でない。自治体においても、行政手続条例により意見公募手続の実施を義務付けられている場合がある。（政策法務テキスト127～128頁）

<問60> 8

〔正解〕①（配点10点）

〔解説〕①は妥当である。「規制の虜（とりこ）」の事例としては、2011年の福島原発事故の際に、規制する行政機関が対象者である電力会社と通じ合い、専門知識では電力会社の方が詳しいこともあって、安全面の監督が甘くなったことが挙げられる。②は妥当でない。「規制のサンドボックス」制度とは、イノベーション促進のために、一時的に規制の適用を停止するなど、新たなビジネスの実験場の仕組みとしてイギリスなどで始められた「規制の砂場」をいう。③は妥当でない。一般に、経済活動に対する様々な公的規制を廃止し、緩和することである。④は妥当でない。社会経済政策的見地から行う積極目的規制と、安全・秩序・公衆衛生の維持のために行う消極目的規制とに区分し、合憲性の審査のレベルを変える手法である。（政策法務テキスト347～355頁）

<問61> 2

〔正解〕③（配点10点）

〔解説〕①は妥当である。条例の必要性や正当性を根拠付けるものである。②は妥当である。二重の基準などと同様、法律の合憲性審査の判断基準である。③は妥当でない。立法事実は、条例の法律適合性審査に当たっても応用が可能である。④は妥当である。条例の法律適合性審査では、条例の必要性や正当性を根拠付ける立法事実が存在するかどうかがチェックされるから、立法事実は書面化して保存しておく必要がある。（政策法務テキスト59頁）

<問62> 5

〔正解〕③（配点10点）

〔解説〕①は妥当である。自治基本条例については、自治体の基本について定めた自治体の最高規範であるという面を見出すことができる。②は妥当である。自治基本条例は、2000年に制定（2001年施行）された「ニセコ町まちづくり基本条例」が最初のケースであると考えられており、現在では400を超える自治体で制定されている。③は妥当でない。自治基本条例が制定・施行されるのは、主として市町村や特別区であり、都道府県でも立法例はある。④は妥当である。自治基本条例といえども自治体の条例であり、法律の範囲内で制定することができる（憲法94条）。（政策法務テキスト202～203頁）

<問63> 6

〔正解〕③（配点15点）

〔解説〕アは妥当でない。認可地縁団体とは、地域共同活動のための権利を有するために市区町村長の認可を受けた自治会・町内会等をいう。イは妥当である。そのため認可地縁団体の制度が存在する。ウは妥当である。このように地域自治区を設置することは自治体の基本的な運営方法の変更であり、そのため条例事項（議会の議決を要する）となっていると考えられる。エは妥当でない。憲法上の地方公共団体の組織と運営は法律で定められる（憲法92条）。住民自治の理念に合致すれば憲法上の地方公共団体に該当するというものではない。よって、妥当なものの組合せは③である。（政策法務テキスト257～259頁）

<問64> 4

〔正解〕①（配点10点）

〔解説〕①は妥当である。これに対し、行政訴訟では処分の違法性しか審査できない。②は妥当でない。公権力の行使に関する不服の訴訟は抗告訴訟である。③は妥当でない。国家賠償請求訴訟以外の民事訴訟も自治体争訟に含まれる。④は妥当でない。住民訴訟は行政事件訴訟法でいうところの民衆訴訟に該当する。（政策法務テキスト160～161頁）

<問65> 2

〔正解〕③（配点15点）

〔解説〕①は妥当である。選択肢に記載の通りである。②は妥当である。政策とは行政課題を解決するための公的機関等の活動の方針であって目的と手段のセットをなすものであるとの見解を前提とするものである。③は妥当でない。行政手法の選択に当たっては、自治体の実情に応じた個別具体的な検討が求められる。④は妥当である。政策論との結び付きを重視するなど、種々の見方があり、一義的に捉えることはできない。（政策法務テキスト65頁）

<問66> 4

〔正解〕③（配点10点）

〔解説〕①は妥当である。執行機関と議会が実施する評価を自己評価、その他の機関が実施する評価を第三者評価ということができる。②は妥当である。自己評価だけでは客観的な評価が難しく、

また住民の生活実感に基づく評価も重要である。③は妥当でない。よりよい条例とするための評価である事前評価も重要である。④は妥当である。一時的な給付金の支給に関して条例を定めようとするときや、長の多選自粛条例を当該長に限って適用するような場合が考えられる。（政策法務テキスト169～170頁）

<問67> 5

〔正解〕④（配点10点）

〔解説〕①、②、③は妥当である。選択肢に記載の通りである。④は妥当でない。裁判手続に準じるような紛争処理の権限を認められる委員会・委員の例としては、人事委員会や公平委員会、固定資産評価審査委員会がある。（政策法務テキスト226～227頁）

<問68> 2

〔正解〕④（配点15点）

〔解説〕①は妥当でない。長の規則への委任に関する規定は、雑則的規定である。②は妥当でない。罰則規定は雑則的規定には分類されない。③は妥当でない。罰則規定は雑則的規定には分類されない。④は妥当である。選択肢に記載の通りである。（政策法務テキスト90～94頁）

<問69> 2

〔正解〕④（配点10点）

〔解説〕①は妥当である。規制的手法の具体例として、禁止制、命令制、許可制、届出制が挙げられる。②は妥当である。誘導的手法の具体例として、補助金制情報提供制、行政指導制が挙げられる。③は妥当である。調整的手法の具体例として、建築主と付近住民との間の建築紛争の対象者や利害関係者の間での協議を求めること等が挙げられる。④は妥当でない。実効性確保手法とは、規制的手法など他の行政手法の実効性を確保するための手法であるから、他の行政手法と併用して採用されるものである。（政策法務テキスト65～68頁）

<問70> 2

〔正解〕④（配点15点）

〔解説〕①は妥当である。選択肢に記載の通りである。②は妥当である。届出制については、その実効性を確保するために勧告制や命令制を併用することが一般的である。③は妥当である。届出義務違反について条例で罰則規定を整備する例はある（神奈川県土砂の適正処理に関する条例等）。④は妥当でない。同一条例内で届出制と許可制を組み合わせて用いる例はある（神奈川県土砂の適正処理に関する条例等）。（政策法務テキスト75～80頁）

第3章　自治体法務検定　基本法務（2023年度2月）

第1節　問題

問1　行政指導に関する行政手続法の規定内容として妥当でないものを、①〜④の中から1つ選びなさい。

① 行政指導にあっては、行政指導に携わる者は、当該行政機関の任務又は所掌事務の範囲を逸脱してはならないことに留意しなければならない。

② 行政指導に携わる者は、その相手方が行政指導に従わなかったことを理由として不利益な取扱いをしてはならない。

③ 許認可等に基づく処分権限を有する行政機関が、当該権限を行使できない場合であるにも拘わらず当該権限を行使しうる旨を殊更に示すことにより、相手方に行政指導に従うことを余儀なくさせてはならない。

④ 緊急に行政指導をする必要があるため書面を作成することができないときを除き、行政指導は、その趣旨及び内容並びに責任者等を記載した書面を交付して行わなければならない。

問2　国家賠償法1条に関する次の記述のうち、同条文又は最高裁判所の判例に照らして、妥当でないものを1つ選びなさい。

① 税務署長のする所得税の更正処分は、過大に所得を認定していても直ちに国家賠償法1条1項にいう違法があったとは評価できず、課税要件事実を認定・判断する上で職務上通常尽くすべき注意義務を尽くすことなく漫然と更正をしたと認めうるような事情がある場合に限り、同法の適用上、違法と評価される。

② 警察官が非番の日に制服制帽を着用して職務行為を装い強盗した場合には、国家賠償法1条1項にいう「職務を行うについて」損害を加えたものとはいえないので、当該警察官の所属する地方公共団体は国家賠償責任を負わない。

③ 国家公務員が故意又は重過失により私人に損害を与えたために、国が国家賠償責任を負う場合、国は当該公務員に対し求償することができる。

④ 建築基準法上の指定確認検査機関がした建築確認の取消訴訟の係属中に訴えの利益が消滅した場合、当該建築確認事務の帰属する地方公共団体を被告とする国家賠償請求訴訟へ訴えを変更することができる。

問3　条例に刑罰規定を設けた場合に関する次の記述のうち、妥当なものを1つ選びなさい。

① この規定は一般予防の機能を有しない。

② この規定は特別予防の機能を有しない。

③ この規定は損害賠償機能を有しない。

④ この規定は自由保障機能を有しない。

問4 地方公共団体の職員Aは友人の業者Bのために、自らの権限に属する事項について認められた裁量の範囲内で何かと便宜を図っていたが、令和3年（2021年）退職直後にBからこれまでの厚情に報いるとしてBの経営する会社の職員のポストを提供され、その職に就いた。このことについて、①～④の中から妥当なものを1つ選びなさい。

（参考）

○受託収賄罪（刑法197条1項）

　公務員が、その職務に関し、賄賂を収受し、又はその要求若しくは約束をしたときは、五年以下の懲役に処する。この場合において、請託を受けたときは、七年以下の懲役に処する。

○事後収賄罪（刑法197条の3第3項）

　公務員であった者が、その在職中に請託を受けて職務上不正な行為をしたこと又は相当の行為をしなかったことに関し、賄賂を収受し、又はその要求若しくは約束をしたときは、5年以下の懲役に処する。

○不正再就職の罪（地方公務員法63条1号）

　次の各号のいずれかに該当する者は、三年以下の懲役に処する。ただし、刑法（明治40年法律第45号）に正条があるときは、刑法による。

一　職務上不正な行為（中略）をすること若しくはしたこと、又は相当の行為をしないこと若しくはしなかつたことに関し、営利企業等に対し、離職後に当該営利企業等若しくはその子法人の地位に就くこと、又は他の役職員をその離職後に、若しくは役職員であつた者を、当該営利企業等若しくはその子法人の地位に就かせることを要求し、又は約束した職員

---

① Aには罪は成立しない。

② Aには事後収賄罪が成立する。

③ Aには地方公務員法63条1号の罪〔不正再就職の罪〕が成立する。

④ Aには受託収賄罪と地方公務員法63条1号の罪〔不正再就職の罪〕が成立する。

問5 意思表示に関する次の記述のうち、妥当でないものを1つ選びなさい。

① AはBに指輪を贈与する意思がないのに、贈与の約束をした。Bは、Aの真意を知らなかったが、その真意でないことを知ることができた場合は、Aの贈与の意思表示は無効となる。

② Aに土地を売却したBが、Aから土地の明渡請求を受けた場合、BはAによる土地取得に関してAに錯誤があると主張して、Aの土地取得行為を否定することはできない。

③ Aはその債権者Bからの差押えを免れるため、友人Cと共謀して自己の建物をCに売ったように契約した。Cの債権者Dは、当該事情を知らず当該建物を差し押さえた。Aは、Dに対して売買の意思表示の無効を主張することができない。

④ Aは自己に多額の譲渡所得税が課税されないと誤信して、Bに対し財産分与をした。財産分与をした場合に自己に課税がなされないかどうかは単にAの動機に錯誤があるにすぎないから、Aの認識に反し自己に多額の譲渡所得税が課税されたとしても、Aは錯誤を主張できない。

問6　地方公共団体の公の施設に関する次の記述のうち、最も妥当なものを1つ選びなさい。

①　市庁舎の一部であり、平日は行政事務の処理のために利用されているが、休日に限り住民にその利用のために開放される会議室も、地方自治法にいう、住民の福祉を増進する目的をもってその利用に供するための公の施設である。

②　公の施設の管理を行わせる指定管理者の指定は、条例の定めるところにより行われることから、指定管理者を実際に指定する段階では、その指定を行うに先立ち当該地方公共団体の議会の議決を経ておく必要はない。

③　地方公共団体は、その区域外においても公の施設を設けることができ、その場合には、当該公の施設の設置される地をその区域とする関係地方公共団体との協議は必要とされていない。

④　地方公共団体の長は、公の施設を利用する権利に関する処分についての審査請求がされた場合には、当該審査請求が不適法であり、却下するときを除き、議会に諮問した上、当該審査請求に対する裁決をしなければならない。

問7　刑罰に関する次の記述のうち、妥当なものを1つ選びなさい。

①　没収だけを刑として科すことはできない。

②　科料だけを刑として科すことはできない。

③　罰金だけを刑として科すことはできない。

④　拘留だけを刑として科すことはできない。

問8　条例の制定改廃請求に関する次の記述のうち、妥当でないものを1つ選びなさい。

①　地方公共団体の議会の議員及び長の選挙権を有する者（以下「選挙権者」という）は、その総数の50分の1以上の者の連署をもって、その代表者から、地方公共団体の長に対し、条例の制定又は改廃の請求（以下「請求」という）をすることができる。

②　地方税の賦課徴収に関する条例に限り、請求の対象からは除かれているが、このような限定がされているのは、税負担の軽減を求める請求の濫発を防ぐためであるとされる。

③　請求を受けた地方公共団体の長は、請求を受理した日から20日以内に議会を招集し、意見を付けてこれを議会に付議し、その結果を請求の代表者に通知するとともに、これを公表しなければならない。

④　請求に必要な署名を収集する期間は、都道府県及び指定都市については2ヶ月以内、指定都市以外の市町村については1ヶ月以内とされている。

問9　自治立法に関する次の記述のうち、妥当なものを1つ選びなさい。

①　公の施設の設置・管理に関する事項については、条例で定める必要はない。

②　義務を課し又は権利を制限するには、法令に特別の定めがある場合を除き、条例によらなければならない。

③　長の定める規則は、法規としての性格を持たず、行政内規として行政組織内部においてのみ拘

束力を有するものである。

④　長の定める規則に違反した者に対して、過料を科すことはできない。

問10　地方公務員に関する次の記述のうち、妥当でないものを1つ選びなさい。

①　任命権者は、職員に対し、懲戒その他その意に反すると認める不利益な処分を行う場合においては、その際、その職員に対し処分の事由を記載した説明書を交付しなければならない。

②　職員は、その意に反して不利益な処分を受けたと思うときは、任命権者に対し処分の事由を記載した説明書の交付を請求することができる。

③　公務員の職務又は身分に関する処分の手続には、行政手続法が適用される。

④　地方公務員には、給与・退職金を受ける権利のほか、厚生福利制度、公務災害補償制度などが整備されている。

問11　次のア〜エの条文を読み、下線部分の行政機関ab間の関係を対等のものとして位置付けているものの組合せとして最も妥当なものを、①〜④の中から1つ選びなさい。

> ア　「a海上保安庁及びb警察行政庁、税関その他の関係行政庁は、連絡を保たなければならず、又、犯罪の予防若しくは鎮圧又は犯人の捜査及び逮捕のため必要があると認めるときは、相互に協議し、且つ、関係職員の派遣その他必要な協力を求めることができる。」（海上保安庁法27条1項）
>
> イ　「a主任の大臣の間における権限についての疑義は、b内閣総理大臣が、閣議にかけて、これを裁定する。」（内閣法7条）
>
> ウ　「この法律における主務大臣は、a内閣総理大臣、b文部科学大臣、厚生労働大臣及び経済産業大臣とする。」（医療分野の研究開発に資するための匿名加工医療情報に関する法律39条1項）
>
> エ　「a法務大臣は、（中略）検察官の事務に関し、b検察官を一般に指揮監督することができる。」（検察庁法14条本文）

①　アとイ

②　アとウ

③　アとエ

④　ウとエ

問12　自治立法に関する次の記述のうち、妥当なものを1つ選びなさい。

①　地方自治法15条2項によれば、長の規則には規則違反者に対して5万円以下の過料を科す旨の定めを置くことができるが、規則違反者に対し刑事罰を科す旨の定めを置くことについては排除していない。

②　長の規則が及ぶ対人的範囲は、条例と異なり、当該地方公共団体の地域内に住所を有する住民

に限られる。

③　長の規則で定めることのできる事項は、法令又は条例を執行するための細目に係る事項、及び
これら以外の事務のうち、義務を課し権利を制限する事項その他必要的条例事項、議会の議決事
項、長以外の執行機関に専属する事務事項を除く事項であり、長の事務の委任に関する事項につ
いては条例で定めるものとされている。

④　規則の公布及び施行については法律で規定されていないことから、それらは任意の手続をもっ
て行われている。

問13　物権に関する次の記述のうち、妥当なものを１つ選びなさい。

①　物権の移転は当事者の意思表示のみによってその効力を生ずるのでなく、不動産については登
記、動産については引渡しが必要である。

②　物権は物に対する絶対的・排他的な支配権であるため、物権と債権が衝突するときには、物権
が債権に優先するのが原則であるが、債権が物権に優先する場合もある。

③　私的自治の原則から、物権は民法その他の法律に定めるもののほか、契約によって自由に創設
することができる。

④　建物は土地の一部に属するから、それ自体が独立して所有権の対象となることはない。

問14　法の下の平等に関する次の記述のうち、最高裁判所の判例に照らして最も妥当でないものを１
つ選びなさい。

①　憲法14条１項は、国民に対し絶対的な平等を保障したものではなく、合理的な理由なく差別す
ることを禁止している趣旨と解すべきであるから、事柄の性質に即応して合理的と認められる差
別的取扱いをすることは、同項の否定するところではない。

②　尊属に対する傷害致死を通常の傷害致死よりも重く処罰する規定を設けることは、個人の尊厳
と人格価値の平等の尊重・保障という民主主義の根本理念に照らして不合理な差別的取扱いであ
るから、憲法14条１項に違反する。

③　子を個人として尊重し、その権利を保障すべきであるという考えが確立されてきたことなどか
らすると、嫡出でない子の相続分を嫡出子の相続分の２分の１とする規定は、少なくとも現時点
では、憲法14条１項に違反する。

④　夫婦が婚姻の際に定めるところに従い夫又は妻の氏を称すると定める規定は、その文言上性別
に基づく法的な差別的取扱いを定めているわけではなく、夫婦同氏制それ自体に男女間の形式的
な不平等が存在するわけではないから、憲法14条１項に違反しない。

問15　地方公務員に関する次の記述のうち、妥当でないものを１つ選びなさい。

①　職員は、任命権者の許可を受けなければ、商業その他営利を目的とする私企業を営むことを目
的とする会社その他の団体の役員を兼ねてはならない。

②　職員は、任命権者の許可を受けなければ、報酬を得て事業に従事してはならない。

③　フルタイムの会計年度任用職員は、任命権者の許可を受けなければ、自ら営利企業を営んでは
ならない。

④　パートタイムの会計年度任用職員は、任命権者の許可を受けなければ、商業その他営利を目的
とする私企業を営むことを目的とする会社その他の団体の役員を兼ねてはならない。

問16　不当利得に関する次の記述のうち、妥当でないものを1つ選びなさい。

①　不法な原因に基づいて不動産が引き渡されたときに、不法原因給付として不当利得返還請求が
認められない場合でも、所有権に基づく返還請求は認められる。

②　不法な原因に基づいて不動産が引き渡されたが、移転登記が未了の時には、不法原因給付にい
う「給付」をしたことにはならず、返還請求をすることができる。

③　弁済者が債務のないことを知りながらあえて弁済をした場合には、返還請求をすることはでき
ない。

④　債務者が弁済期限より前に弁済した場合、弁済期限について錯誤をしていたときに限り、弁済
期までの利益を返還請求することができる。

問17　債権に関する次の記述のうち、妥当なものを1つ選びなさい。

①　債権は債務者に対する権利であるから、債権者が債務者以外の者に請求することは認められな
い。

②　同じ内容の債権が複数成立することはない。

③　債権者は、債務者が任意に履行しないときは、強制履行を選択せずに損害賠償を請求すること
ができる。

④　契約によって債務が発生した場合、契約が解除されても、元の債務は消滅しない。

問18　地方公共団体の議会に関する次の記述のうち、妥当なものを1つ選びなさい。

①　議会は、議員定数の3分の2以上の議員の出席がなければ会議を開くことができないとされて
いる。

②　議会の議事は、原則として、出席議員の過半数でこれを決し、可否同数となった場合には、他
日に同議事につき再度出席議員による議決を行うことが求められている。

③　会期中に議決に至らなかった事件は、後会に継続しないこととされている。

④　議会の会議は公開が原則であるが、議長又は議員3人以上の発議により、出席議員の半数以上
の多数で議決したときは、秘密会を開くことができる。

問19　地方公共団体の協力方式の一つである連携協約に関する次の記述のうち、妥当なものを1つ選
びなさい。

①　地方公共団体が、他の普通地方公共団体と連携して事務を処理するに当たっての基本的な方針

及び役割分担を定める連携協約を、当該他の地方公共団体と締結した場合、都道府県が締結したものにあっては総務大臣に届け出ればよく、さらに当該連携協約を告示する必要はない。

② 地方自治法上、連携協定を締結することは、地方公共団体の自治事務であるから、総務大臣が、公益上必要があると判断した場合であっても、都道府県の締結する連携協約についてそれを締結すべきことを、関係のある地方公共団体に対して勧告することは認められていない。

③ 連携協約を締結した地方公共団体は、当該連携協約に基づいて、当該連携協約を締結した他の地方公共団体と連携して事務を処理するにあたって当該地方公共団体が分担すべき役割を果たすため必要な措置を執る義務を負うことになる。

④ 連携協約を締結した地方公共団体相互の間に連携協約に係る紛争が生じた場合、当該紛争は関係地方公共団体間で自主的に解決されるべきものであるから、自治紛争処理委員による当該紛争を処理するための方策の提示を求めることは認められていない。

問20 行政救済法に関する次の記述のうち、最も妥当なものを1つ選びなさい。

① 行政の行為を是正するための行政上の救済に関する一般法として、行政事件訴訟法が制定されている。

② 国家補償に関しては、国家賠償と損失補償の両者について定めた一般法としての国家賠償法が制定されている。

③ 行政の行為を是正するための裁判上の救済に関する一般法として、行政不服審査法が制定されている。

④ 行政救済法は、金銭的な損害の填補を目的とした国家補償法と行政の行為の是正を目的とした行政争訟法とからなる。

問21 自治立法に関する次の記述のうち、妥当なものを1つ選びなさい。

① 必要的条例事項は条例で定めなければならず、その事務執行等の際に必要な詳細事項について規則で定めることはできない。

② 市町村及び特別区と、都道府県との関係は対等であることから、義務を課し又は権利を制限する市町村及び特別区の事務が、これらを包括する都道府県の条例に違反して行われた場合であっても、当該事務に係る行為が無効と評価されることはない。

③ 条例は議会で廃止手続をとることで失効するものであり、条例で終期についての定めがあるとしても、議会において廃止手続がとられない限り、有効な条例として扱われる。

④ 平成11年改正前地方自治法では、住民に義務を課し又は権利、自由を制限する権力的事務を意味する行政事務の概念が法文上用いられており、当該事項を内容とする条例を行政事務条例とよんできた。

問22 地方自治法上の住民監査請求に関する次の記述のうち、妥当でないものを1つ選びなさい。

① 住民監査請求の対象は、例えば、違法又は不当な公金の支出、財産の取得、管理や処分、契約

の締結や履行、債務の負担等のいわゆる財務会計上の行為に限られている。

② 住民監査請求があった場合、対象となる行為が違法であると思料するに足りる相当な理由があり、当該行為により普通地方公共団体に生ずる損害を避けるため緊急の必要があり、かつ、当該行為を停止することによって人の生命又は身体に対する重大な危害の発生の防止その他公共の福祉を著しく阻害するおそれがないと認めるときは、当該行為の一時的な停止を命ずることができる。

③ 住民監査請求は、対象となる当該行為のあった日又は終わった日から1年を経過するとできないとされるが、正当な理由があるときは、この限りでないとされている。

④ 住民監査請求の対象には、違法又は不当な公金の支出等の作為だけではなく、違法若しくは不当に公金の徴収や財産の管理を怠るという一定の不作為も含まれる。

問23 次の文章を読んで、空欄を補充するのに妥当な語の組合せはどれか、①〜④の中から1つ選びなさい。

> しかし（　ア　）主義は、精神的自由の確立した社会において初めて成立する政治の原理ないし形態であります。したがって確かに多数決とか、多数者支配は（　ア　）主義のきわめて重要な要件ですが、その多数者原理も当然に少数者の存在を予定し、その権利が尊重されなければ機能しません。（　イ　）主義の憲法で必ず（　ウ　）の自由が保障され、その本質が社会に容れられない少数者の思想（　ウ　）の自由を確保することにあると言われるは、そのためです。こういう（　イ　）（　ア　）主義の考え方が従来の司法積極主義か消極主義かの議論に欠けていたわけです。
>
> （芦部信喜「司法の積極主義と消極主義」法学教室1981年10月号より）

① ア：民主　　イ：立憲　　ウ：結社
② ア：立憲　　イ：民主　　ウ：結社
③ ア：民主　　イ：立憲　　ウ：表現
④ ア：立憲　　イ：民主　　ウ：表現

問24 議会の選任するマネージャーに執行権を委ねるシティ・マネージャー制について、憲法の定める首長の直接公選制との関係でそれを正当化できるかどうかに関する次の記述のうち、正当化理由として最も妥当でないものを、①〜④の中から1つ選びなさい。

① 長に対する議会のコントロールが不十分であること。

② 大統領制的システムを徹底せず、議院内閣制的な要素を一部取り入れている地方自治法が憲法に反しないとされていること。

③ 憲法は、長を置く場合には公選制の採用を義務付けたに過ぎず、それ以外の場合を排除していないと理解されていること。

④ 長の多選制限は憲法に違反しないと理解されていること。

問25　内閣に関する次の記述のうち、妥当なものを1つ選びなさい。

① 内閣総理大臣は「同輩中の首席」であり、他の国務大臣とは対等の地位にある。

② 内閣は、行政権の行使について、国会に対して連帯責任を負う。

③ 国務大臣は、過半数が文民でなければならない。

④ 内閣は、衆議院で不信任決議案が可決されれば、直ちに総辞職しなければならない。

問26　地方公共団体職員の非権力的公務の執行に対して暴行にも脅迫にも至らない威力を用いてこれを妨害した場合の罪の成否に関する次の記述のうち、判例に照らして妥当なものを1つ選びなさい。

① 公務執行妨害罪が成立する。

② 偽計業務妨害罪が成立する。

③ 威力業務妨害罪が成立する。

④ 罪は成立しない。

問27　地方公共団体の直接請求に関する次の記述のうち、妥当でないものを1つ選びなさい。

① 地方公共団体の議会の議員及び長の選挙権を有する者（以下「選挙権者」という）は、その総数の50分の1以上の者の連署をもって、その代表者から、当該地方公共団体の監査委員に対し、その事務の執行に関し、監査の請求をすることができ、請求があったときは、監査委員は、直ちに当該請求の要旨を公表しなければならない。

② 海区漁業調整委員会の委員や農業委員会の委員についても、以前は解職請求の制度があったが現在は法改正により廃止されている。

③ 選挙権者は、その総数の50分の1以上の者の連署をもって、その代表者から、当該地方公共団体の長に対し、教育委員会の教育長又は委員の解職を請求することができる。

④ 選挙権者は、その総数の50分の1以上の者の連署をもって、その代表者から、市町村の長に対し、当該市町村が行うべき市町村の合併の相手方となる市町村の名称を示し、合併協議会を置くよう請求することができる。

問28　地方公務員の欠格事由に関する次の記述のうち、妥当なものを1つ選びなさい。

① 麻薬、大麻又はあへんの中毒者は、一般職の職員になることはできない。

② 成年被後見人又は被保佐人は、一般職の職員になることはできない。

③ 当該地方公共団体において懲戒免職の処分を受け、当該処分の日から2年を経過しない者は、一般職の職員になることはできない。

④ 破産者であって復権を得ない者は、一般職の職員になることはできない。

問29　親族に関する次の記述のうち、妥当でないものを1つ選びなさい。

①　婚姻の実質的要件として、婚姻意思の合致や婚姻適齢、重婚でないことなどが必要とされる。

②　婚姻の効果としては、氏の共同、同居・協力・扶助義務、貞操義務、夫婦間の契約取消権が認められる。

③　婚姻の形式的要件として、当事者双方及び成年の証人2人以上が署名した書面で、又はこれらの者から口頭で、婚姻の届出を行うことが必要とされる。

④　婚姻意思とその意思に基づく共同生活の存在があるものの婚姻の届出がなされていない夫婦関係を内縁とよぶが、内縁の配偶者であっても相続権は認められる。

問30　次のア～カの記述のうち、条例制定権を肯定ないし拡大することにつながるものをA、そうでないものをBとした場合、正しいものの組合せとして妥当なものを、①～④の中から1つ選びなさい。

> ア　地方自治法14条3項が条例違反者に対して刑事罰を科す旨の規定を条例で定めることができるとする定めにつき、法律による授権が相当な程度具体的であり限定されていると評価できる。
>
> イ　道路構造令が定める都道府県道及び市町村道の構造の技術的基準については、参酌すべき基準とされた。
>
> ウ　行政代執行法1条は、「行政上の義務の履行確保に関しては、別に法律で定めるものを除いては、この法律の定めるところによる。」と規定する。
>
> エ　「財産権の内容は、公共の福祉に適合するやうに、法律でこれを定める。」と規定する憲法29条2項の「法律」には、条例も含まれる。
>
> オ　産業廃棄物処理施設を規制する廃棄物処理法は、廃棄物の適正な処理及び公衆衛生を目的とし、同じく廃棄物処理施設を規制する水源保護条例は、地域住民の健康保護のための安全な水道水の確保を目的としている。
>
> カ　風俗営業等の規制及び業務の適正化等に関する法律は、風俗営業の場所的規制について、全国的に一律に施行されるべき最高限度の規制を定めたものである。

①　ア：B　　イ：B　　ウ：B　　エ：B　　オ：B　　カ：A

②　ア：A　　イ：A　　ウ：A　　エ：A　　オ：A　　カ：B

③　ア：A　　イ：A　　ウ：B　　エ：A　　オ：A　　カ：B

④　ア：B　　イ：B　　ウ：A　　エ：B　　オ：B　　カ：A

問31　法の支配及び実質的法治国原理（法治主義）に関する次の記述のうち、最も妥当なものを1つ選びなさい。

①　議会は全国民を代表する選挙された議員でこれを組織するから、議会制定法はその内容のいかんに拘わらず、法治主義の原理に適合する。

②　法の支配の特徴としては、一般性・抽象性・明確性のほか、公示性・不遡及性・無矛盾性・遵

守可能性が挙げられる。

③　法治主義は行政の法律適合性を要求する中で生まれた考え方であるから、裁判所に違憲審査権を認めることとは整合しない。

④　法の支配は、実体的価値を擁護する流れから生まれてきた考え方であり、手続法よりも実体法の観点を重視している。

問32　地方公共団体に関する次の記述のうち、妥当なものを1つ選びなさい。

①　都道府県及び市町村という地方公共団体の種類は、憲法に定められている。

②　指定都市は、総務省令で指定する人口50万以上の市である。

③　地方自治法の定める地縁による団体は、市町村長から認可を受けて法人格を有することになるが、地方公共団体ではない。

④　大都市制度の一つである中核市には、区を設置することができる。

問33　行政手続法上の意見公募手続に関する次の記述のうち、妥当なものを1つ選びなさい。

①　国の行政機関が行政指導指針を定めようとする行為には、行政手続法の意見公募手続に関する規定は適用されない。

②　国の行政機関が法律案を作成する行為には、行政手続法の意見公募手続に関する規定が適用される。

③　地方公共団体の機関が審査基準を定める行為には、行政手続法の意見公募手続に関する規定は適用されない。

④　地方公共団体の機関が条例案を作成する行為には、行政手続法の意見公募手続に関する規定が適用される。

問34　時効に関する次の記述のうち、妥当なものを1つ選びなさい。

①　債権は、債権者がその権利を行使できることを知った時期に拘わらず、権利を行使できる時から10年で時効によって消滅する。

②　人身侵害における債務不履行の損害賠償請求権は、債権者がその権利を行使することができると知った時から5年、又は権利を行使できる時から20年で時効によって消滅する。

③　時効完成前に催告をしたときは、催告の時から新しい時効が進行する。

④　債権者・債務者間で、権利についての協議を行う旨の合意が書面でなされたときは、当該書面が作成された時点から、新たな時効が進行する。

問35　即時取得に関する次の記述のうち、妥当なものを1つ選びなさい。

①　即時取得は動産の占有に公信力を与え、動産取引の安全を図る制度であるから、他人の山林を自分の山林と誤信し、立木を伐採し、占有を開始した場合、伐採された立木は動産となるので、

即時取得が認められる。

②　即時取得は動産取引の安全を図る制度であるから、道路運送車両法による登録を受けている自動車についても、即時取得が認められる。

③　即時取得は真の権利者を保護するための制度でもあるから、占有物が盗品であった場合、被害者は、盗難の時から1年間に限り、占有者に対して、その物の回復を請求することができる。

④　占有者が、盗品を、その物と同種の物を販売する商人から、善意で買い受けたときは、被害者は、占有者が支払った代価を弁償しなければ、その物を回復することができない。

問36　地方公共団体の議会に関する次の記述のうち、妥当でないものを1つ選びなさい。

①　市町村議会は、条例により、定例会・臨時会の区分を設けず、通年の会期とすることができる。

②　道府県議会は、当該道府県の公益に関する事件に対する意見書を国会又は関係行政庁に提出することができる。

③　市町村議会の必要的議決事項は、条例で定めることとされている。

④　地方公共団体の議会の解散には、長の解散権行使によるもの、住民からの直接請求によるもの、議会の自主解散の3つがある。

問37　借地借家法に関する次の記述のうち、妥当でないものを1つ選びなさい。

①　駐車場として土地を賃借する場合には、借地借家法は適用されない。

②　借地借家法が適用される場合、普通借地権の存続期間は存続期間を定めなければ30年以上であり、これより短い期間を借地契約で定めた場合にはその期間となる。

③　土地賃貸借に借地借家法が適用される場合、更新による期間は最初が20年以上で、2回目以後は10年以上となる。

④　建物所有を目的とする土地の賃貸借における賃貸人の更新拒絶には、正当事由が必要である。

問38　選挙に関する次の記述のうち、妥当なものを1つ選びなさい。

①　出身地の市町村の住民基本台帳に3ヶ月以上記録されていた者が大学進学のため転出した場合、直ちに当該市町村の選挙人名簿から抹消される。

②　出張で県外の市町村に滞在しているため選挙期日に投票することができない者は、滞在地の市町村選挙管理委員会に出向いて期日前投票をすることができる。

③　同姓の候補者が2人以上ある場合、姓のみを記載した投票は、各候補者の得票数に応じて按分され、当該候補者の得票数に1票未満の端数が生じる。

④　海外在住者は在外投票を行うことができるが、対象となる選挙は、衆議院議員及び参議院議員の比例代表選挙に限られている。

問39 行政法の一般原則に関する次の記述のうち、妥当なものを1つ選びなさい。

① 租税法律主義が貫かれるべき租税法律関係には、信義則が適用される余地はない。

② 行政機関が給付金の支給を贈与契約によって行う場合であっても、平等原則が適用される。

③ 公務員の懲戒処分には比例原則が厳格に適用されるから、懲戒権者の裁量は認められない。

④ 権利濫用の禁止は民法上の原則であるから、行政処分は、法令の定める要件に適合している限り、行政権の濫用として違法とされることはない。

問40 国家賠償法に関する次の記述のうち、妥当でないものを1つ選びなさい。

① 国又は公共団体が管理している道路や河川は、国家賠償法にいう公の営造物にあたる。

② 公の営造物の設置に瑕疵があったため他人に損害を生じたときは、国又は公共団体は、国家賠償法2条により賠償する責を負う。

③ 公の営造物の管理に瑕疵があったため他人に損害を生じたときは、国又は公共団体は、もっぱら国家賠償法1条により賠償する責を負う。

④ 公用車は、国家賠償法2条にいう公の営造物にあたる。

問41 行政事件訴訟法に定められた仮の救済制度に関する次の記述のうち、妥当なものを1つ選びなさい。

① 処分の取消訴訟を提起した者は、仮の救済として執行停止の制度を利用することができるが、それを利用せずに民事保全法上の仮の救済を求めることもできる。

② 処分の取消訴訟を提起しても、処分の効力は妨げられないが、処分の執行及び手続の続行は妨げられる。

③ 処分の執行停止は、処分の相手方以外の第三者も申し立てることができる場合があり、仮の義務付け及び仮の差止めについても同様である。

④ 執行停止は、民事保全法上の仮処分と同様、本案訴訟を提起しなくとも申し立てることができる。

問42 地方公共団体の執行機関及びその他の組織に関する次の記述のうち、妥当なものを1つ選びなさい。

① 地方自治法により、地方公共団体の執行機関の附属機関を組織する委員その他の構成員は、非常勤とされている。

② 地方公共団体の執行機関の附属機関は、条例で独自に設置することはできず、法律の定めるものに限り、設置することが認められている。

③ 地方自治法は、執行機関の補助機関として自治紛争処理委員を置くことができると定めている。

④ 自治紛争処理委員は5人とされ、事件ごとに、優れた識見を有する者のうちから、総務大臣又は都道府県知事がそれぞれ任命することとされている。

問43　行政機関の指揮監督に関する次の記述のうち、妥当なものを1つ選びなさい。
① 行政機関の指揮監督権限の行使に関しては、行政手続法に基づく手続を執らなければならない。
② 行政機関の指揮監督権の行使が違法又は不当な場合、下級機関は行政不服審査法に基づいて不服申立てをすることができる。
③ 国家行政組織法によれば、上級機関は、下級機関に対して意見尊重義務を負う。
④ 行政機関の指揮監督権としての代執行については、行政代執行法の適用はない。

問44　民法における債務の弁済に関する次の記述のうち、妥当なものを1つ選びなさい。
① 弁済は、債務者の意思に反しない限り、保証人、連帯保証人、物上保証人もすることができる。
② 債務者が弁済すると、債務者の債務は消滅し、保証人の債務も消滅するが、抵当権は消滅しない。
③ 金銭債務の弁済は、銀行振込によってすることができ、その場合は、振込時に弁済の効果が発生する。
④ 弁済をするについて正当な利益を有しない第三者であっても、債務者が承認した場合には弁済することができる。

問45　地方公共団体の条例制定権に関する次の記述のうち、最も妥当なものを1つ選びなさい。
① 条例は法律の範囲内で定めなくてはならず、法律の根拠に基づいて制定することを必要とする。
② 条例は法律の範囲内で定めなくてはならないが、その委任を受けた命令は行政立法であるから、その範囲内で定めなくてはならないものではない。
③ 法律がある事項を明文で規定していなければ、法律と条例の矛盾抵触は生じえないから、条例は法律に違反しない。
④ ある事項について法律と条例が併存する場合でも、条例の適用が法律の目的と効果を阻害しなければ、条例は法律に違反しない。

問46　次の事案に係る最高裁判所の見解として妥当なものを、①〜④の中から1つ選びなさい。

（事案）
　甲県知事は、「甲県産業廃棄物処理施設の設置に係る紛争の予防及び調整に関する条例」（以下「本件条例」という）に基づき、産業廃棄物処理業者に対して産業廃棄物処理場所在の市町村と公害防止協定を締結するよう行政指導をしていた。甲県知事から廃棄物処理法に基づく許可を受けて産業廃棄物最終処分場（以下「本件処分場」という）を設置し、その使用を開始したYは、甲県知事の行政指導に基づき、X町との間で、本件処分場についての公害防止協定（以下「本件協定」という）を締結した。本件協定は、本件処分場の使用期限を「平成15年12月31日まで。ただし、それ以前に埋立容量に達した場合にはその期日までとする。」と定め、Yは上記期限を超えて産業廃棄物の処分を行ってはならない旨を定めていた（以下「本件期限条項」

という）。しかし、Ｙが本件期限条項の定める使用期限が経過した後も本件処分場の使用を継続
したため、Ｘ町は、Ｙに対し、本件協定に基づく義務の履行として、本件処分場の使用の差止
めを求める訴えを提起した。

① 本件期限条項が法的拘束力を有するとすれば、本件処分場に係る甲県知事の許可に期限を付す
るか、その取消しの時期を予定するに等しいこととなるが、そのような事柄は、廃棄物処理法上、
知事の専権とされており、本件期限条項は、同法の趣旨に沿わない。

② 本件協定に本件期限条項のような知事の許可の本質的な部分に関わる条項が盛り込まれ、それ
によって上記許可を変容させるというようなことは、本件条例が予定する協定の基本的な性格及
び目的から逸脱するから、本件期限条項は、本件条例が予定する協定の内容としてふさわしくな
い。

③ 廃棄物処理法に基づく処理施設の設置許可は、処分業者に対し、許可が効力を有する限り処理
施設の使用を継続すべき義務を課すものではないから、処分業者が公害防止協定において処理施
設を将来廃止する旨を約束した結果、許可が効力を有する期間内に処理施設が廃止されたとして
も、同法に抵触しない。

④ 処分業者による処理施設の廃止については、廃棄物処理法上、知事に対する届出が必要とされ
ており、処分業者の自由な判断で行えるものではないから、処分業者が、公害防止協定において
処理施設を将来廃止する旨を約束することも、処分業者の自由な判断では行えない。

問47 法令の制定は、成立→公布→施行というプロセスで行われる。このことに関する次の記述のう
ち、妥当なものを１つ選びなさい。

① 国の法律は、官報への掲載により成立する。

② 国の法律は、官報への掲載により施行される。

③ 地方公共団体の条例は、公報への掲載により公布される。

④ 地方公共団体の条例は、公報への掲載により施行される。

問48 次の文章は、最高裁判所令和２年11月25日大法廷判決の判決文の一部である。空欄ア〜エに当
てはまる語句の組合せとして、正しいものを１つ選びなさい。

「出席停止の（ ア ）は、上記の責務を負う公選の議員に対し、（ イ ）がその権能にお
いて科する処分であり、これが科されると、当該議員はその期間、会議及び委員会への出席が
停止され、議事に参与して議決に加わるなどの議員としての中核的な活動をすることができず、
住民の負託を受けた議員としての責務を十分に果たすことができなくなる。このような出席停
止の（ ア ）の性質や議員活動に対する制約の程度に照らすと、これが議員の権利行使の一
時的制限にすぎないものとして、その適否が専ら（ イ ）の自主的、自律的な解決に委ねら
れるべきであるということはできない。

そうすると、出席停止の（ ア ）は、（ イ ）の自律的な権能に基づいてされたものとし

て、（　イ　）に一定の裁量が認められるべきであるものの、（　ウ　）は、常にその適否を判断することができるというべきである。

したがって、普通地方公共団体の（　イ　）の議員に対する出席停止の（　ア　）の適否は、（　エ　）というべきである。」

① 　ア：懲戒　　イ：懲罰委員会　　ウ：裁判所　　エ：司法審査の対象となる

② 　ア：懲罰　　イ：議会　　　　　ウ：裁判所　　エ：司法審査の対象となる

③ 　ア：懲罰　　イ：懲罰委員会　　ウ：議長　　　エ：司法審査の対象とはならない

④ 　ア：懲戒　　イ：議会　　　　　ウ：議長　　　エ：司法審査の対象とはならない

問49　債権譲渡に関する次の記述のうち、妥当でないものを1つ選びなさい。

① 　家庭教師に教えてもらう債権は、債権者（生徒）によって教える内容が異なるので、譲渡することはできない。

② 　年金受給権は、法律上権利者自身に支払われることが必要なので、譲渡することはできない。

③ 　預貯金債権については、譲渡禁止特約があれば、悪意又は重過失の譲受人に当該特約を対抗できる。

④ 　債権が二重譲渡され、両方の譲渡について債権者が確定日付ある証書により債務者へ通知をした場合、確定日付の早い債権譲渡が優先される。

問50　地方自治法上の監査に関する次の記述のうち、妥当でないものを1つ選びなさい。

① 　地方公共団体の監査委員は、その職務を遂行するにあたっては、原則として、監査基準に従うこととされているが、当該監査基準は、監査委員が合議によって策定するものとされている。

② 　総務大臣は、地方公共団体に対し、監査基準の策定又は変更について、指針を示すとともに、必要な助言を行うものとされている。

③ 　監査委員は、人格が高潔で、地方公共団体の財務管理、事業の経営管理その他行政運営に関し優れた識見を有する者及び当該地方公共団体の議員のうちから選任されるが、1名については議員のうちから選任しなければならないとされる。

④ 　監査基準が策定されたときや変更されたときは、直ちに、議会、長、教育委員会、選挙管理委員会等の委員会や委員にこれを通知し、公表しなければならない。

問51　地方公共団体の収入である地方税のうち法定目的税に該当するものとして正しいものを、①〜④の中から1つ選びなさい。

① 　入湯税

② 　軽自動車税

③ 　特別土地保有税

④ 　ゴルフ場利用税

問52　行政上の義務履行確保に関する次の記述のうち、妥当なものを１つ選びなさい。
① 国税徴収法は、国税を含む国の公法上の金銭債権一般について、行政上の強制徴収を行うことができる旨を規定している。
② 一定の比較的軽微な道路交通法違反行為については、刑罰規定は置かれておらず、行政上の秩序罰としての反則金が科されることとされている。
③ 最高裁判所の判例の趣旨に従うと、加算税は納税義務の履行を確保するための行政上の措置であって、犯罪に対する刑罰ではないから、刑罰を併科しても憲法違反の問題は生じない。
④ 執行罰とは、行政上の義務違反に対する秩序罰として過料を科すものである。

問53　憲法上の地方公共団体に関する次の記述のうち、最も妥当なものを１つ選びなさい。
① 都道府県と市町村の二層制を改め、市町村のみの一層制にすることは、住民自治の原理をより徹底して実現できるから、地方自治の本旨に反しない。
② 市町村を廃止し、広域の地方公共団体だけの一層制に改めることは、行政の広域化に資するものであり、地方自治の本旨に反しない。
③ 通説によれば、個々の地方公共団体の存続保障は憲法上主張できないとされるが、市町村合併には当該地方公共団体の同意が必要であると地方自治法は定めている。
④ 最高裁判所の判例は、東京都特別区は憲法にいう「地方公共団体」にあたるとしており、現行の地方自治法上もそのように扱われている。

問54　信教の自由に関する次の記述のうち、妥当なものを１つ選びなさい。
① 大日本帝国憲法には、信教の自由を保障する条文は存在しなかった。
② 信教の自由には、信仰の自由、宗教的行為の自由、宗教的結社の自由が含まれる。
③ 信教の自由は、個人の内心における自由であるため、公権力による規制は許されない。
④ 判例によれば、憲法は「静謐な環境の下で信仰生活を送るべき利益」を保障している。

問55　刑法上の違法性に関する次の記述のうち、妥当でないものを１つ選びなさい。
① 構成要件に該当する行為がなければ、違法性阻却事由を論じる必要はない。
② 超法規的違法性阻却事由の有無は、正当行為、正当防衛、緊急避難に先立って検討される。
③ 過剰防衛は、罪は成立するが刑が減軽又は免除されうる。
④ 違法性が阻却されれば責任能力も否定されるというわけではない。

問56　取消訴訟の原告適格に関する次の記述のうち、最高裁判所の判例に照らして妥当なものを１つ選びなさい。
① 公衆浴場法に基づく新規営業許可については、同法に既存業者を競争から保護する趣旨は含まれないので、既存業者には当該許可の取消しを求める原告適格が認められない。

② 不当景品類及び不当表示防止法に基づく公正競争規約の認定の仕組みは、私人の個別具体的な利益を保護する趣旨を含むので、消費者は当該認定の取消しを求める原告適格を有する。

③ 核原料物質、核燃料物質及び原子炉の規制に関する法律に基づく原子炉設置許可の仕組みは、原子力の平和利用という公益の保護をもっぱら目的としており、当該利益を個々人の個別的利益として保護する趣旨を含まないから、周辺住民は当該許可の取消しを求める原告適格を有しない。

④ 都市計画法上の都市計画事業が当該事業地の周辺住民に対して騒音、振動等による健康又は生活環境に係る著しい被害を直接的にもたらす場合、当該被害を受けるおそれのある周辺住民には、当該都市計画事業の認可の取消しを求める原告適格が認められる。

問57 保証に関する次の記述のうち、妥当でないものを1つ選びなさい。

① 通常の保証においては、債権者から請求を受けた保証人は、まず主たる債務者に催告せよと求めることができない。

② 主たる債務が無効であれば保証債務も無効となり、主たる債務が消滅すると保証債務も消滅する。

③ 主たる債務につき債権譲渡があった場合には、保証債務も移転する。

④ 保証契約は、債権者と保証人との間の書面又は電磁的記録による契約によって成立し、主たる債務者は契約の当事者にはならない。

問58 地方自治の組織に関する次の記述のうち、最も妥当なものを1つ選びなさい。

① 地方公共団体の長を、地方議会の議員の中から議会の議決で指名される制度を設けることは、憲法に違反しない。

② 地方公共団体では議院内閣制型ではなく大統領制型を採用しているから、長による議会の解散権を認めることは、憲法に違反する。

③ 憲法では長や議員の選挙は住民によって行われると規定されているが、この住民とは、住所を有する日本国民に限られる。

④ 条例で議会の代わりに有権者たる住民全員をメンバーとする町村総会を定めることができるとすることは、憲法に違反する。

問59 次の文章は、ある最高裁判所の判決文の一部である。その判旨に関する理解として妥当なものを、①～④の中から1つ選びなさい。

「納税者が、課税処分を受け、当該課税処分にかかる税金をいまだ納付していないため滞納処分を受けるおそれがある場合において、右課税処分の無効を主張してこれを争おうとするときは、納税者は、行政事件訴訟法三六条により、右課税処分の無効確認を求める訴えを提起することができるものと解するのが、相当である……。」

① 本判決は、補充性要件を充足しなければ無効等確認の訴えを提起することができないことを示

している。

② 本判決は、実質的当事者訴訟としての租税債務不存在確認訴訟を提起することができる場合には、無効等確認の訴えを提起できないことを示している。

③ 本判決は、補充性要件を充足しなくとも、予防訴訟としての無効等確認の訴えの提起が認められることを示していると理解する余地がある。

④ 本判決は、実質的当事者訴訟としての租税債務不存在確認の訴えの提起を認めたものである。

（参照条文）行政事件訴訟法
（無効等確認の訴えの原告適格）
第三十六条　無効等確認の訴えは、当該処分又は裁決に続く処分により損害を受けるおそれのある者その他当該処分又は裁決の無効等の確認を求めるにつき法律上の利益を有する者で、当該処分若しくは裁決の存否又はその効力の有無を前提とする現在の法律関係に関する訴えによつて目的を達することができないものに限り、提起することができる。

問60　地方公共団体の事務に関する次の記述のうち、妥当でないものを1つ選びなさい。

① 法定受託事務が例外的な事務類型であるのに対し、自治事務は原則的な事務類型である。

② 法定受託事務が国の事務であるのに対し、自治事務は地方公共団体の事務である。

③ 法定受託事務が地方自治法・地方自治法施行規則の別表に掲げられているのに対し、自治事務は掲げられていない。

④ 法定受託事務については強力な関与が設けられているのに対し、自治事務については関与が制限されている。

問61　抵当権に関する次の記述のうち、妥当なものを1つ選びなさい。

① 抵当権は、債務者と債権者の間で行われる約定担保物権であることから、抵当権の目的物となる不動産は、債務者所有の不動産に限定される。

② 抵当権は非占有担保であるが、被担保債権の債務不履行後は抵当不動産の果実にも抵当権の効力が及ぶ。

③ 被担保債権の一部の弁済があった場合、抵当土地の所有者は、土地のうち弁済額に比例した価値に当たる土地部分について、抵当権登記を抹消することができる。

④ 抵当権の目的物が滅失した場合に、その目的物に保険がかけられていて抵当権設定者が保険金を取得できたとしても、その目的物が滅失した以上、その保険金に抵当権の効力は及ばない。

問62　次の法令の組合せのうち、Aが優先しBが劣後するという原則がないものを、①～④の中から1つ選びなさい。

① A：後法　　　B：先法

② A：上位法　　B：下位法

③　A：公法　　　　B：私法

④　A：特別法　　　B：一般法

問63　不法行為の成立要件として妥当でないものを、①～④の中から1つ選びなさい。

①　加害者の故意又は過失の存在

②　権利又は法律上保護される利益の侵害

③　損害の発生

④　契約関係の不存在

問64　行政裁量に関する最高裁判所の判例についての次の記述のうち、妥当でないものを1つ選びなさい。

①　出入国管理令（当時）において在留期間の更新事由が「在留期間の更新を適当と認めるに足りる相当の理由があるとき」と概括的に規定され、その判断基準が特に定められていないのは、諸般の事情を斟酌し、時宜に応じた的確な判断をしなければならないという事柄の性質上、更新事由の有無の判断を、出入国管理行政の責任を負う法務大臣の広汎な裁量に任せる趣旨である。法務大臣の裁量権の性質にかんがみ、その判断が全く事実の基礎を欠き又は社会通念上著しく妥当性を欠くことが明らかである場合に限り、裁量権の逸脱・濫用として違法となる。

②　内閣総理大臣が原子炉の設置許可の際にあらかじめ原子力委員会の意見を聴き、これを尊重しなければならないと原子炉等規制法（当時）が定めているのは、各専門分野の学識経験者等を擁する原子力委員会の科学的・専門技術的知見に基づく意見を参照しつつ、国内の政治、経済、社会等の諸事情、国際情勢など諸般の事情を斟酌し、時宜に応じた的確な判断をしなければならないという事柄の性質上、原子力行政の責任を負う内閣総理大臣の広汎な裁量に任せる趣旨である。内閣総理大臣の裁量権の性質にかんがみ、その判断が全く事実の基礎を欠き又は社会通念上著しく妥当性を欠くことが明らかである場合に限り、裁量権の逸脱・濫用として違法となる。

③　高等専門学校の校長が学生に対し原級留置処分又は退学処分を行うかどうかの判断は、校長の合理的な教育的裁量に委ねられるが、学生に与える不利益の大きさに照らして慎重な配慮が求められる。信仰上の理由による剣道実技の履修拒否を、正当な理由のない履修拒否と区別せず、代替措置が不可能ではないのに、これを何ら検討せず、体育科目を不認定とした担当教員らの評価を受けて原級留置処分をし、さらに、不認定の主たる理由及び全体成績を勘案せず、2年続けて原級留置となったため退学処分をしたという校長の措置は、考慮すべき事項を考慮しておらず、又は考慮された事実に対する評価が明白に合理性を欠き、その結果、社会観念上著しく妥当を欠く処分をしたものとして違法である。

④　都市計画法の定める基準に従って都市施設の規模、配置等に関する事項を定める際には、当該都市施設に関する諸般の事情を総合的に考慮した上で、政策的・技術的な見地から判断することが不可欠である。そうすると、この判断は行政庁の広範な裁量に委ねられており、裁判所がその適否を審査するにあたっては、当該決定が裁量権の行使としてされたことを前提として、その基礎とされた重要な事実に誤認があること等により重要な事実の基礎を欠くこととなる場合、又

は、事実に対する評価が明らかに合理性を欠くこと、判断の過程において考慮すべき事情を考慮しないこと等によりその内容が社会通念に照らし著しく妥当性を欠くと認められる場合に限り、裁量権の逸脱・濫用として違法となる。

問65 委任命令が法律の委任の範囲を超えているか否かについて判断した最高裁判所の判例に関する次の記述のうち、妥当でないものを1つ選びなさい。

① 14歳未満の幼年者には被勾留者との接見を許さないとする旧監獄法施行規則の規定について、最高裁判所は、同規定は法律によらないで被勾留者の接見の自由を著しく制限するものであって、旧監獄法の委任の範囲を超えた無効のものであるとした。

② 婚姻外懐胎児童のうち父から認知された児童を児童扶養手当の支給対象から除外していた児童扶養手当法施行令の規定について、最高裁判所は、児童扶養手当法の趣旨・目的に照らし、支給対象児童とされた者との間の均衡を欠き、同法の委任の趣旨に反して違法・無効であるとした。

③ 銃砲刀剣類所持等取締法により所持が許される「美術品として価値のある刀剣類」について、対象を日本刀に限定していた銃砲刀剣類登録規則の規定について、最高裁判所は、法の委任の限度を超えた無効のものであるとした。

④ 改正地方税法により導入された「ふるさと納税指定制度」において、改正法施行前の寄附金募集実績を理由として不指定とする旨の総務省告示について、最高裁判所は、同法による委任の範囲を逸脱し違法・無効であるとした。

問66 最高裁判所が明確性の原則に関して、不明確かどうかの基準を示した判例はどれか、①〜④の中から妥当なものを1つ選びなさい。

① 徳島市公安条例事件判決（最大判昭50・9・10）

② 尊属殺違憲判決（最大判昭48・4・4）

③ シャクティパット事件判決（最判平17・7・4）

④ 都教組事件判決（最大判昭44・4・2）

問67 被相続人Aの配偶者Bが、A所有の建物に相続開始の時に居住していた場合に関する次の記述のうち、妥当なものを1つ選びなさい。

① Bが遺産分割協議によって配偶者居住権を取得した際、存続期間を終身と定めた場合、存続期間が不明確であり、建物所有者の権利を害することから、相当な期間を経過した後に、配偶者居住権は効力を失う。

② 配偶者短期居住権は、BがAの遺産のうちの居住建物を取得することによって他の財産を受け取れなくなることを防ぎ、Bの居住を継続しながらその他の財産も取得できるようにした権利である。

③ Bが遺産分割協議によって配偶者居住権を取得した場合、配偶者居住権の存続期間内であれば、居住建物の所有者Cの承諾を得ることなく、自由に第三者Dに対して、当該建物を賃貸する

ことができる。

④　BがA所有の建物に無償で住んでいた場合、遺産分割協議により、建物の所有権がCと確定されたとしても、直ちに家屋を退去する必要はなく、遺産の分割により居住建物の帰属が確定した日又は相続開始の時から6ヶ月を経過する日のいずれか遅い日まで、そのまま無償で住み続けることができる。

問68　民法の期間等に関する次の記述のうち、妥当なものを1つ選びなさい。

①　週を単位とする期間の計算方法については、即時から起算し、瞬間から瞬間までを計算する自然的計算法が用いられる。

②　期間の初日が午前零時から始まるというように端数が出ない場合には、初日を起算日とする。

③　年を単位とする期間の計算方法について、期間の満了点についてはその末日の開始をもって満了する。

④　法律行為の発生、消滅を将来の不確実な事実の成否にかからしめる場合を期限という。

問69　地方公共団体の執行機関に関する次の記述のうち、妥当でないものを1つ選びなさい。

①　市町村に、執行機関として市町村長を置くことは、地方自治法が定めている。

②　地方公共団体の長の任期が4年であることは、地方自治法が定めている。

③　地方公共団体の長は、自身が被選挙権を有しなくなった場合、失職する。

④　地方公共団体における執行機関は、地方自治法上、長に限定されている。

問70　地方公共団体の事務に関する次の記述のうち、最も妥当でないものを1つ選びなさい。

①　国が一定の事務を法定受託事務として創設する場合には、自治事務とは異なり、法律によらなければならない。

②　国が一定の事務を法定受託事務として創設する場合には、自治事務とは異なり、国の役割との本来的な関連性、及びそれに基づく国にとっての適正な処理の確保の必要性がなければならない。

③　国が一定の事務を法定受託事務として創設する場合には、自治事務とは異なり、地方自治法又は地方自治法施行規則の別表に掲げなければならない。

④　国が一定の事務を法定受託事務として創設する場合には、自治事務とは異なり、地方公共団体が地域特性に応じて処理することができるよう特別な配慮を求める地方自治法2条13項は適用されない。

<問1> ②

〔正解〕④（配点10点）

〔解説〕この問題は、行政法の行政作用法分野からの出題である。①は、行政手続法32条１項により、②は、同条２項により、③は、同法34条により、いずれも妥当である。行政指導は口頭で行うことも可能であり、相手方から当該行政指導の趣旨及び内容並びに責任者等を記載した書面の交付を求められたときに、行政上特別の支障がない限り、これを交付しなければならないとされているにとどまる（同法35条３項）ので、④は妥当でない。（基本法務テキスト113～115頁）

<問2> ②

〔正解〕②（配点15点）

〔解説〕この問題は、行政法の行政救済法分野からの出題である。①は、最判平５・３・11民集47巻４号2863頁の判示に適合するから、妥当である。③は、国家賠償法１条２項の定めるとおりであるから、妥当である。指定確認検査機関の建築確認処分の取消訴訟が提起されたが、訴訟係属中に訴えの利益が消滅した事案において、最決平17・６・24判時1904号69頁は、当該事務の帰属する地方公共団体を被告とする国家賠償請求訴訟への訴えの変更を認めた。④の記述は、この判示に適合するといえるので、④は妥当である。一方、最判昭31・11・30民集10巻11号1502頁は、②の記述にある事情の下でも、「客観的に職務執行の外形をそなえる行為」として国家賠償法の適用を認めているので、②③は妥当でない。（基本法務テキスト148～150頁）

<問3> ⑤

〔正解〕③（配点10点）

〔解説〕この問題は、刑法分野からの出題である。一般予防は刑罰規定の目的であり、すべての刑罰にその機能が備わっている。特別予防も刑罰規定の基本的目的であり、死刑を除いてすべての刑罰にその機能が備わっている。条例に死刑を規定することは地方自治法によって認められていない。したがって、①、②は妥当でない。自由保障機能は法益保護機能とともに刑法の基本機能である。したがって、④は妥当でない。損害賠償機能は民法の基本機能であり、刑法の機能ではない。有罪判決の後、一定の重大犯罪の被害者の損害賠償手続が刑事手続に引き続きその成果を活用して行われることは現在認められているが、その手続は刑事手続ではなく民事手続である。したがって、③は妥当である。（基本法務テキスト387，388，396，397頁）

<問4> ⑤

〔正解〕①（配点25点）

〔解説〕この問題は、刑法分野からの出題である。収賄罪の基本類型は、公務員が在職中に、その職務に関して、賄賂を収受・要求・約束するものであるが、就職前・退職後の賄賂の収受・要求・約束についても規定が置かれている。公務員になる前に将来の職務に関して請託を受けて賄賂を収受・要求・約束する場合には公務員になったとき事前収賄罪、退職した後に在職中に職務上不

正の行為をしたこと又は相当の行為をしなかったことに関して賄賂を収受・要求・約束すると事後収賄罪が適用される。設問の事例は退職後であるが、事後収賄罪の成立には「在職中に職務上不正の行為をしたこと又は相当の行為をしなかったこと」が必要なところ、Aは裁量の範囲で便宜を図っているにすぎず、不正の行為をしたわけでも相当の行為をしなかったわけでもないから、この罪は成立しない。地方公務員法63条1号の罪〔不正再就職の罪〕は、職務上不正の行為をしたこと又は相当の行為をしなかったことに関して再就職を要求・約束することが罪の成立要件で、本件ではそれは認められず、罪は成立しない。したがって①が妥当であり、②、③、④は妥当でない。（基本法務テキスト431，432頁）

<問5> 4

〔正解〕④（配点25点）

〔解説〕この問題は、民法総則の諸制度分野からの出題であり、意思表示に関する知識を問う問題である。本当に指輪を贈与する意思がないのに、これを贈与する約束をすることは、心裡留保（民法93条）にあたる。BがAの当該意思表示の真意を知らなかったとしても、Aの真意でないことを知ることができたときは、当該意思表示は無効となる（民法93条1項ただし書き）。よって、①は妥当である。錯誤の効果は、取消しとされており（民法95条1項）、その趣旨は表意者の保護にあるから、取消権者は表意者又はその代理人若しくは承継人に限られる（民法120条2項）ので、本件で錯誤を主張できるのはAのみである。よって、②は妥当である。AのCに対する建物売買の意思表示は通謀虚偽表示（民法94条1項）にあたる。しかし、Dは当該事情を知らずに当該建物を差し押さえているので、「善意の第三者」にあたる（民法94条2項）。したがって、AはDに対して通謀虚偽表示の無効を主張することができない。よって、③は妥当である。Aに多額の譲渡所得税が課税されないことは、AがBに財産分与する意思決定の動機である（民法95条1項2号）。動機の錯誤がある意思表示の取消しは、その動機が法律行為の基礎とされていることが「表示」されていることが必要であるが（民法95条2項）、その「表示」は明示の表示だけでなく、黙示の表示も含まれる。こうした動機の表示があれば、Aは動機の錯誤であっても錯誤の主張をすることができる（最判平元・9・14判時1336号93頁参照）。よって、④は妥当でない。以上から、正解は④である。（基本法務テキスト299～300頁）

<問6> 3

〔正解〕④（配点15点）

〔解説〕この問題は、地方自治法の公の施設分野からの出題である。地方自治法にいう公の施設であるといえるためには、住民の利用に供するための施設であるが、通常はその利用に供されていない施設は公の施設に該当しない。よって、東京高判平13・3・27判時1786号62頁も、休日に限り住民にその利用のために開放される会議室は、地方自治法にいう公の施設とは認められないとしている。よって、①は妥当でない。地方自治法は、「普通地方公共団体は、指定管理者の指定をしようとするときは、あらかじめ、当該普通地方公共団体の議会の議決を経なければならない。」（244条の2第6項）と定める。よって、②は妥当でない。地方自治法は、「普通地方公共団体は、その区域外においても、また、関係普通地方公共団体との協議により、公の施設を設けることができる。」と定める（244条の3第1項）。よって、③は妥当でない。地方自治法は、「地方公共団

体の長は、公の施設を利用する権利に関する処分についての審査請求がされた場合には、当該審査請求が不適法であり、却下するときを除き、議会に諮問した上、当該審査請求に対する裁決をしなければならない。」と定める（244条の4第2項）。よって、④は妥当である。（基本法務テキスト253～257頁）

<問7> **5**

〔正解〕①（配点10点）

〔解説〕この問題は、刑法分野からの出題である。刑には主刑と付加刑がある。付加刑は、単独で言い渡すことはできず主刑に付加して言い渡される刑で、没収が規定されている。主刑は、有罪のときには必ず言い渡さなければならない刑で、死刑、拘禁刑（令和4年・2022年改正による。ただし施行日までは従来の懲役・禁錮）、拘留、罰金、科料が規定されている。したがって①が妥当である。（基本法務テキスト394頁）

<問8> **3**

〔正解〕②（配点15点）

〔解説〕この問題は、地方自治法の直接請求分野からの出題であり、条例の制定改廃請求に関する手続を問う問題である。①は、地方自治法74条1項の内容であり、妥当である。地方自治法74条1項かっこ書きは、地方税の賦課徴収に限らず、その他に分担金、使用料及び手数料の徴収に関するものを条例の制定改廃請求の対象から除くとしているので、②は妥当ではない。③は、地方自治法74条3項の内容であり、妥当である。④は、地方自治法施行令92条3項の内容であり、妥当である。（基本法務テキスト203頁）

<問9> **3**

〔正解〕②（配点10点）

〔解説〕この問題は、地方自治法の自治立法分野からの出題である。公の施設の設置・管理に関する事項は条例で定めなければならない（地方自治法244条の2第1項）。したがって、①は妥当でない。普通地方公共団体は、義務を課し、又は権利を制限するには、法令に特別の定めがある場合を除くほか、条例によらなければならない（地方自治法14条2項）。したがって、②は妥当である。長の定める規則は法規としての性格を有し、規則中に、規則違反者に対して5万円以下の過料を科する旨の規定を設けることができる（地方自治法15条）。したがって、③④は妥当でない。（基本法務テキスト178，184頁）

<問10> **3**

〔正解〕③（配点10点）

〔解説〕この問題は、地方自治法の地方公務員分野からの出題である。公務員の職務又は身分に関する処分については、行政手続法の適用が除外されている（行政手続法3条1項9号）。したがって、③が妥当でない。①は地方公務員法49条1項、②は同法49条2項、④の厚生福利制度については、地方公務員法42条・43条、公務災害補償制度について同法45条の定める通りであるので、妥当である。（基本法務テキスト232～233頁）

<問11>　②

〔正解〕②（配点25点）

〔解説〕この問題は、行政法の行政組織法分野からの出題である。イ及びエは、上級機関と下級機関の関係に関する定めであるから、①③④は妥当でない。アは、対等な行政機関間の共助に関する定めであり、ウは、対等な行政機関が特定の事務に関し共管する定めである。したがって、妥当なものは②である。（基本法務テキスト92〜93頁）

<問12>　③

〔正解〕①（配点15点）

〔解説〕この問題は、地方自治法の自治立法分野からの出題である。地方自治法15条2項は、「普通地方公共団体の長は、法令に特別の定めがあるものを除くほか、普通地方公共団体の規則中に、規則に違反した者に対し、五万円以下の過料を科する旨の規定を設けることができる。」と規定し、「法令に特別の定めがあるものを除くほか」として例外的な取り扱いがあることを予定している。実際に、漁業法119条3項〜5項に基づき、都道府県知事の漁業調整規則違反者に対して刑事罰の適用を定めている。したがって、①は妥当である。長の規則が及ぶ空間的・対人的・時間的範囲は、条例と同じであると解されている。したがって、②は妥当でない。長の規則で定めることのできる事項として、選択肢③に列記したもののほかに、長に専属する事務に関する事項があり、長の事務の委任はこれに該当する。したがって、③は妥当でない。地方自治法は、規則の公布・施行について条例に関する規定を準用する旨の規定を置いている（16条5項）。したがって、④は妥当でない。（基本法務テキスト184〜185頁）

<問13>　④

〔正解〕②（配点10点）

〔解説〕この問題は民法の物権分野からの出題である。物権の移転は、当事者の意思表示のみでその効力を生ずる（民法176条：意思主義）。不動産の取得に登記が必要であり、動産の取得に引渡しが必要とされるのは、第三者に対する対抗要件としての役割（不動産について民法177条、動産について民法178条）を果たすためである。したがって、①は妥当でない。同一の物について物権と債権が競合する場合、その成立の前後に拘わらず、物権が債権に優先するのが原則である（売買は賃貸借を破る）。もっとも、対抗要件を具備した不動産賃借権は、債権であっても物権と同等の優先的効力を取得できる。したがって、②は妥当である。物権は、民法その他の法律に定めるもののほか、自由に創設することはできない（民法175条：物権法定主義）。したがって、③は妥当でない。建物は、土地の定着物であるが、土地とは別個の独立した不動産であり、それ自体が所有権の対象となる（民法86条1項）。したがって、④は妥当でない。以上により、正解は②である。（基本法務テキスト313〜314，316，330，351頁）

<問14>　①

〔正解〕②（配点15点）

〔解説〕この問題は憲法分野からの出題である。最大判昭39・5・27民集18巻4号676頁は、①のように判示する。最大決平25・9・4民集67巻6号1320頁は、③のように判示する。最大判平27・

12・16民集69巻8号2586頁は、④のように判示する。他方で、②のように述べるのは、尊属殺重罰規定判決（最大判昭48・4・4刑集27巻3号265頁）における田中二郎裁判官の意見である。それに対し、最判昭49・9・26刑集28巻6号329頁は、「尊属に対する尊重報恩は、社会生活上の基本的道義であつて、このような普遍的倫理の維持は、刑法上の保護に値するから、尊属に対する傷害致死を通常の傷害致死よりも重く処罰する規定を設けたとしても、かかる差別的取扱いをもつて、直ちに合理的根拠を欠くものと断ずることはでき」ないと述べた上で、尊属傷害致死重罰規定（刑法旧205条2項）は憲法14条1項に反しないとした。したがって、妥当でないものは②である。（基本法務テキスト65〜66頁）

<問15> 3

〔正解〕④（配点15点）

〔解説〕この問題は、地方自治法の地方公務員分野からの出題である。営利企業等への従事等の制限を定めた地方公務員法38条の定める通りであり、①②は妥当である。平成29年法改正により、フルタイムの会計年度任用職員（地方公務員法22条の2第1項2号）については、営利企業への従事等の制限の対象とされたが、パートタイムの会計年度任用職員（地公法22条の2第1項1号）については対象外とされている。よって、③は妥当であるが、④は妥当でない。（基本法務テキスト237頁）

<問16> 4

〔正解〕①（配点15点）

〔解説〕この問題は、民法の事務管理・不当利得分野からの出題である。不法原因給付が成立する場合、判例（最大判昭45・10・21民集24巻11号1560頁）によれば、不当利得返還請求が認められない反射的効果として、所有権が受領者に帰属するものとされている。したがって、不法原因給付が成立する場合、所有権に基づく返還請求も認められないため、①は妥当でない。不法原因給付が問題となる場合、返還請求をすることができなくなる「給付」（民法708条）とは、終局的であることが必要である。登記された不動産についての不法原因給付が問題となる場合、登記された不動産について引渡しがなされたのみで、登記が未了のときには、「給付」とはいえない（最判昭46・10・28民集25巻7号1069頁）。したがって、②は妥当である。弁済者が債務のないことを知りながらあえて弁済をした場合には、返還請求をすることはできない（民法705条）。自ら不合理なことをして損失を招いた者を保護しない趣旨である。したがって、③は妥当である。債務者が弁済期限より前に弁済した場合、弁済期限について錯誤をしていたときには、弁済期までの利益（預金利息など）を返還請求することができる（民法706条ただし書き）。したがって、④は妥当である。よって、正解は①である。（基本法務テキスト368〜369頁）

<問17> 4

〔正解〕③（配点10点）

〔解説〕この問題は、民法の債権と債務分野からの出題である。債権は基本的には債務者に対する権利であるが、債権者代位権（民法423条〜423条の7）、詐害行為取消権（民法424条〜426条）といった権利は、債務者以外の第三者に対して行使、請求することができる権利である。したがっ

て、後半が誤りであり、①は妥当でない。物権と異なり、債権には排他性がなく、同じ内容の債権が複数成立する。したがって、②は妥当でない。債務者が任意に履行しないとき、債権者は強制的に履行させることもできる（民法414条）が、損害賠償を請求することもできる（民法415条）。したがって、③は妥当である。契約によって債務が発生しその債務が履行されない場合、債権者は契約を解除することができる（民法541条以下）。契約が解除されると、契約は遡及的に消滅すると解されているので、元の債務は消滅する。したがって、④は妥当でない。以上から、③が正解である。（基本法務テキスト330, 332～335, 344頁）

<問18> **3**

〔正解〕③（配点15点）

〔解説〕この問題は、地方自治法の議会分野からの出題である。会議の開催は議員定数の半数以上の議員の出席により認められており（地方自治法113条）、①は妥当でない。議会の議事は、出席議員の過半数で決定する多数決の原則が採用されているが、可否同数の場合は、議長の決するところとされており（地方自治法116条1項）、②は妥当でない。③は地方自治法119条に定めるところであり、妥当である。秘密会の開催は出席議員の3分の2以上の多数による議決が要件とされており（地方自治法115条1項）、④は妥当でない。（基本法務テキスト214頁）

<問19> **3**

〔正解〕③（配点15点）

〔解説〕この問題は、地方自治法の地方公共団体の協力方式分野からの出題である。地方公共団体は、「連携協約を締結したときは、その旨及び当該連携協約を告示するとともに、都道府県が締結したものにあつては総務大臣、その他のものにあつては都道府県知事に届け出なければならない」（地方自治法252条の2第2項）。よって、①は妥当でない。公益上必要がある場合においては、総務大臣は、都道府県が締結するものについて、関係のある普通地方公共団体に対し、連携協約を締結すべきことを勧告することが認められている（同法252条の2第5項）。よって、②は妥当でない。地方自治法は、「連携協約を締結した普通地方公共団体は、当該連携協約に基づいて、当該連携協約を締結した他の普通地方公共団体と連携して事務を処理するに当たつて当該普通地方公共団体が分担すべき役割を果たすため必要な措置を執るようにしなければならない。」と定める（252条の2第6項）。よって、③は妥当である。地方自治法は、「連携協約を締結した普通地方公共団体相互の間に連携協約に係る紛争があるときは、当事者である普通地方公共団体は、都道府県が当事者となる紛争にあつては総務大臣、その他の紛争にあつては都道府県知事に対し、文書により、自治紛争処理委員による当該紛争を処理するための方策の提示を求める旨の申請をすることができる。」と定める（同法252条の2第7項）。よって、④は妥当でない。（基本法務テキスト286頁）

<問20> **2**

〔正解〕④（配点10点）

〔解説〕この問題は、行政法の行政救済法分野からの出題である。行政救済法は、金銭的な損害の塡補を目的とした国家補償法と行政の行為の是正を目的とした行政争訟法とからなる。したがっ

113

て、④が妥当である。国家賠償法は、損失補償については定めていない。したがって、②は妥当でない。行政不服審査法は、行政上の救済に関する一般法であり、行政事件訴訟法は裁判上の救済に関する一般法であるから、①と③も妥当でない。（基本法務テキスト126，154頁）

<問21> ③

〔正解〕④（配点15点）

〔解説〕この問題は、地方自治法の自治立法分野からの出題である。必要的条例事項は条例で定めなければならないが、その事務執行等の際に必要な詳細事項については、規則で定めることができる。したがって、①は妥当でない。地方自治法は、市区町村の事務は都道府県条例に違反してはならず、これに違反した行為は無効とする旨を規定している（2条16項・17項）。ただしこの規定は、都道府県・市区町村の関係が上下関係であることを前提としているのではなく、市区町村とこれらを包括する都道府県との調整に係る規定であると解されている。したがって、②は妥当でない。条例に終期が明記されている場合、当該終期の到来をもって失効すると解されている。したがって、③は妥当でない。平成11年改正前地方自治法は、行政事務の概念を法文上用いていたが、行政事務の概念は不明確であることが指摘されていた。平成11年法改正によって当該用語は削除され、現行法では14条2項のような規定に改められた。したがって、④は妥当である。（基本法務テキスト178〜183頁）

<問22> ③

〔正解〕②（配点10点）

〔解説〕この問題は、地方自治法の監査と住民訴訟分野からの出題であり、住民監査請求について基本的な知識を確認する問題である。①は、地方自治法242条1項に則した記述であり、妥当である。地方自治法242条4項は、単なる「損害」ではなく「回復の困難な損害」としており、かつ監査委員は「勧告」をすることができるのみで「命ずる」ことはできないので、②は妥当ではない。③は、地方自治法242条2項に則した記述であり、妥当である。④は、地方自治法242条1項に則した記述であり、妥当である。（基本法務テキスト260〜261頁）

<問23> ①

〔正解〕③（配点15点）

〔解説〕この問題は、憲法分野からの出題である（基本法務テキスト47頁）。引用文は、司法積極主義と司法消極主義を考える場合には、民主主義をどう考えるかが重要な着眼点であることを説いている。原文は以下の通りである。「しかし民主主義は、精神的自由の確立した社会において初めて成立する政治の原理ないし形態であります。したがって確かに多数決とか、多数者支配は民主主義のきわめて重要な要件ですが、その多数者原理も当然に少数者の存在を予定し、その権利が尊重されなければ機能しません。立憲主義の憲法で必ず表現の自由が保障され、その本質が社会に容れられない少数者の思想表現の自由を確保することにあると言われるは、そのためです。こういう立憲民主主義の考え方が従来の司法積極主義か消極主義かの議論に欠けていたわけです。」（芦部信喜「司法の積極主義と消極主義」法学教室1981年10月号12頁以下）したがって、妥当なものは③である。

<問24> **1**

〔正解〕④（配点25点）

〔解説〕この問題は、憲法分野からの出題である。シティ・マネージャー制導入論の背景には、首長に対する議会のコントロールが不十分であることがあるから、①は妥当である。議院内閣制的な要素を一部取り入れることが憲法上許されるということは、二元的代表制を絶対的なものと理解していないということであるから、②は妥当である。憲法は長を置く場合の公選を義務付けたに過ぎないと理解すれば、首長を置かないことを禁止する趣旨ではないと解する余地があるから、③は妥当である。首長の多選制限は、直接公選制を前提にした改革提案である一方、それによって汚職等の弊害を防止する可能性が上がれば、その分シティ・マネージャー制を導入する必要性は減じるため、④は妥当でない。よって、正解は④である。（基本法務テキスト53〜55頁）

<問25> **1**

〔正解〕②（配点10点）

〔解説〕この問題は憲法分野からの出題である。明治憲法において、内閣総理大臣は「同輩中の首席」にすぎなかったが、日本国憲法の下では内閣の「首長」とされている（憲法66条1項）。内閣総理大臣及び国務大臣は、全員が文民でなければならない（憲法66条2項）。内閣は、衆議院で不信任の決議案が可決されたときは、衆議院の解散と総辞職とを選択することができる（憲法69条）。他方で、憲法66条3項は、「内閣は、行政権の行使について、国会に対し連帯して責任を負ふ。」と定めている。したがって、妥当なものは②である。（基本法務テキスト44〜46頁）

<問26> **5**

〔正解〕③（配点10点）

〔解説〕この問題は、刑法分野からの出題である。公務執行妨害罪は、非権力的公務を含むすべての公務の執行に対して、暴行又は脅迫を用いたとき成立する抽象的危険犯であるが、暴行又は脅迫に至らない程度の威力を用いた場合は、この罪は成立しない。権力的公務に対して威力を用いたにとどまる場合威力業務妨害罪は成立しないが、非権力的公務に対して威力を用いた場合公務以外の業務一般と同様威力業務妨害罪が成立する。偽計業務妨害罪は少なくとも非権力的公務を含む業務一般に対して偽計を用いて妨害した場合に成立する罪である。しかし設問の事例は威力を用いており偽計は用いていないから偽計業務妨害罪は成立しない。したがって、設問の事例では威力業務妨害罪が成立する。したがって、①、②、④は妥当でなく、③が妥当である。（基本法務テキスト424, 425頁）

<問27> **3**

〔正解〕③（配点15点）

〔解説〕この問題は、地方自治法の直接請求分野からの出題であり、直接請求に関する様々な論点を問う問題である。①は、地方自治法75条1項と2項の内容であり、妥当である。②は、旧法の内容に関する記述であり、妥当である。地方教育行政の組織及び運営に関する法律8条1項によると、必要とされる署名の数は、選挙権者の総数の3分の1以上であり（ただし、人口によって変化する）、50分の1ではないので、③は妥当ではない。④は、市町村の合併の特例に関する法

律4条1項の内容であり、妥当である。（基本法務テキスト203〜206頁）

<問28> 3

〔正解〕③（配点25点）

〔解説〕この問題は、地方自治法の地方公務員分野からの出題である。一般職の職員は、採用によって職員としての身分を獲得するが、その際の消極要件として地方公務員法は、禁錮以上の刑に処せられ、その執行を終わるまで又はその執行を受けることがなくなるまでの者（16条1号）、当該地方公共団体において懲戒免職の処分を受け、当該処分の日から2年を経過しない者（同条2号）などを定めている。したがって、③は妥当である。他方、麻薬、大麻又はあへんの中毒者については医師（医師法4条2号）、破産者については弁護士（弁護士法7条5号）や警備員（警備業法3条1号）等において、資格制限を定める立法例はあるものの、地方公務員法においては欠格事由として規定されていない。したがって、①④は妥当でない。成年被後見人又は被保佐人については、かつては地方公務員法の定める欠格事由として定められていたが、令和元年の法改正で削除されており、②は妥当でない。（基本法務テキスト229頁）

<問29> 4

〔正解〕④（配点10点）

〔解説〕この問題は、民法の親族・相続分野からの出題である。婚姻の実質的要件として、婚姻意思の合致や婚姻適齢（民法731条）、重婚でないこと（民法732条）などが必要とされる。したがって、①は妥当である。婚姻の効果としては、氏の共同（民法750条）、同居・協力・扶助義務（民法752条）、貞操義務（民法770条1項1号参照）、夫婦間の契約取消権（民法754条）が認められる。したがって、②は妥当である。婚姻の形式的要件として、婚姻の届出を当事者双方及び成年の証人2人以上が署名した書面又はこれらの者から口頭で行うことが必要とされる（民法739条）。よって、③は妥当である。婚姻意思とその意思に基づく共同生活の存在があるものの婚姻の届出がなされていない夫婦関係を内縁とよぶが、内縁の配偶者には相続権は認められない。したがって、④は妥当でなく、正解となる。（基本法務テキスト376頁）

<問30> 3

〔正解〕③（配点25点）

〔解説〕この問題は、地方自治法の自治立法分野からの出題である。アの記述は、大阪市売春取締条例事件の最高裁判決（最大判昭37・5・30刑集16巻5号577頁）の判示事項であり、条例による罰則規定の肯定につながるものであり、Aとなる。参酌すべき基準は、地方公共団体が十分参酌した結果としてであれば、地域の実情に応じて、異なる内容を定めることが許容されるものであることから、条例制定権の拡大につながるものといえる。したがって、イの記述はAとなる。行政代執行法1条の規定は、行政上の義務の履行確保については法律事項で、条例でこれを定めることはできないことを規定するものであると解されており、条例制定権を否定することにつながる。したがって、ウの記述はBとなる。憲法29条2項の法律は議会制定法を意味し、条例が含まれると解することができるので、条例で財産権を制限することは可能であると解されることから、条例制定権を肯定することにつながる。したがって、エの記述はAとなる。オの記述は、紀

伊長島町水道水源保護条例事件（名古屋高判平12・2・29判タ1061号178頁）の判示事項であり、法律と条例の規制目的が異なることを示すもので、条例制定権の肯定につながるものであり、Aとなる。カの記述は、宝塚市パチンコ条例判決（大阪高判平10・6・2判時1668・37）の判示事項であり、法律の規制が最大限規制であることから、当該規制を強化する条例の制定権を否定することにつながるものであり、Bとなる。よって、妥当なものの組合せは③となる。（基本法務テキスト177〜182頁，284頁）

<問31> **1**

〔正解〕②（配点10点）

〔解説〕この問題は、憲法分野からの出題である。①の説明は形式的法治国原理にはあてはまるが、実質的法治国原理にはあてはまらないから、妥当でない。②は、問題文のとおりであるから、妥当である。法治国原理の中でも実質的法治国原理は立憲主義と重なり合い、裁判所に違憲審査権を認めることとも整合するので、③は妥当でない。法の支配は手続法の観点を重視する考え方で、特定の価値を擁護するとは限らないから、④は妥当でない。よって、正解は②である。（基本法務テキスト32頁）

<問32> **3**

〔正解〕③（配点10点）

〔解説〕この問題は、地方自治法の地方自治の基本原理と地方公共団体分野からの出題である。憲法は「地方公共団体」と規定するのみで、都道府県・市町村という地方公共団体の種類については地方自治法で定められている。したがって、①は妥当でない。指定都市は、政令で指定する人口50万以上の市であり、「政令指定都市」と通称される。したがって、②は妥当でない。地縁による団体は自治会・町内会といった民間団体であり、法人格を得たからといって地方公共団体にはならない。したがって、③は妥当である。大都市制度のうち、指定都市には市の事務を分掌させるために区を設置できるが、中核市にこれを設けることはできない。したがって、④は妥当でない。（基本法務滝スト160〜164頁，226頁）

<問33> **2**

〔正解〕③（配点10点）

〔解説〕この問題は、行政法の行政作用法分野からの出題である。行政指導指針は「命令等」にあたる（行政手続法2条8号ニ）から、意見公募手続に関する規定（同法39条以下）が適用される。したがって、①は妥当でない。法律案は「命令等」（同法2条8号）にあたらないから、行政手続法の意見公募手続に関する規定は適用されない。したがって、②は妥当でない。審査基準は「命令等」にあたる（同法2条8号ロ）が、地方公共団体の機関が命令等を定める行為には行政手続法の意見公募手続に関する規定は適用されない（同法3条3項）から、③は妥当である。条例案は「命令等」（同法2条8号）にあたらないから、行政手続法の意見公募手続に関する規定は適用されない。したがって、④は妥当でない。（基本法務テキスト98，101頁）

<問34> 4

〔正解〕② （配点10点）

〔解説〕この問題は、民法総則の諸制度分野からの出題であり、時効に関する知識を問う問題である。債権者がその権利を行使できることを知った時から5年、又はその権利を行使できる時から10年で時効によって消滅する（民法166条1項）。よって、①は妥当でない。人身侵害における債務不履行の損害賠償請求権の時効は債権者がその権利を行使できることを知った時から5年（民法166条1項1号）、又はその権利を行使できる時から20年で時効によって消滅する（民法167条、166条1項2号）。よって、②は妥当である。時効完成前に催告をしたときは、催告の時から6ヶ月間は時効完成が猶予される（民法150条1項）。よって、③は妥当でない。債権者・債務者間で、権利についての協議を行う旨の合意が書面でなされたときは、民法151条1項各号のいずれか早い時までの間は、時効は完成しない（同項柱書き）。すなわち、その合意があった時から1年を経過した時（民法151条1項1号）、その合意において当事者が協議を行う期間（1年に満たないものに限る）を定めたときは、その期間を経過した時（同項2号）、当事者の一方から相手方に対して協議の続行を拒絶する旨の通知が書面でされたときは、その通知の時から6ヶ月を経過した時（同項3号）のいずれか早い時まで時効完成が猶予される。よって、④は妥当でない。したがって、正解は②である。（基本法務テキスト303〜306頁）

<問35> 4

〔正解〕④ （配点15点）

〔解説〕この問題は民法の物権分野からの出題である。即時取得は動産を取引行為によって取得した場合に適用されるのであり、立木を事実行為によって伐採して取得したような場合には適用されない（大判昭7・5・18民集11巻1963頁）。したがって、①は妥当でない。即時取得（民法192条）は、公示制度のある不動産と異なり、公示制度の乏しい動産について、占有自体に公信力を認めて、動産取引の安全を図る制度であるから、道路運送車両法により登録された自動車について即時取得は成立しない（最判昭62・4・24判時1243号24頁）。したがって、②は妥当でない。真の権利者を保護するために、占有物が盗品又は遺失物であるときは、被害者又は遺失者は、盗難又は遺失の時から「2年間」、占有者に対してその物の回復を請求することができる（民法193条）。したがって、③は妥当でない。占有者が、盗品又は遺失物を、競売若しくは公の市場において、又はその物と同種の物を販売する商人から、善意で買い受けたときは、被害者又は遺失者は、占有者が支払った代価を弁償しなければ、その物を回復することができない（民法194条）。したがって、④は妥当である。以上により、正解は④となる。（基本法務テキスト314〜315頁）

<問36> 3

〔正解〕③ （配点10点）

〔解説〕この問題は、地方自治法の議会分野からの出題である。地方公共団体の議会は条例で定めるところにより通年の会期とすることが認められており（地方自治法102条の2）、①は妥当である。地方公共団体の議会には当該地方公共団体の公益に関する事件に対する意見書を国会又は関係行政庁に提出することができるとされており（地方自治法99条）、②は妥当である。地方公共団体の議会の必要的議決事項については、地方自治法96条1項が列挙しており、③は妥当でない。

なお、同項に列挙されたものとは別に議決事項を条例で定めることは可能である（同条2項）。④は妥当である（地方自治法76～78条・178条1項及び3項、地方公共団体の議会の解散に関する特例法2条）。（基本法務テキスト212～213，216～217頁）

<問37> **4**

〔正解〕②（配点15点）

〔解説〕この問題は、民法の契約分野からの出題であり、借地借家法に関する知識を問う問題である。建物所有を目的とする土地の賃貸借について借地借家法が適用され（2条1号）、建物所有を目的としない駐車場として土地を賃借する場合には、借地借家法は適用されないため、①は妥当である。借地借家法が適用される場合、普通借地権の存続期間は30年以上であり（3条）、これより短い期間を定めた場合には無効となって（9条）、同法に基づき30年とされるため、②は妥当でない。借地借家法が適用される場合、更新による期間は最初が20年以上で、2回目以後は10年以上となる（4条）ため、③は妥当である。借地契約において、賃貸人が更新拒絶する場合には、土地の使用を必要とする事情のほか、借地に関する従前の経過及び土地の利用状況並びに借地権設定者が土地の明渡しの条件として又は土地の明渡しと引換えに借地権者に対して財産上の給付をする旨の申出をした場合におけるその申出を考慮して、正当の事由があると認められることが必要であるため（借地借家法6条）、④は妥当である。以上から、正解は②である。（基本法務テキスト350～351頁）

<問38> **3**

〔正解〕③（配点15点）

〔解説〕この問題は、地方自治法の選挙分野からの出題である。選挙人名簿への登録は、年齢満18歳以上の者で、引き続き3ヶ月以上市町村の住民基本台帳に記録されている者又は引き続き3ヶ月以上市町村の住民基本台帳に記録されていた者で、当該市町村から住所を有しなくなった日後4ヶ月を経過しないものについて行われる（公職選挙法21条1項・2項）。したがって、①は妥当でない。選挙の当日に投票することのできない者が選挙人名簿登録地の選挙管理委員会で行うことができるのは期日前投票（公職選挙法48条の2第1項）であり、出張先や旅行先など選挙人名簿登録地以外の市町村で行うことができるのが不在者投票（公職選挙法49条1項）である。したがって、②は妥当でない。氏や名が同一の候補者が2人以上ある場合、氏又は名のみを記載した投票は有効であり、各候補者の有効投票数に応じて按分されるため、該当する候補者の得票数に1票未満の端数が生じることになる（公職選挙法68条の2第1項・第4項）。したがって、③は妥当である。在外投票の対象となる選挙は、制度創設当初は衆議院議員及び参議院議員の比例代表選挙に限られていたが、2006年の改正により、衆議院小選挙区選出議員及び参議院選挙区選出議員の選挙も対象とされた（公職選挙法49条の2第1項）。したがって、④は妥当でない。（基本法務テキスト196～199頁）

<問39> **2**

〔正解〕②（配点15点）

〔解説〕この問題は、行政法の行政作用法分野からの出題である。最判昭62・10・30判時1262号91

頁は、租税法律関係においては信義則の適用には慎重でなければならないとしつつ、租税法規の適用における納税者間の平等、公平という要請を犠牲にしてもなお納税者の信頼を保護しなければ正義に反するといえるような特別の事情が存する場合には、信義則適用の余地があるとしているから、①は妥当でない。平等原則は、行政の行為形式の如何を問わず、行政活動に適用されると解されるから、②は妥当である。公務員の懲戒処分には懲戒権者の裁量が認められ、比例原則に反する場合に、裁量権の逸脱濫用となるから、③は妥当でない。法令の定める要件に形式的には適合している行政処分でも、法令の趣旨に反する運用であるとして、行政権の濫用として違法とされることがある（最判昭53・6・16刑集32巻4号605頁〔余目町個室付浴場事件〕）から、④は妥当でない。（基本法務テキスト96〜97頁）

<問40> 2

〔正解〕③（配点10点）

〔解説〕この問題は、行政法の行政救済法分野からの出題である。国家賠償法2条1項では、「道路、河川その他の公の営造物の設置又は管理に瑕疵があつたために他人に損害を生じたときは、国又は公共団体は、これを賠償する責に任ずる。」と定められている。よって、①は妥当である。公用車のような動産も公の営造物にあたると解されているので、④も妥当である。公の営造物の設置又は管理に瑕疵があれば、国又は公共団体は国家賠償法2条1項により賠償の責めを負うので、②は妥当であるが、③は妥当でない。（基本法務テキスト150〜151頁）

<問41> 2

〔正解〕③（配点15点）

〔解説〕この問題は、行政法の行政救済法分野からの出題である。抗告訴訟に関して、民事保全法上の仮処分は排除されている（行政事件訴訟法44条）。よって、①は妥当でない。取消訴訟を提起しても、処分の効力、執行又は手続の続行のいずれも妨げられない（行政事件訴訟法25条1項）。よって、②は妥当でない。義務付け訴訟及び差止訴訟は、処分の名あて人以外の第三者も提起できる場合があり（行政事件訴訟法37条の2第4項、37条の4第4項）、仮の義務付け及び仮の差止めについても第三者の申立ては排除されていないから（同法37条の5第1項・2項）、③は妥当である。執行停止のみならず、仮の義務付け及び仮の差止めも本案訴訟の提起を前提として申立てを認めている（行政事件訴訟法25条2項、37条の5第1項・2項）。よって、④は妥当でない。（基本法務テキスト144〜145頁）

<問42> 3

〔正解〕①（配点15点）

〔解説〕この問題は、地方自治法の執行機関及びその他の組織分野からの出題である。①は、地方自治法202条の3第2項の定めるところであり、妥当である。地方公共団体の執行機関の附属機関は法律又は条例の定めるところにより設置することができるとされており（地方自治法138条の4第3項）、②は妥当でない。地方自治法138条の4第3項は、自治紛争処理委員を執行機関の附属機関と位置付けており、③は妥当でない。自治紛争処理委員は、地方自治法251条1項が3人と定めており、④は妥当でない。（基本法務テキスト224〜225頁）

<問43> **2**

〔正解〕④（配点10点）

〔解説〕この問題は、行政法の行政組織法分野からの出題である。上級行政機関と下級行政機関の関係は内部法関係であり、外部法関係を規律する行政手続法、行政不服審査法の適用はない（行政手続法４条１項、行政不服審査法７条２項）。したがって、①②は妥当でない。国家行政組織法には、上級機関の下級機関に対する意見尊重義務を定めた規定は存在しないので、③は妥当でない。行政代執行法は、行政上の義務を私人が履行しない場合に適用される法律であり、行政機関の指揮監督関係を念頭においた法律ではないので、④は妥当であり、正解となる。（基本法務テキスト92〜93頁）

<問44> **4**

〔正解〕④（配点15点）

〔解説〕この問題は、民法の債権と債務分野からの出題である。弁済は、原則として債務者以外の第三者もすることができる（民法474条１項）。ただし、弁済をするについて正当な利益を有しない第三者は、債務者の意思に反して弁済することはできない（民法474条２項本文）。この「正当な利益」は、法律上の利害関係とされている。保証人、連帯保証人、物上保証人はいずれも法律上の利害関係がある第三者であるから債務者の意思に反しても弁済することができる。①の肢は、「債務者の意思に反しない限り」の部分が誤りである。したがって、①は妥当でない。弁済によって債権は消滅し（民法473条）、付従性によって保証債務も抵当権も消滅する。したがって、②の抵当権が消滅しないという部分が誤りであり、②は妥当でない。振込によってする弁済の効力が発生するのは、振込時ではなく、「債権者がその預金又は貯金に係る債権の債務者に対してその払込みに係る金額の払戻しを請求する権利を取得した時」（民法477条）である。したがって、③は妥当でない。上記①で述べたように、弁済をするについて正当な利益を有しない第三者は債務者の意思に反して弁済することができないが（民法474条２項）、債務者が承認すれば意思に反していないので弁済することができる。したがって、④は妥当である。以上から、正解は④となる。（基本法務テキスト337〜338頁）

<問45> **1**

〔正解〕④（配点15点）

〔解説〕この問題は、憲法分野からの出題である。条例は法律の根拠がなくても制定できるから、①は妥当でない。委任命令や執行命令は法律の授権によるものであり、法律を具体化したものであるから、憲法94条の「法律」に含まれると解されている。したがって、②は妥当でない。法律がある事項を明文で規定していなくても、その事項を規制せず放置する趣旨の場合は、条例は法律に違反するから、③は妥当でない。④は、最大判昭50・9・10刑集29巻8号489頁の述べるところであり、妥当である。よって、正解は④である。（基本法務テキスト56〜57頁）

<問46> **2**

〔正解〕③（配点25点）

〔解説〕この問題は、行政法の行政作用法分野からの出題である。本件事案に関する最判平21・7・

10判時2058号53頁（福間町公害防止協定事件）は、③の見解を採ったから、③が妥当である。①②は、上記判決の原審（福岡高判平19・3・22判自304号35頁）が採った見解であるが、最高裁はこの見解を否定したので、①②は妥当でない。上記最高裁判決は、「処理施設の廃止については、知事に対する届出で足りる旨規定されているのであるから……、処分業者が、公害防止協定において、協定の相手方に対し、その事業や処理施設を将来廃止する旨を約束することは、処分業者自身の自由な判断で行えることであ」るとしており、④は妥当でない。（基本法務テキスト116頁）

<問47> 序

〔正解〕③（配点10点）

〔解説〕この問題は、序章からの出題である。公布は、国の法令の場合官報への掲載、地方公共団体の条例・規則の場合公報への掲載により行われる。法律、条例はそれぞれ国会、地方議会の議決により成立する。どちらも、予め定められた施行日の到来により施行される。法律・条例の成立及び施行についての解説も加筆する。（基本法務テキスト9頁）

<問48> 3

〔正解〕②（配点25点）

〔解説〕この問題は、地方自治法の議会分野からの出題である。引用文は、最大判令2・11・25民集74巻8号2229頁の判旨の一部である（なお、同判決文は裁判所ウェブサイトにおいても確認できる）。同判決は、最高裁判所昭和35年10月19日大法廷判決その他の判例を変更し、地方公共団体の議会の議員に対する出席停止の懲罰の適否を司法審査の対象となるとしたものである。

<問49> 4

〔正解〕④（配点15点）

〔解説〕この問題は、民法の債権と債務分野からの出題である。家庭教師に教えてもらう債権は、債権者（生徒）によって教える内容が異なるので、債権の性質上、譲渡することができない（民法466条1項ただし書き）。したがって、①は妥当である。年金受給権は権利者自身に支払われることが必要であり、法律上譲渡が禁止されているので、譲渡することができない（国民年金法24条）。したがって、②は妥当である。預貯金債権については、譲渡禁止特約があれば、悪意又は重過失の譲受人に当該特約を対抗できる（民法466条の5第1項）。したがって、③は妥当である。債権が二重譲渡され、両方の譲渡について債権者が確定日付ある証書により債務者へ通知をした場合、確定日付の先後ではなく、債務者への到達が早い債権譲渡が優先される（最判昭49・3・7民集28巻2号174頁）。したがって、④は妥当ではない。よって、正解は④である。（基本法務テキスト335～336頁）

<問50> 3

〔正解〕③（配点10点）

〔解説〕この問題は、地方自治法の監査と住民訴訟分野からの出題であり、監査基準や監査委員について基本的な知識を確認する問題である。①は、地方自治法198条の3第1項、198条の4第1項・第2項に則した記述であり、妥当である。②は、地方自治法198条の4第5項に則した記述

であり、妥当である。③は、地方自治法196条1項に定められているように、条例で定めることで議員から監査委員を選任する必要はなくなるので、妥当ではない。④は、地方自治法198条の4第3項に即した記述であり、妥当である。（基本法務テキスト258～261頁）

＜問51＞ 3

〔正解〕①（配点10点）

〔解説〕この問題は、地方自治法の財務分野からの出題である。地方税には、使い方が特定されている目的税と特定されていない普通税とがある（地方税法4条1項・5条1項）。また、地方税法にその税目が法定されるものが法定税（法定目的税、法定普通税）といわる。道府県税の法定目的税の税目は地方税法4条4項・5項に、市町村税の法定普通税の税目は同法5条4項～6項にそれぞれ定められている。よって、①が正しい。（基本法務テキスト242～243頁）

＜問52＞ 2

〔正解〕③（配点15点）

〔解説〕この問題は、行政法の行政作用法分野からの出題である。国税以外の国の金銭債権については、個別の法律で国税滞納処分の例による旨が規定されている場合に限り、行政上の強制徴収が可能であるので、①は妥当でない。道路交通法上の反則行為については、本来犯罪を構成する行為として刑罰規定が置かれており、反則金を納付すれば刑罰を科さない仕組みであるから、②は妥当でない。③は、最大判昭33・4・30民集12巻6号938頁により、妥当である。執行罰は、行政上の間接強制手段であり、義務違反に対する秩序罰ではないから、④は妥当でない。（基本法務テキスト116～119頁）

＜問53＞ 1

〔正解〕③（配点15点）

〔解説〕この問題は、憲法分野からの出題である。二層制を一層制に改めることは、原則として地方自治の本旨に反するとされているため、①及び②は妥当でない。個々の自治体の存続保障は憲法上主張できないと解されており、現行法上、都道府県の廃止は法律事項である一方（地方自治法6条）、市町村合併には当該地方公共団体の同意を必要としているから（同法7条等）、③は妥当である。最高裁判所の判例は、東京都特別区は憲法にいう「地方公共団体」にあたらないとしたが、特別区は現在では市町村と並ぶ基礎的な地方公共団体と扱われているから（地方自治法281条の2第2項）、④は妥当でない。よって、正解は③である。（基本法務テキスト51～52頁）

＜問54＞ 1

〔正解〕②（配点10点）

〔解説〕この問題は憲法分野からの出題である。大日本帝国憲法は、28条で「日本臣民ハ安寧秩序ヲ妨ケス及臣民タルノ義務ニ背カサル限ニ於テ信教ノ自由ヲ有ス」と定めていた。信教の自由のうち、内心における信仰の自由は絶対的に保障されると解されているが、宗教に関わる外部的行為が他者に害悪を及ぼす場合には、公権力による規制の対象となりうる。自衛官合祀訴訟（最大判昭63・6・1民集42巻5号277頁）は「静謐な宗教的環境の下で信仰生活を送るべき利益なる

ものは、これを直ちに法的利益として認めることができない」と判示した。他方で、②は信教の自由についての正しい説明である。したがって、妥当なものは②である。（基本法務テキスト67～68頁）

＜問55＞ 5

〔正解〕②（配点15点）

〔解説〕この問題は、刑法分野からの出題である。構成要件に該当する行為がなければ、既に罪の成立は否定されているのだから、重ねて阻却事由の有無を論じることは思考経済・資源の無駄だけではなく、場合によっては被疑者の人権を損ねる。したがって、①は妥当である。超法規的違法性阻却事由は、法律が条文上定めている正当行為、正当防衛、緊急避難にあたらない場合にはじめて検討される。したがって、②は妥当でない。過剰防衛は、相当な反撃ではないから違法性は阻却されず罪は成立するが、刑が減軽又は免除される。したがって、③は妥当である。違法性判断と責任判断は別々の基礎を有する判断であるから、違法性阻却と責任阻却は別々の判断が必要で、違法性が阻却されれば責任阻却事由を検討する必要はなくなるが、自動的に責任阻却されるというものではない。したがって、④は妥当である。（基本法務テキスト419頁）

＜問56＞ 2

〔正解〕④（配点15点）

〔解説〕この問題は、行政法の行政救済法分野からの出題であり、行政事件訴訟法上の原告適格に関する問題である。最判昭37・1・19民集16巻1号57頁は、公衆浴場法に基づく新規営業許可について、同法が定める適正配置の要請から既存業者の競争からの保護という趣旨を導き、既存業者の原告適格を肯定している。よって、①は妥当でない。最判昭53・3・14民集32巻2号211頁は、公正競争規約の認定の仕組みは私人の個人的利益を保護する趣旨を含まず、公益の実現を目的として行政権の行使に制約を課しているにすぎないとして、消費者団体である主婦連が当該認定を争う利益は当該制度がもたらす反射的利益にすぎないとした。よって、②は妥当でない。最判平4・9・22民集46巻6号571頁は、原子炉設置許可について、許可基準として定められた技術的要件及び災害防止要件の解釈を通して、災害が生じた場合に生命・身体に対して直接的かつ重大な被害を受けることが想定される範囲の住民に原告適格を認めた。よって、③は妥当でない。最判平17・12・7民集59巻10号2645頁は、都市計画法が公害対策基本法（当時）の目的を共有する仕組みとなっていること等を指摘し、都市計画事業の認可について、当該事業の実施に伴い周辺住民に対して反復継続的に騒音振動等の被害をもたらしうることから、当該被害を受けるおそれのある周辺住民には、当該事業認可の取消しを訴求する原告適格が認められると判示した。よって、④が妥当である。（基本法務テキスト140～143頁）

＜問57＞ 4

〔正解〕①（配点10点）

〔解説〕この問題は、民法の契約分野からの出題である。通常の保証においては、債権者から請求を受けた保証人は、まず主たる債務者に催告せよと求めることができる（催告の抗弁、民法452条）。したがって、①は妥当でない。主たる債務が無効であれば保証債務も無効となり、主たる

債務が消滅すると保証債務も消滅する（付従性）。したがって、②は妥当である。主たる債務につき債権譲渡があった場合には、保証債務も移転する（随伴性）。したがって、③は妥当である。保証契約は、債権者と保証人との間の契約によって成立し、しかも書面又は電磁的記録によって契約することが必要で（民法446条2項・3項）、主たる債務者は契約の当事者にはならない。したがって、④は妥当である。よって、正解は①である。（基本法務テキスト356～357頁）

<問58> 1

〔正解〕③（配点10点）

〔解説〕この問題は、憲法分野からの出題である。地方公共団体の長は住民がこれを直接選挙するものとされているから（憲法93条2項）、①は妥当でない。地方公共団体では議院内閣制型を採用しているが、議院内閣制的要素を一部取り入れることは許容されているため（地方自治法178条）、②は妥当でない。最判平7・2・28民集49巻2号639頁は、憲法93条2項にいう「住民」とは、「住所を有する日本国民」のことをいうとしているから、③は妥当である。町村総会の制度は、公開の討議によって決議を行う機関であり、議会に酷似する性質を有しているため、憲法93条1項には反しないと理解されている（地方自治法94条）。したがって、④は妥当でない。よって、正解は③である。（基本法務テキスト53～55頁）

<問59> 2

〔正解〕③（配点25点）

〔解説〕この問題は、行政法の行政救済法分野からの出題である。引用部分は、最判昭51・4・27民集30巻3号384頁の判旨の一部である。学説では、「当該処分又は裁決に続く処分により損害を受けるおそれのある者」であっても、「当該処分若しくは裁決の存否又はその効力の有無を前提とする現在の法律関係に関する訴えによつて目的を達することができないもの」（補充性要件）でなければ無効等確認の訴えを提起できないという立場（一元説）と、補充性要件を満たさなくとも同訴えを提起できるという立場（二元説）があるが、本判決は、いずれの立場にたつかを明示していない。①②はいずれも本判決を一元説の立場にたつものと理解しているので、本判決の理解として妥当ではない。課税処分の無効等確認の訴えは抗告訴訟であり、「現在の法律関係に関する訴え」としての実質的当事者訴訟にあたる租税債務不存在確認の訴えではないから、④は妥当でない。本判決は、一元説と二元説のいずれの立場にたつかを明示していないが、「滞納処分を受けるおそれがある」ことを理由として、予防的に無効等確認の訴えの提起を認めていることは確かである。よって、③が妥当である。（基本法務テキスト136～137頁）

<問60> 3

〔正解〕②（配点10点）

〔解説〕この問題は、地方自治法の地方公共団体の事務分野からの出題である。法定受託事務が例外的な事務類型であるのに対し、自治事務は原則的な事務類型である。したがって、①は妥当である。法定受託事務は自治事務と同じく地方公共団体の事務である。したがって、②は妥当ではない。法定受託事務が地方自治法・地方自治法施行規則の別表に掲げられているのに対し、自治事務は掲げられていない。したがって、③は妥当である。法定受託事務については強力な関与が

設けられているのに対し、自治事務については関与が制限されている。したがって、④は妥当である。（基本法務テキスト172～174頁）

<問61> 4

〔正解〕②（配点25点）

〔解説〕この問題は民法の物権分野からの出題である。抵当権は、約定担保物権であり、被担保債権の債務者と債権者との間で、債務者の所有する不動産を目的物として設定されることが多い。もっとも、抵当権設定者は、被担保債権の債務者に限定されず、債務者以外の第三者が所有する不動産を目的物として、当該第三者（物上保証人）と債権者との間でも抵当権設定契約を締結できる。したがって、①は妥当でない。抵当権を設定しても、目的不動産の占有は抵当権者に移転せず、抵当権設定者は従来通り不動産の使用・収益を行うことができる（非占有担保）。したがって、抵当権の目的物である土地から果実が生じても、抵当権者が収受することはできないが、被担保債権について不履行があったときは、その後に生じた抵当不動産の果実に対し抵当権の効力が及ぶ（民法371条）。したがって、②は妥当である。抵当権者は、債権の全部の弁済を受けるまでは、たとえ一部弁済を受けた場合でも、抵当権の目的物の全部について抵当権を実行できる（不可分性：民法372条・296条）。それゆえ、抵当土地の所有者は、債権全部の弁済をするまで抵当権登記の抹消を請求できない。したがって、③は妥当でない。抵当権の目的物が滅失しても、その目的物に保険がかけられていて抵当権設定者が保険金を取得できたときは、物上代位によりその保険金に抵当権の効力が及ぶ（民法372条・304条）。したがって、④は妥当でない。以上により、正解は②となる。（基本法務テキスト322～323，325頁）

<問62> 序

〔正解〕③（配点10点）

〔解説〕この問題は、序章からの出題である。後法は先法を破り、上位法は下位法に優先し、特別法は一般法に優先するが、公法と私法はそのような関係にない。したがって、③が正解である。（基本法務テキスト9～10頁）

<問63> 4

〔正解〕④（配点10点）

〔解説〕この問題は、民法の不法行為分野からの出題である。不法行為の成立要件は、故意又は過失の存在、権利又は法律上保護される利益の侵害、損害の発生、加害行為と損害の因果関係である（民法709条）。不法行為の成立において、加害者と被害者との間に契約関係がないことは要件ではない。したがって、①～③はいずれも妥当であり、④は妥当でなく、正解となる。（基本法務テキスト370～371頁）

<問64> 2

〔正解〕②（配点15点）

〔解説〕この問題は、行政法の行政作用法分野からの出題である。①は、最大判昭53・10・4民集32巻7号1223頁（マクリーン事件）により、妥当である。最判平4・10・29民集46巻7号1174頁

（伊方原発訴訟）は、内閣総理大臣が原子炉の設置許可の際にあらかじめ原子力委員会の意見を聴き、これを尊重しなければならないと原子炉等規制法（当時）が定めているのは、各専門分野の学識経験者等を擁する原子力委員会の科学的・専門技術的知見に基づく意見を尊重して行う内閣総理大臣の合理的判断に委ねる趣旨であるから、裁判所の審理は、原子力委員会の専門技術的判断を基にした行政庁の判断に不合理な点があるかという観点から行われるべきであって、現在の科学技術水準に照らし、調査審議で用いられた具体的審査基準に不合理な点があり、又は当該原子炉が具体的審査基準に適合するとした判断の過程に看過し難い過誤、欠落があり、行政庁の判断がこれに依拠してされた場合に、設置許可処分は違法となるとしている。この判決は、原子力委員会の判断に専門技術的裁量は認めるが、内閣総理大臣の政治的・政策的裁量は認めない趣旨と解されるから、②は妥当でない。③は、最判平8・3・8民集50巻3号469頁（「エホバの証人」剣道実技拒否事件）により、妥当である。④は、最判平18・11・2民集60巻9号3249頁（小田急訴訟本案判決）により、妥当である。（基本法務テキスト107〜112頁）

＜問65＞ 2

〔正解〕③（配点15点）

〔解説〕この問題は、行政法の行政作用法分野からの出題である。①は、最判平3・7・9民集45巻6号1049頁により、妥当である。②は、最判平14・1・31民集56巻1号246頁により、妥当である。③は、最判平2・2・1民集44巻2号369頁における反対意見の見解であり、同判決の多数意見は、同規則が対象を日本刀に限定したことは法の委任の趣旨を逸脱していないと判断しているので、妥当でない。④は、最判令2・6・30民集74巻4号800頁により、妥当である。（基本法務テキスト100頁）

＜問66＞ 5

〔正解〕①（配点15点）

〔解説〕この問題は、刑法分野からの出題である。徳島市公安条例事件判決は、ある刑罰法規があいまい不明確のゆえに憲法31条に違反するものと認めるべきかどうかは、通常の判断能力を有する一般人の理解において、具体的場合に当該行為がその適用を受けるものかどうかの判断を可能ならしめるような基準が読みとれるかどうかによってこれを決定すべきである旨を示したものである（最大判昭和50・9・10刑集29巻8号489頁）。尊属殺違憲判決は、尊属殺規定の定めた法定刑の下限がどのような宥恕すべき事情があっても執行猶予がつけられない無期懲役であるのは、通常殺人罪に比して著しく重いとして、罪刑の均衡から尊属殺規定を違憲としたものである（最大判昭48・4・4刑集27巻3号265頁）。シャクティパット事件判決は、不真正不作為犯における作為義務発生の根拠と故意の異なる共同正犯間の罪の成否という刑法上の論点を論じたものである（最判平17・7・4刑集59巻6号403頁）。都教組事件判決は、二重の絞り論によって合憲限定解釈を行ったものであるが、明確性の原則を論じたものではない（最大判昭44・4・2刑集23巻5号305頁）。したがって、①が妥当である。（基本法務テキスト47, 399, 400, 402, 408頁）

<問67> 4

〔正解〕④（配点15点）

〔解説〕この問題は民法の親族・相続分野からの出題である。配偶者居住権は、相続開始時に居住していた被相続人所有の建物を対象として、遺産分割などによって原則として終身、配偶者に建物の使用を認めることを内容とする権利である（民法1028条１項１号、1030条本文）。したがって、①は妥当でない。配偶者短期居住権は、相続によって従来の居住建物から急に退去しなければならなくなることを防いで、配偶者の居住を保護する権利である（民法1037条～1041条）。BがAの遺産のうちの居住建物を取得することによって他の財産を受け取れなくなることを防ぎ、Bの居住を継続しながらその他の財産も取得できるようにした権利は、配偶者居住権である（民法1028条～1036条）。したがって、②は妥当でない。配偶者居住権は、居住建物の所有者Cの承諾を得なければ第三者Dに居住建物の使用・収益をさせることができない（民法1032条３項）。したがって、③は妥当でない。相続開始時に被相続人の建物に無償で住んでいた場合に、遺産の分割により居住建物の帰属が確定した日又は相続開始の時から６ヶ月を経過する日のいずれか遅い日まで、そのまま無償で住み続けることができる（配偶者短期居住権・1037条）。したがって、④は妥当である。以上により、正解は④となる。（基本法務テキスト382～383頁）

<問68> 4

〔正解〕②（配点10点）

〔解説〕この問題は、民法総則の諸制度分野からの出題であり、民法の期間等に関する知識を問う問題である。週を単位とする期間の計算方法については、暦に従って計算する暦法的計算法が用いられる（民法143条）。よって、①は妥当でない。期間の初日に端数が出ない場合には、初日を起算日とする（民法140条ただし書き）。よって、②は妥当である。年を単位とする期間の計算方法について、期間の満了点についてはその末日の「終了」をもって満了する（民法141条）。よって、③は妥当でない。法律行為の発生、消滅を将来の不確実な事実の成否にかからしめる場合は「条件」であり（民法127条）、「期限」は、法律行為の発生、消滅を将来の確実な事実の成否にかからしめる場合である。よって、④は妥当でない。したがって、正解は②である。（基本法務テキスト308～309頁）

<問69> 3

〔正解〕④（配点10点）

〔解説〕この問題は、地方自治法の執行機関及びその他の組織分野からの出題である。市町村に市町村長を置くことは地方自治法139条２項に定めるところであり、①は妥当である。長の任期については、地方自治法140条１項が４年としており、②は妥当である。③は地方自治法143条１項に定めるところであり、妥当である。地方自治法138条の４第１項は、地方公共団体の執行機関として、長のほか、法律の定めるところにより、委員会や委員を置くとしている。したがって、④は妥当でない。（基本法務テキスト218～219頁，227頁）

<問70> 3

〔正解〕① （配点15点）

〔解説〕この問題は、地方自治法の地方公共団体の事務分野からの出題である。地方自治法2条9項1号は、「法律又はこれに基づく政令により」地方公共団体が処理することとされる事務のうち一定のものを法定受託事務として定義している。したがって、①は妥当ではない。地方自治法2条9項1号は、「国が本来果たすべき役割に係るものであつて、国においてその適正な処理を特に確保する必要があるもの」を「法律又はこれに基づく政令に特に定める」としている。したがって、②は妥当である。地方自治法2条10項は、法定受託事務について一覧性を確保するために地方自治法の別表と地方自治法施行令の別表に掲げるとしている。したがって、③は妥当である。地方自治法2条13項は、自治事務について地方公共団体が地域特性に応じて処理することができるよう特別な配慮を求めている。したがって、④は妥当である。（基本法務テキスト173～175頁）

第1節　問題

問1　住民訴訟に関する次の記述のうち、妥当でないものを1つ選びなさい。

①　住民訴訟は、住民が自治体に代位して長等の個人に直接損害賠償等の請求を行うのではなく、自治体がこうした請求を行うよう義務付けることを求めるという構造となっている。

②　2017年の地方自治法改正により自治体の長等の損害賠償責任についての見直しがされたことで、それまでの判例で一定の判断基準により認められていた議会の議決による賠償請求権の放棄は認められないこととされた。

③　補助金の交付については、「公益上必要がある場合」に該当しないとして住民訴訟が認容される場合があるため、慎重な検討が必要である。

④　損害賠償請求権の不行使が住民訴訟で違法と判断される場合があるため、債権を適正に徴収することが必要である。

問2　自治体による法の解釈運用に関する次の記述のうち、妥当なものを1つ選びなさい。

①　「おから」の産業廃棄物の該当性に係る、廃棄物の処理及び清掃に関する法律、及び同法施行令における「不要物」の解釈について、最高裁は「『不要物』とは、自ら利用し又は他人に有償で譲渡することができないために事業者にとって不要になった物をいい、これに該当するか否かは事業者の意思により決するのが相当である」とし、「おから」を産業廃棄物に該当すると判断した。

②　事実認定のために必要とされる自治体の調査について、「立入調査の権限は、犯罪捜査のために認められたものと解してはならない」旨の規定が置かれることがあるが、こうした規定がない場合には、その文言上、立入調査により得た情報を犯罪捜査に利用することには何らの制約はないと最高裁は判示している。

③　不利益処分を行おうとする場合に講じる意見陳述の手続は、自治体による寛大な措置を儀式の場ではなく、自治体の事実認定が正しいかどうか、処分の名宛人となるべき者が防御権を行使する機会として設けられているため、聴聞・弁明の機会付与のどちらの手続においても、事前通知の際に不利益処分の原因となる事実を具体的に示さなければならず、かつ、名宛人となるべき者には証拠書類等の提出が認められている。

④　解釈基準の本質的な性格は行政規則であるから、裁判所を拘束するものではなく、裁判所は解釈基準とは異なる独自の解釈をすることができ、この解釈基準による取扱いが法の趣旨に反するときは独自にその違法を判定することもできるが、最高裁がこうした判断を行った例はない。

問3　条例改正の方式に関する次の記述のうち、妥当でないものを1つ選びなさい。

①　条例を一部改正する場合に、「第○条中「△△△」を「×××」に改める。」というように、「改め文」と呼ばれる方式によって改正する方法がある。この「改め文」方式には、元の条例と対照して読まない限り改正の内容を理解することが難しいというデメリットがある。

② 条例を一部改正する場合に用いられる「改め文」方式には、改正点が明確であり、かつ簡潔に表現できるというメリットがある。

③ 条例を一部改正する場合に、「新旧対照表」を用いる方式によって改正する方法がある。この「新旧対照表」方式には、一般的に「改め文」方式よりも相当に大部になることが避けられず、その全体について正確性を期すための事務に多大の時間と労力を要するというデメリットがあると指摘されている。

④ 条例を一部改正する場合に用いられる「新旧対照表」方式は、「改め文」方式と比べると、条例の改正内容を市民や議会に分かりやすく伝えることができるものであるが、法律の改正が「改め文」方式で行われているため、「新旧対照表方式」を導入する自治体は減っている。

問4　自己情報の開示請求に関する次の記述のうち、妥当なものを1つ選びなさい。

① 死者の個人情報について、相続人である遺族は死者の代理人とみなされ、死者の代理人として開示請求することができる。

② 開示請求は自己情報コントロール権を行使するものであることから、手数料を徴収することはできない。

③ 開示請求に対する決定期限は、「個人情報の保護に関する法律」において30日以内とされており、条例で異なる定めをすることはできない。

④ 個人情報の開示請求は、法定代理人だけでなく、本人の委任による代理人でも行うことができる。

問5　法令用語に関する次の記述のうち、妥当なものを1つ選びなさい。

① 「又は」および「若しくは」の使い方について、2つの語句を選択的に並べる場合には、「A又はB」と「又は」を用い、複数のレベルで並べる場合には、一番大きなレベルに一度だけ「若しくは」を用い、それより小さいレベルには、すべて「又は」を用いる。

② 「その他」および「その他の」の使い方について、「A手当、B手当その他の規則で定める手当」という規定がある場合、規則で定める手当として、その規則に「A手当」と「B手当」を規定する必要がある。逆に、「A手当、B手当その他規則で定める手当」という規定がある場合、規則で定める手当として、その規則に「A手当」と「B手当」を規定する必要はない。

③ 「者」、「物」および「もの」の使い方について、「者」は法律上の人格を有するものを指し、「物」は権利の客体たる外界の一部を構成する物件を指す。「もの」は、例えば「○○した者であって、××と認められるもの」というように、あるものにさらに要件を重ねて限定する場合にのみ用いられる。

④ 「直ちに」、「遅滞なく」および「速やかに」の使い方について、法令上要求される時間的即時性の強い順に並べると、「速やかに」、「直ちに」、「遅滞なく」の順になる。これらの用語はいずれも訓示的に用いられ、これに対する違反が義務を怠ったものとして必ずしも違法ということにはならない。

問6　情報の公表に関する次の記述のうち、妥当でないものを1つ選びなさい。
① 「情報の公表」は、情報提供により行政目的に沿った一定の方向へと誘導しようとするものであり、誘導的手法に該当する。
② 「情報の公表」は、特定の者が不利益を受ける可能性を有するものであり、規制的手法に該当する。
③ 「情報の公表」は、情報提供により利害関係者間の調整を図る場面では、調整的手法に該当する。
④ 「情報の公表」は、条例上の義務を履行しない者について、その氏名を公表するという場面では、実効性確保手法に該当する。

問7　政策法務に関する次の記述のうち、妥当なものを1つ選びなさい。
① 「課題設定」については法制担当課が日常業務の中で問題に直面して条例制定等の検討を始めることが多くなっている。
② 住民ないし住民団体はこれまで立法段階で特に課題設定に一定の役割を果たしており、住民自身が政策法務の考え方を習得し、専門家の協力を得てさらに立法能力を補強していく必要がある。
③ 「基本設計」については主として法制担当課が必要な検討作業を行い、課題の明確化、原因の追究などの立法事実の確認、そして関係法令・制度の状況を確認するなど法環境を十分に把握することが求められる。
④ 政策条例を制定する場合には、総合計画等との連携・調整も必要となるため、法制担当課と原課の連携の役割が重要になると考えられる。

問8　自治体における規則に関する次の記述のうち、妥当なものを1つ選びなさい。
① 規則の制定・改廃は、条例と異なり、議会の議決を必要としないが、議会の事後的承認を必要とする。
② 長は、規則において、条例違反に対し過料を科す旨の規定を設けることができる。
③ 規則においては、条例を執行するに当たり必要な事項を規定することは可能であるが、法律を執行するに当たり必要な事項を規定することはできない。
④ 長のみならず、行政委員会も、法律の定めるところにより、自らの権限に属する事務について規則を制定することができる。

問9　規則、委員会規則等の制定に関する次の記述のうち、妥当でないものを1つ選びなさい。
① 自治体の長が定める規則は、条例の施行のために制定されることがある。一方で、国の法令の施行のために制定されることはあり得ない。
② 長の規則、委員会規則等は必要な限度でのみ定められるべきであるとする考え方は、いわゆる効率性（最少経費・最大効果）の原則に基づくものである。
③ 長の規則、委員会規則等の内容は、比例原則、平等原則等の行政法の一般原則に適合したものでなければならない。

④　条例中、その執行に係る事項については「長が規則で定める」との規定が置かれている場合は、長は任意の要綱の形式で当該事項を定めることはできない。

問10　以下の文章は、新型インフルエンザ等対策特別措置法（令和5年法律第14号による改正後のもの・本問において「法」という）の抜粋である。これに関する次の①〜④の記述のうち、妥当なものを1つ選びなさい。

第45条

2　特定都道府県の知事（以下「特定都道府県知事」という。）は、新型インフルエンザ等緊急事態において、新型インフルエンザ等のまん延を防止し、国民の生命及び健康を保護し、並びに国民生活及び国民経済の混乱を回避するため必要があると認めるときは、……興行場その他の政令で定める多数の者が利用する施設を管理する者又は当該施設を使用して催物を開催する者〔施設管理者等〕に対し、当該施設の使用の制限若しくは停止又は催物の開催の制限若しくは停止その他政令で定める措置を講ずるよう要請することができる。

3　施設管理者等が正当な理由がないのに前項の規定による要請に応じないときは、特定都道府県知事は、新型インフルエンザ等のまん延を防止し、国民の生命及び健康を保護し、並びに国民生活及び国民経済の混乱を回避するため、政令で定める事項を勘案して特に必要があると認めるときに限り、当該施設管理者等に対し、当該要請に係る措置を講ずべきことを命ずることができる。

5　特定都道府県知事は、第2項の規定による要請又は第3項の規定による命令をしたときは、その旨を公表することができる。

第79条

第45条第3項の規定による命令に違反した場合には、当該違反行為をした者は、30万円以下の過料に処する。

---

①　法45条3項に基づき、当該施設の使用の停止を命じたにもかかわらず相手方がこれに従わない場合、都道府県知事は行政代執行法により代執行を行うことができる。

②　法45条5項は、いわゆる違反事実の制裁的な公表を行う規定であって、違反者が要請や命令に従うことを期待して行われるものであるという解釈も可能である。

③　法79条の過料は、命令の違反者に対して当該特定都道府県知事が過料処分の形式で科し、相手方に対しては弁明の機会を与えなければならないことが地方自治法で規定されている。

④　法79条の過料は、一定の期限を定めて過料処分を行うことを予告し、期限までに措置義務の履行がない場合にこれを強制徴収するもので、履行があるまで反復的に科すことができる。

問11　自治体法務に必要な諸原則に関する次の記述のうち、妥当でないものを1つ選びなさい。

①　「比例原則」とは、規制目的に対して行政の用いる規制手段が均衡のとれたものであることを要請する原則である。

②　「平等原則」とは、合理的理由なしに、行政は市民を差別してはならないとする原則である。

③　「透明性の原則」とは、様々な行政活動の局面において、市民に対して行政が自ら行っている諸活動の状況を明らかにし、それを具体的に説明する義務と責任があるとする原則である。

④　「補完性の原則」とは、国に対しては、自治体でできることは自治体に、都道府県に対しては、市町村でできることは市町村に委ねることが要請されているとする原則である。

問12　条例の制定手続に関する次の記述のうち、妥当なものを1つ選びなさい。

①　条例の制定があった場合、自治体の議会の議長は、その日から7日以内にこれを当該自治体の長に送付しなければならない。

②　条例の送付を受けた自治体の長は、その日から20日以内にこれを公布しなければならない。

③　条例に施行日に関する規定がない場合、公布の日から起算して7日を経過した日から施行される。

④　条例の送付を受けた自治体の長は、これに異議がある場合には、送付を受けた日から20日以内に再議に付すことができる。

問13　条例の雑則的規定に関する次の記述のうち、妥当でないものを1つ選びなさい。

①　雑則的規定とは、その条例の実体的規定を前提とし、その全般にわたって適用されるような技術的、手続的、付随的なものについて定めた規定である。

②　雑則的規定である「報告徴収に関する規定」について、報告を怠った者に対して罰金等の罰則を設ける場合には、報告義務違反の既遂時期を明確にするため、報告期限を規定しておくことが望ましい。

③　雑則的規定である「立入検査に関する規定」について、行政職員が立入検査を行う場合には、その権限を行使する者が正当な者であることを証するため、その身分を示す証明書を携帯し、関係人にこれを提示することなども併せて規定する。

④　雑則的規定である「規則等への委任に関する規定」について、条例の専属的所管事項を包括的に規則等に委任するため、例えば「条例の施行に関し必要な事項は長が別に定める」という規定をおく。

問14　官僚制に関する次の記述のうち、妥当なものを1つ選びなさい。

①　官僚制とは、「行政機能を集団的に果たすためのネットワーク型組織又はこれによる統治形態」を指す。

②　自治体における意思決定と行政サービスの実施についての構造は、本人である官僚と代理人である長・議員という関係として「本人（プリンシパル）－代理人（エージェント）」理論で説明することができる。

③　M.ウェーバーは官僚制に対して批判的な見方の一つとして法令万能主義を提示した。

④　管理層は厳格な服務規律によって官僚を統制しようするが、規律の強化は下位の官僚の反発を招き、規則に抵触しない範囲で服務を怠ろうとする。その結果、さらに規律が強化され、組織内

の緊張が高まり、組織の能率が低下する。

問15　ＮＰＭ改革として行われた改革に関する次の記述のうち、妥当でないものを1つ選びなさい。

① 公共サービスの機能を行政機関から民間に移行させる「官から民へ」のかけ声のもとに改革が行われた。

② 自治体サービスのあり方に大きな影響をもたらしたのが指定管理者制度であり、2018年4月現在、全国の約7万6千の施設で導入され、うち7割の施設で民間企業等が指定管理者になっている。

③ 公共サービスの決定と実施を分けて、行政機関は「決定」について責任を持つが、「実施」は競争原理の下で独立の民間企業等が担当する考え方が採られた。

④ 従来、行政機関が自らサービスを担っていたため、競争原理が働かず、質の高いサービスを効率的に提供することが困難であったことを問題視した。

問16　市民参加に関する次の記述のうち、妥当でないものを1つ選びなさい。

① 市民参加を制度化する際、参加する「市民」には、自治体区域外からの通勤・通学者や地域で活動する事業者・NPO等も広く含むものと考えてよい。

② 市民参加では、市民による討議や意見提出が自治体運営と部分的に接続し、自治体の制度の下で追加的・補充的に機能する。

③ 憲法上の住民自治は、市井の人々が自治体運営に関与するという「市民参加」を必ずしも要請しない。

④ 市民参加は民主主義を促進するものであるから、自治体行政において、法治主義や適正手続法理よりも優先させるべきである。

問17　処分の裁量統制に関する次の記述のうち、妥当でないものを1つ選びなさい。

① 行政庁である執行機関等が、自ら審査基準、処分基準等の裁量基準を設定しているときは、基本的に、これに準拠して権限を行使することが妥当であるが、このことは、行政上の平等原則から説明することができる。

② 行政庁である執行機関等が、既存の審査基準、処分基準等の裁量基準によらない意思決定をするに当たっては、その事案において当該裁量基準によらないことが必要かつ妥当であることを説明できなければならない。

③ 処分の裁量基準が選択の幅のある内容となっているときは、その幅の範囲内で選択を行っているということのみによっては、処分の合理性を直ちに根拠付けることはできない。

④ 行政庁が裁量基準に基づいて申請を拒否する処分又は不利益処分を行うときは、その判断が裁量基準に基づいて行われたものである旨を相手方に対し伝えることによって、当該処分に係る個別の理由を提示しなくてもよい。

問18　法令と条例の関係に関する次の記述のうち、妥当でないものを1つ選びなさい。
① 法令が規制するのと同一の事項について、法令とは異なる目的で制定する条例のことを、上積み条例という。
② 法令と同一目的の下に、法令が規制対象としていない事項について制定する条例のことを、横出し条例という。
③ 法令と同一目的の下に、同一の対象について、法令よりも強度の規制をする条例のことを、上乗せ条例という。
④ 法令が一定規模・一定基準未満を規制対象外としている場合に、当該領域を規制対象とする条例のことを、スソ出し条例という。

問19　法制執務に関する次の記述のうち、妥当なものを1つ選びなさい。
① 狭義の法制執務とは、成文法の立案及び審査に関する事務をいい、単に「法制執務」といった場合、通常は、この狭義の法制執務のことを指す。
② 狭義の法制執務において、成文法案を立案するにしても、立案された成文法案を審査するにしても、その過程は成文法の解釈とは無縁である。
③ 法制執務のルールは、条文の意味の正確性を保つための一種の約束事（作法）であり、一般市民が条文を読み、解釈する場面を想定したものではない。
④ 第1次地方分権改革後、自治体の法制執務（立法技術）上のルールは、基本的には国の法令と共通のルールである必要がなくなった。

問20　地方分権改革に関する次の記述のうち、妥当でないものを1つ選びなさい。
① 第1次地方分権改革は、国と自治体とを従来の「上下・主従関係」から「対等・協力関係」に改めるため、国と自治体との役割分担を明確にすることを主眼に進められた。
② 第1次地方分権改革の具体的成果として、機関委任事務制度を廃止し、自治体の事務化したことと法定事務への国等の関与の縮減が挙げられる。
③ 第1次地方分権改革の後、国は地方税財源の強化を目指したが、税源移譲、国庫補助負担金の削減、地方交付税の見直しを同時に行う地方税財源の三位一体の改革は実施しなかった。
④ 第1次及び第2次の改革の進展により、自治体の事務についての解釈運用権と条例制定権が強化されたことは、政策法務の取組みの前提であるといえる。

問21　条例の評価に関する次の記述のうち、妥当なものを1つ選びなさい。
① 評価の方法には定量的方法と定性的方法があるが、定量的方法の方が定性的方法よりも優れているため、定性的方法は定量的方法によることができない場合に補充的に用いるべきである。
② 評価の指標は、その条例の目的に照らして設定すべきであり、条例の規律対象の政策分野における計画等に定める目標や指標と関連付けて設定される必要はない。
③ 条例の評価により、その目的に照らして適切な効果を挙げていないと考えられる場合はその原

因を分析し、条例の目的自体が妥当かどうかにかかわらず、その目的達成のために、速やかに、条例の改正等を行わなければならない。

④ 条例の本則や附則中に見直し規定がないときや、定期的な条例の見直しシステムを制度化していないときであっても、自治体では、適宜、条例の執行状況及び条例の内容を見直すことが必要である。

問22 広義の「政策」は、その包括性・具体性によって、3つの区分で捉えることができる。このことを踏まえ、政策の体系性に関する次の記述のうち、妥当でないものを1つ選びなさい。

① 政策（狭義）を実現するために施策がある。

② 事業を実現するために施策がある。

③ 政策（狭義）レベルを内容とする条例が存在する。

④ 施策のレベルを内容とする条例が存在する。

問23 経済協力開発機構（OECD）の「プライバシー保護と個人データの国際流通についての勧告」で示された8原則に関する次の記述のうち、妥当でないものを1つ選びなさい。

① 個人参加の原則とは、データ主体に対して、自己に関するデータの所在及び内容を確認させ、又は異議申立てを保証するべきであるとする原則である。

② 収集制限の原則とは、個人データは、適法・公正な手段により、かつ情報主体に通知又は同意を得て収集されるべきであるとする原則である。

③ 目的明確化の原則とは、個人データの収集目的を明確にし、その利用は収集目的に合致するべきであるとする原則である。

④ 有用性の原則とは、個人データの保護を図りつつ、その有用性の観点から、社会における有効活用を行うべきであるとする原則である。

問24 自治体の法務マネジメントに関する次の記述のうち、妥当でないものを1つ選びなさい。

① 自治体政策法務を推進するために、政策法務課などの政策法務組織を設置する自治体が少なくないが、地域の課題解決のために条例等の制定に取り組む中心は原課であるべきであり、政策法務組織はこの取組みを法的に支援する役割を担うのが基本である。

② 法務のマネジメントサイクルは、（ア）条例の企画立案（立法法務＝Plan）→（イ）条例の実施・運用（解釈運用法務＝Do）→（ウ）条例の評価・見直し（評価・争訟法務＝Check-Act）で展開される。

③ 近年、政策法務を推進するため、法制担当課を政策法務課に改組する自治体が増えつつある。同課で、従来の法制執務と政策法務の連携・融合を図ることが望ましいが、条例づくりに当たって法制執務と政策法務の役割を同一の職員が併せて担うことは、必ずしも適切とはいえない。

④ 条例制定権を活かした例規管理を進めるために、例規の枠組みの見直し（棚卸し、評価、再構築）が必要である。この見直しの一環として要綱の条例化や不要な要綱の廃止を検討することが

求められるが、その有用性から、新たに要綱を制定することも考えられる。

問25　従来の自治体法務とその問題点等に関する次の記述のうち、妥当でないものを1つ選びなさい。
①　自治体法務とは、自治体が法に基づき行政を行う主体であることから、その法務のあり方、執行方法などから、具体的な法の解釈・運用にいたるまでの全般を指し示す。
②　地方分権前の機関委任事務体制のもとでは、自治体における法務とは、文書課や行政課などに置かれる法規担当が担うものと理解されていた。
③　地方分権以前の自治体現場の法務は、独自の条例等を制定するための法務、解釈運用法務、争訟法務の活動が中心であった。
④　地方分権前の機関委任事務体制のもとでは、原課や法規担当が連携して自主解釈するのではなく、法執行に関する通達集や逐条解説などを検索して行っていた。

問26　国家賠償請求訴訟に関する次の記述のうち、妥当なものを1つ選びなさい。
①　国家賠償法1条1項に基づく損害賠償請求の対象となるのは「公権力の行使」に伴う損害であり、学校事故等教育活動に伴う損害は対象とはならない。
②　「公権力の行使」は作為に限られ、不作為を理由とする国家賠償請求は認められない。
③　国家賠償法2条1項にいう「公の営造物」について、同項で道路、河川が例示列挙されていることから、不動産に限られ、動産は含まれないと考えられている。
④　国家賠償法2条1項にいう「瑕疵」とは、公の営造物が通常有すべき安全性を欠いていることを意味する。

問27　取消訴訟の審理に関する次の記述のうち、妥当なものを1つ選びなさい。
①　取消訴訟の審理においては、弁論主義ではなく職権探知主義が妥当するものとされている。
②　取消訴訟における訴訟関係を明瞭にするために、行政事件訴訟法に釈明処分の特則についての規定が設けられている。
③　ある事実が弁論に現れない結果、不利益な判断を下される当事者の危険・責任を立証責任という。
④　立証責任については、取消訴訟の場合でも民事訴訟の場合と同様に法律要件分類説が学説・実務上確立した見解となっている。

問28　法治主義に関する次の記述のうち、妥当でないものを1つ選びなさい。
①　法治主義とは、行政が法律（条例を含む。）の制限のもとに行動するという考え方であり、法治主義を採る国を法治国家という。
②　法律の留保の原則とは、一定の行政活動については法律によって一定の要件の下に一定の行為をするように授権されていなければ行い得ないということをいい、ここでの法律には条例も含ま

れる。

③　法律の優位の原則とは、いかなる行政活動も、法律の定めに違反してはならないということをいい、ここでの法律には条例も含まれる。

④　自治体の仕事の根拠は直接・間接に法律や条例に置かれており、法律や条例は形式的な合理性が必要である。

問29　条例の見直しに関する次の記述のうち、妥当でないものを1つ選びなさい。

①　地方自治法が規定する直接請求権の1つである、住民による条例の制定改廃請求は、住民が条例評価の主体となりうることを制度的に保障したものといえる。

②　明らかに短期的に消失する課題や事象に関して定められた条例等につき、一定期間後に条例等そのものの効力を失わせる方法として、時限立法がある。

③　評価者の主観に左右されることがなく、政策結果の全体を過不足なく捉えられる点で、定性的方法よりも定量的方法が優れている。

④　条例の見直しに関する課題として、条例に根拠をおく条例評価システムの整備が挙げられ、さらには、制定改廃に着手すべき要件を設定することが重要である。

問30　憲法の理念に最も適合し、自治体法務において基本にすべきと考えられている理論として妥当なものを、①～④の中から1つ選びなさい。

①　リベラリズム

②　リバタリアニズム

③　コミュニタリアニズム

④　功利主義

問31　自治体の長の多選制限に関する次の記述のうち、妥当でないものを1つ選びなさい。

①　都道府県レベルで長の多選自粛条例が最初に制定された例として、「埼玉県知事の在任期間に関する条例」がある。

②　国においても、長の多選制限を内容とする公職選挙法や地方自治法の改正が試みられてきたが、法制度上の実現には至っていない。

③　自治体において長の多選制限が試みられることの背景・理由には、長の権限行使に一定の制約をかけることで、自治体の健全性を確保しようとする点が挙げられる。

④　長に対する不利益な取扱いの是非など、長の多選制限に関わる憲法上の論点は、住民自治を確保するといった、多選制限の目的をもってしてもクリアすることが難しい。

問32　政策分析では、政策に基づいて予算や人員などの政策資源が投入（インプット）され、成果（アウトカム）につながるが、道路行政の体制整備のアウトカムの例として妥当なものを、①～④の

中から１つ選びなさい。

① 道路整備費の投入

② 交通渋滞・交通事故の減少

③ 道路整備

④ 地域経済の活性化

問33 普通地方公共団体に関する次の記述のうち、妥当であるものを１つ選びなさい。

① 複数の市町村からなる一部事務組合では、ある市町村の共同処理しようとする事務が他の市町村の共同処理しようする事務と共通する種類のものでなければならない。

② 普通地方公共団体の長が地方自治法所定の兼業禁止規定に該当するか否かは、原則として、当該普通地方公共団体の選挙管理委員会が決定する。

③ 行政委員会は、普通地方公共団体の行政運営における政治的中立性や民主性などの確保を目的とする機関であることから、複数の普通地方公共団体が共同して設置することは許されていない。

④ 一の普通地方公共団体のみに適用される特別法が国会で議決されたときは、最後に議決した議院の議長は、当該法律を添えてその旨を総務大臣に通知しなければならない。

問34 自治体が当事者となる争訟の類型とその説明の組合せとして妥当なものを、①〜④の中から１つ選びなさい。

① 行政不服審査：行政庁の公権力の行使について、国民が監査委員に対して不服申立てをすることを認める制度である。

② 行政事件訴訟：違法な行政作用によって権利利益を侵害された私人の救済を図るための訴訟である。

③ 国家賠償請求訴訟：適法な行政活動によって生じた損害を国又は自治体が賠償するよう求める訴訟である。

④ 住民訴訟：自己の権利利益を含む、住民全体の利益を守るために提起されることから、主観訴訟の１つに位置付けられる。

問35 法執行の見直しに関する次の記述のうち、妥当でないものを１つ選びなさい。

① 執行細則は行政組織内部で用いられる文書であることから、公開する必要はない。

② 執行活動の見直しに当たっては、適法性や有効性、効率性のほかに、協働性の指標を用いることが考えられる。

③ 法務管理組織及び顧問弁護士への法律相談には、第三者的観点が弱く、組織防衛的対応になるといったデメリットがある。

④ 国の法令を自治体が評価・見直すことも評価法務の取組みの一部と考えられる。

問36　法の解釈運用に関する自治体の責任に関する次の記述のうち、妥当なものを1つ選びなさい。

① 国の法令の解釈については裁判所が最終的な判断権者となるが、自治体の条例の解釈については当該自治体の議会が最終的な判断権者である。

② 自治体が行う事務のうち、自治体が独自に条例を制定して行うものについては自治体がその判断の責任を負うが、国の法令を根拠として行うものについては国がその判断の責任を負う。

③ 自治体が国の法令に基づいて行う事務に関し、当該法令の解釈について所管省庁から通知等が出されている場合、自治体は当該通知に従う必要があることから、当該通知に従って行った解釈について、自治体が責任を負うことはない。

④ 自治体行政実務における法の解釈運用は、第1次的には自治体の権限と責任の下でなされる。

問37　公法上の義務違反の是正措置に関する次の記述のうち、妥当なものを1つ選びなさい。

① 非金銭上の義務の分類において、代替的作為義務の例としては、行政財産の目的外使用許可の取消しに伴う施設の明渡義務があり、非代替的作為義務の例としては、違法建築の撤去命令に基づく建物の除却義務がある。

② 滞納処分は、裁判所の力を借りることなく自治体の機関が自力で私人の義務が履行された状態を実現することができる仕組みであり、典型的な例として、固定資産税の納付義務や、行政財産を毀損した場合の損害賠償責任に関するものが挙げられる。

③ 公の施設の使用料にはさまざまなものがあるが、その性質上、いずれも滞納処分により強制的に徴収することが許されている。

④ 非金銭上の義務に関しては、個別の法令により、その履行についての勧告が、是正命令の前に発出されるよう規定されていることがある。この場合の勧告の法的性格は、その勧告が相手方の権利義務に何がしかの変動を及ぼすものでなければ、行政指導に当たるといえる。

問38　行政における裁量に関する次の記述のうち、妥当なものを1つ選びなさい。

① 自治体が行う事務のうち、自治体に裁量が認められるのは、条例に基づいて行う事務のみであり、法律を根拠として行う事務については、自治体に裁量が認められることはない。

② 法は、できる限り一律の法律効果を生じさせるものであることが望ましいことから、できる限り行政裁量を生じさせないように検討し、制定されている。

③ 法令により行政機関に裁量が与えられている場合、行政機関は、当該裁量の範囲内であれば、どのような行為をしてもよい。

④ 裁判所は、自治体が行った行政活動につき、当該行政活動が裁量の範囲内で行われている場合には、当該行政活動の当不当を判断することはできないが、当該行政活動が法で与えられている裁量権の範囲を超え、又は裁量権を濫用しているときは、当該行政活動を違法と判断することはできる。

問39　住民と自治体の関係性に関する次の記述のうち、妥当でないものを1つ選びなさい。

①　法律上の定義によれば、ある自治体の住民であるということは、その自治体の区域内に生活の本拠を有することを意味する。

②　憲法上、住民とは外国人をも含むものとして定義されている。

③　住民自治の名の下に、外国人や低所得者の排除など、不合理な差別が助長されることがないよう注意する必要がある。

④　法律上の住民の定義に当てはまらない、転出した者や区域外からの通勤・通学者などの意思を自治体の活動に反映させることも、自治体の裁量として認められる。

問40　地方自治法において条例で定めることが規定されている事項として妥当でないものを、①〜④から1つ選びなさい。

①　自治体の事務所の位置

②　議員定数

③　義務を課し、又は権利を制限する行為

④　行政評価に関する事項

問41　裁量権の逸脱・濫用に関する裁判所の審査の手法に関する次の記述のうち、妥当でないものを1つ選びなさい。

①　行政庁がした処分について、その裁量権行使に逸脱や濫用がある場合は、裁判所は違法と判断できる。このような枠組みは当然のことであるため、法律上に明文の定めは存在しない。

②　訴訟においては、自治体の裁量権の行使に係る判断過程の合理性が審査されることがあるため、自治体実務としては、根拠規定等の精確な理解に努め、判断の過程の合理性を裏付けるために必要な資料等を適切に管理保管しておく必要がある。

③　自治体の裁量権の行使が、根拠となるべき事実の基礎を全く欠いていたり、又は、社会観念上著しく妥当性を欠いていたりする場合に、裁判所はこれを違法と評価することがある。

④　自治体が行った不利益処分が、その内容面においては裁量の範囲内といえる場合であっても、法定の聴聞手続が履践されなかったなどの手続的瑕疵があるときは、裁判所は、当該不利益処分を違法と評価する可能性がある。

問42　情報公開制度に関する次の記述のうち、妥当なものを1つ選びなさい。当該自治体の情報公開条例は、「行政機関の保有する情報の公開に関する法律」（以下「情報公開法」という）に準じているものとする。

①　情報公開制度の対象となる「公文書」とは、「当該実施機関の職員が組織的に用いるものとして、当該実施機関が保有しているもの」とされている。このため、職員が個人として受信した電子メールであっても、実施機関の職員が組織的に用いるものとして保有している場合には、公文書として情報公開請求の対象となる。

② 請求対象文書に開示請求者以外の者に関する情報が記録されている場合には、開示決定等をするに当たって、実施機関の判断により、当該情報に係る者に対して意見書の提出を求めることができる。

③ 情報公開法においては、法令の定めるところにより公にすることができないと認められる情報（いわゆる法令秘情報）が不開示情報として規定されている。自治体の情報公開条例においては、いわゆる法令秘情報及び条例の定めるところにより公にすることができないと認められる（いわゆる条例秘情報）が不開示情報として規定されている。

④ 自治体が保有する公文書について、法人その他の団体に関する情報のうち、実施機関の要請を受けて、公にしないとの条件で任意に提供された情報は、不開示情報とする旨が規定されている。

問43　自治体に関する次の記述のうち、妥当でないものを1つ選びなさい。
① 一般的に、自治体となるためには、一定の区域の存在が肯定され、当該区域が住民によって構成され、法人格（及び自治権）が認められることが必要とされている。
② 都道府県と市町村は、原則として、法的地位が上下の関係にあるわけではない。
③ 都は事務処理のあり方について、道府県と異なる規定が設けられている。
④ 憲法はその明文上、普通地方公共団体として、都道府県と市町村の二階層制を採用している。

問44　法の法規的解釈及び文理解釈に関する次の記述のうち、妥当なものを1つ選びなさい。
① 定義規定がある法令用語の意味については、当該定義規定によることとなるから、上位規範がある法令を解釈する場合であっても、解釈の対象となる法令の定義規定のみに基づき解釈すれば足りる。
② 法文はことばで記されるものであるため、その解釈も文言で枠付けられることになることから、文理解釈が可能な条文については、拡張解釈や類推解釈といった論理解釈に優先して文理解釈が行われるべきである。
③ 法令は制定時に憲法に反しないことを確認して制定されていることから、法令の文理解釈から導き出される結果が、憲法が理想とする自治体行政の姿に照らして適切でなく、住民の権利利益に対して重大な侵害をもたらすことは生じ得ない。
④ 自治体の補助機関である職員は、日々住民と接し、住民の権利利益に侵害が生じた場合には、いち早くこれを知り得る立場であることから、ある法令を文理解釈して導き出した結果が、住民に重大な権利利益の侵害を生じさせるものであることが判明した場合、法規定の文言どおりの事務処理をしないことも、当然に許容される。

問45　広域連携の仕組みに関する次の記述のうち、妥当なものを1つ選びなさい。
① 普通地方公共団体と特別区は、その事務の一部を共同で処理するため、一部事務組合を設けることができ、実際の数としては、ごみ処理等の衛生関係を設置目的とする一部事務組合が一番多い。

② 複合的一部事務組合では、市町村等の共同処理しようとする事務が他の市町村等の共同処理しようとする事務と同一の種類のものである場合に設けることができる。

③ 地方自治法上、法人の設立を伴わない広域連携として、広域連合、連携協約、協議会、機関等の設置、事務の委託、事務の代替執行及び職員の派遣がある。

④ 普通地方公共団体は、連携協約を締結しようとするときは、都道府県が締結したものにあっては総務大臣、その他のものにあっては都道府県知事の許可を得なければならない。

問46　評価法務に関する次の記述のうち、妥当なものを１つ選びなさい。

① 「条例の内容面からみる評価」とは、条例の趣旨・目的がこんにちにも必要とされ続けているかどうか、追求すべき目的が別のものに変化していないかなどを検証するものである。

② 運用面から行われた条例の評価・見直しの結果は、条例改正などの立法法務によって対応される。

③ 法執行の評価・見直しを行う場合には、法執行を適法・違法という基準だけで評価することが重要である。

④ 法執行の評価対象となる「執行管理」は、有効かつ効率的な執行活動を行うための体制や執行活動のあり方を検討し、後方から監視・支援する活動を指す。

問47　市町村の定める総合計画に関する次の記述のうち、妥当でないものを１つ選びなさい。

① 総合計画の基本部分である基本構想については、地方自治法が各市町村に策定を義務付けている。

② 基本構想の策定に際して議会の議決を経るかどうかについては、各市町村の独自の判断に委ねられている。

③ 総合計画において、基本構想を進めるための中期的な行政計画は、通常、基本計画と呼ばれている。

④ 総合計画において、３年間程度の具体的な実施施策を示す計画は、通常、実施計画と呼ばれている。

問48　地方自治法14条３項の規定により条例に設けることができる罰則として妥当でないものを、①～④の中から１つ選びなさい。

① ２年以下の懲役

② 100万円以下の罰金

③ 没収

④ 10万円以下の過料

問49　市民参加の制度化に関する次の記述のうち、妥当なものを1つ選びなさい。

（参考法令）

○図書館法

　第3条　図書館は、図書館奉仕のため、土地の事情及び一般公衆の希望に沿い、更に学校教育を援助し、及び家庭教育の向上に資することとなるように留意し、おおむね次に掲げる事項の実施に努めなければならない。

　　一　郷土資料、地方行政資料、美術品、レコード及びフィルムの収集にも十分留意して、図書、記録、視聴覚教育の資料その他必要な資料……を収集し、一般公衆の利用に供すること。［二号以下略］

　第14条　公立図書館に図書館協議会を置くことができる。

　2　図書館協議会は、図書館の運営に関し館長の諮問に応ずるとともに、図書館の行う図書館奉仕につき、館長に対して意見を述べる機関とする。

　第15条　図書館協議会の委員は、当該図書館を設置する地方公共団体の教育委員会……が任命する。

　第16条　図書館協議会の設置、その委員の任命の基準、定数及び任期その他図書館協議会に関し必要な事項については、当該図書館を設置する地方公共団体の条例で定めなければならない。この場合において、委員の任命の基準については、文部科学省令で定める基準を参酌するものとする。

○図書館法施行規則（文部科学省令）

　第12条　法［図書館法のこと—引用者注］第16条の文部科学省令で定める基準は、学校教育及び社会教育の関係者、家庭教育の向上に資する活動を行う者並びに学識経験のある者の中から任命することとする。

---

① 　公立図書館は自治体が設置し管理する公の施設であるから、図書館協議会の委員は当該自治体の住民に限定されなければならない。

② 　図書館協議会の委員としては、法令上、教育関係者および学識経験者が予定されているが、そのどちらにも直ちには該当しない一般市民を委員に加えることも可能である。

③ 　公立図書館の運営は各自治体の教育委員会の所管であり、図書館協議会の委員の任命基準は条例で教育委員会規則に委任することが適切である。

④ 　公立図書館の選書が差別的であると問題になった場合に、その選書が市民参加による図書館協議会の意見を反映したものである場合には、図書館長の法的責任は軽減される。

問50 政策過程に関する次のア～エの見解に適合する理論を選択した場合に、いずれにも適合しない理論を、①～④の中から１つ選びなさい。

ア　政策は、多様な社会集団が相互にさまざまな影響を与えながらつくられるものである。
イ　政策は、いろいろな課題や解決策が入り混じりながら無秩序の中でつくられるものである。
ウ　政策は、限られた権力者の集団によって決定されるものである。
エ　政策は、不合理な政策案が淘汰されながら次第に絞り込まれて決定に至るものである。
---

① 多元主義モデル
② 政策コミュニティ論
③ 権力エリートモデル
④ ゴミ缶モデル

問51 自治体の長の失職に関する次の記述のうち、妥当なものを１つ選びなさい。
① 市町村長が自身の発意に基づく退職をしようとするときは、退職しようとする日前30日までに議会の議長に申し出る必要がある。
② 長は住民による解職請求がなされ、３分の１以上の同意があった場合、失職することになる。
③ 議会によって長の不信任決議がなされた場合、議長からその旨の通知を受けた長は、その通知を受けた日から10日以内に議会を解散することができる。
④ 議会による不信任決議については、議員数の過半数の出席が必要である。

問52 自治体の統治の仕組みに関する次の記述のうち、妥当なものを１つ選びなさい。
① 憲法92条は、「地方公共団体の組織及び運営に関する事項は、地方自治の本旨に基いて、政令でこれを定める」と定めている。
② 憲法は自治体における長の選挙について、直接選挙と間接選挙の選択制としている。
③ 地方自治法は、国が、地方自治に関する基本的な準則に関する事務を重点的に担うという観点から、画一的な定めを多数設けている。
④ 組織的画一性について、地方自治を重視する立場からの批判はなく、肯定的に評価されている。

問53 条例評価の基準に関する次の記述のうち、妥当でないものを１つ選びなさい。
① 必要性、適法性、有効性、効率性、公平性、協働性という６つの基準は、いずれも条例が成立するための基礎的条件である。
② 必要性とは、「当該条例がそもそも必要か、その内容が公的関与として実施する必要があるものか」に関する基準である。
③ 有効性とは、「当該条例が掲げた目的の実現にどこまで寄与するか、課題の解決にどの程度の効果を生じるか」に関する基準である。
④ 公平性とは、「当該条例の目的に照らして、その効果やコスト負担が公平に分配されているか、

合理的な理由もなく不平等な取扱いが行われていないか」に関する基準である。

問54　条例の類型に関する次の記述のうち、妥当なものを1つ選びなさい。

① 　並行条例は、法律と同一事項について独自の要件と効果を条例で定めるものであり、法令事務条例に分類される。

② 　横須賀市の「宅地造成に関する工事の許可の基準及び手続きに関する条例」は宅地造成等規制法にはない基準や手続を付加しており、法律の基準や手続を変更した書き換え条例である。

③ 　法執行（法律リンク）条例は、対象となる行為が条例の基準を満たさないと、条例上はもちろん法律上も違法となる。

④ 　情報公開条例や住民投票条例は必要的事項条例である。

問55　地縁団体・地域自治組織に関する次の記述のうち、妥当なものの組み合わせを、①～④の中から1つ選びなさい。

> ア　地縁団体（自治会・町内会）のうち認可外のものについて一般的に規定した法律は存在せず、任意加入の団体として整理される。
> イ　地域の公共的課題に取り組む組織は、営利組織の形態をとることができる。
> ウ　地縁団体（自治会・町内会）の決議により地方自治法上の地域自治区を設置することができる。
> エ　地縁団体（自治会・町内会）は、地方自治法に基づき認可されることにより、認可地縁団体として自治体の一部に組み込まれ行政業務を担うことができるようになる。

① 　ア、イ
② 　ウ、エ
③ 　ア、ウ
④ 　イ、エ

問56　地方自治法における議会に関する次の記述のうち、妥当でないものを1つ選びなさい。

① 　町と村は、条例で、議会をおかず、選挙権を有する者の総会を設けることができる。

② 　議長に事故があるとき又は議長が欠けたときは、年長の議員が臨時議長として議長の職務を行う旨を規定している。

③ 　議会の会議は公開によって行われるが、議長又は議員3人以上の発議により、出席議員の3分の2以上の多数で議決したときは、秘密会を開くことができる。

④ 　議会は、公開の議場における戒告、公開の議場における陳謝、一定期間の出席停止、除名という4種類の懲罰を議員に課すことができる。

問57 評価・争訟法務に関する次の記述のうち、妥当でないものを1つ選びなさい。

① 評価・争訟法務とは、提起された争訟に適切に対応するとともに、争訟を契機に条例の内容や法執行を評価・見直し、その改善を図る過程である。

② 争訟には、行政機関に対して審査を求める行政上の不服申立てと、裁判所に提起される訴訟の両者が含まれる。

③ 評価・見直しの結果は、法執行の改善や条例の制定改廃などにつなげられる。

④ 評価・争訟法務の意義・目的の1つに、自治体が法令順守を徹底することが挙げられる。

問58 地方自治の本旨に関する次の記述のうち、妥当でないものを1つ選びなさい。

① 自治体は、地域における行政を自主的かつ総合的に実施する役割を広く担う。

② 国は、自治体に関する制度の策定及び施策の実施に当たって、自治体の自主性及び自立性が十分に発揮されるようにしなければならない。

③ 地方自治法2条の立法原則と解釈・運用原則（11～13項）は団体自治（自由主義的・地方分権的要素）を強化したものであるが、同時に国と自治体が対等・緊密関係であることも示している。

④ 住民自治の観点から、行政活動の様々な局面において住民に説明し、その意見を行政活動に取り入れていくことが自治体には求められている。

問59 法の解釈運用に当たり行う事実認定のための情報収集及び調査に関する次の記述のうち、妥当でないものを1つ選びなさい。

① 法の解釈運用に必要な事実認定を行うために、行政機関は、主体的かつ積極的に情報収集及び調査を行う必要が生じることがある。

② 自治体は、情報収集及び調査を行う場合、法の定める手続に沿って行う必要がある。

③ 申請に対する処分を行うために、申請者に対して、法令や条例で求められている書類等に加えてさらに何らかの書類の追加を求める作用は、相手方の任意の対応に期待する行政指導である。

④ 自治体は、情報収集及び調査により得た情報について、公文書等の管理に関する法律4条の規定に基づき、文書（電磁的媒体を含む）により内容を正確に記録し、適切に保管する義務を負う。

問60 「個人情報の保護に関する法律」の不開示情報に関する次の記述について、妥当でないものを1つ選びなさい。

① 自己情報の開示請求においては、開示請求者自身の情報であっても、その生命、健康、生活又は財産を害するおそれがある場合には、不開示となることがある。

② 「個人情報の保護に関する法律」と自治体の情報公開条例において、開示・不開示となる情報に相違がある場合であっても、「個人情報の保護に関する法律」の定めと異なる内容を情報公開条例で定めることはできない。

③ 開示請求者以外の個人に関する情報は、個人情報保護法78条1項2号の開示請求者以外の個人の情報として不開示となるが、この場合における「個人」には、「個人情報の保護に関する法律」

上の個人情報の定義とは異なり、「死者」も含まれる。

④　法定代理人による開示請求の場合において、法定代理人自身の情報であると同時に本人の個人情報であるといえることから、本人による開示請求と同様に本人の保護も加味して開示・不開示が判断される。

問61　審議・検討・協議に関する情報の公開請求に係る京都府鴨川ダムサイト事件判決（大阪高判平5・3・23判タ828号179頁）において示された判断として妥当なものを、①～④の中から1つ選びなさい。

①　学識経験者等による協議会での検討過程は、これを公にすることにより、住民の知る権利を保障し、もって公正で民主的な行政の推進に資するという情報公開制度の目的の実現が図られるべきものである。

②　協議会に参加した学識経験者等の率直な意見の交換又は意思決定の中立性が不当に損なわれるおそれがあるとしても、そのおそれは抽象的な可能性をいうに過ぎず、法的保護に値するものではない。

③　協議会の意思形成過程における未成熟な情報については、これを公開することにより、住民に無用の誤解や混乱を招き、協議会の意思形成を公正かつ適切に行うことに著しい支障を生じさせるおそれがある。

④　行政の意思形成の過程において、協議会で聴取した学識経験者等の意見は、個人の思想・信条に関する情報として不開示とすることが相当である。

問62　行政不服審査制度に関する次の記述のうち、妥当なものを1つ選びなさい。

①　条例に基づく処分に対する不服申立てには、行政不服審査法は適用されない。

②　2014年の行政不服審査法改正の際に、公正性の向上を図るために、審理員による審理制度と第三者機関への諮問制度が導入された。

③　審査請求は、処分庁の直近上級行政庁に対して行うことが原則とされている。

④　審査請求の審理については、公開での口頭審理が原則とされている。

問63　住民自治に関する次の記述のうち、妥当でないものを1つ選びなさい。

①　自治体の組織と運営の基本枠組みは、地方自治の本旨に基づき（憲法92条）国の法律で定められる法律事項である。

②　憲法は個人の尊重（13条）や平等原則（14条1項）とも整合する住民自治のあり方（住民意思の取り出し方）として、議員の住民直接公選制を導入している。

③　一部事務組合は憲法上の地方公共団体ではないため、議事機関として住民直接公選の議会を設ける必要はない。

④　地方議会を設置するか否かは、自治体ごとに住民が決めることができる。

問64　濫用的開示請求に関する次の記述のうち、最も妥当なものを1つ選びなさい。

①　請求対象となる文書が大量である場合には、それをもって請求に係る公文書の特定が不十分であるといえることから、不開示の決定を行うことができる。

②　外形上、条例に基づく権利を行使しているように見えても、大量の請求により行政機関の通常業務に著しい支障を生じさせ、専らそのような支障を生じさせることを目的とする開示請求に対し、実施機関はこれを権利濫用として不開示とすることができる。

③　情報公開請求は、条例に基づき認められているに過ぎず、民法の規定に見られる権利濫用の法理は働かず、不開示とするためには、条例に濫用的開示請求に関する規定を置く必要がある。

④　特定の部署に存する公文書の包括的な開示を請求するものであっても、公文書が特定されている以上、不開示とする対応は認められない。

問65　補助金制に関する次の記述のうち、妥当なものを1つ選びなさい。

①　補助金制は、活動資金の補助や行為の助成を行うものであるため、その採用に際しては、財源を十分に検討する必要がある。

②　補助金制は、行政目的に適う特定の者に補助・助成を行うものであるため、その採用に際し、平等性の検討までは求められない。

③　補助金制は、公益的な行政目的の実現を目指すものであるため、その採用に際し、効率性の検討までは求められない。

④　補助金制においては、補助基準を明確にする必要があるが、補助対象を明確にすることまでは求められない。

問66　憲法95条が定める「一の地方公共団体のみに適用される特別法」（以下、「地方自治特別法」という）に関する次の記述のうち、妥当なものを1つ選びなさい。

①　地方自治特別法を国会が制定しようとする場合には、当該自治体の自治権を尊重する見地から、当該自治体の議会において出席議員の3分の2以上の者の同意を要する。

②　国会は地方特別法を議決する前に、当該地方自治特別法案について、当該自治体において住民投票を行わせ、過半数の同意を得なければならない。

③　地方自治特別法が国会又は参議院の緊急集会で議決された場合、最後に議決した議院の議長がその旨を内閣総理大臣に通知し、内閣総理大臣は直ちに総務大臣に通知する。総務大臣は当該通知を受けた日から5日以内に関係普通地方公共団体の長にその旨を通知し、通知を受けた関係普通地方公共団体の長は、その日から31日以後60日以内に、住民投票を実施しなければならない。

④　地方自治特別法として住民投票が実施されたケースは5件・6市町のみである。

問67　条例制定権の範囲に関する次の記述のうち、妥当なものを1つ選びなさい。

①　自治体の条例制定権に関する憲法94条の規定は、いわゆるプログラム規定であり、地方自治法14条1項が「普通地方公共団体は、法令に違反しない限りにおいて…条例を制定することができ

る」と規定することではじめて具体的なものとなっている。

② 条例制定権の範囲に関する判例である徳島市公安条例事件最高裁判決の前提となった事件は、公職選挙法との関係での徳島市公安条例の抵触が問題となった行政事件である。

③ 徳島市公安条例事件最高裁判決において同条例が法律に反しないとされたのは、具体的には、法令と条例が同一の目的であっても、法令がその規定により全国一律的に同一内容の規律を施す趣旨ではなく、地方の実情に応じて別段の規制を施すことを容認する趣旨であるときという基準を満たしたからである。

④ かつて有力であった法律先占論は、国が先に法律を制定した以上は、その領域は国の立法権が独占したものであるため、法律の明示的委任規定がないかぎり条例は制定できないというものであったから、条例が先行した場合には、条例の効力は認められた。

問68 直接請求・直接参政制度に関する次の記述のうち、妥当でないものを 1 つ選びなさい。

① 直接請求権は、自治体運営の内容について何かを請求し実現できる権利ではなく、自治体運営の手続を作動させる権利である。

② 直接参政制度としては、直接請求制度のほか、住民監査請求制度と住民訴訟制度が挙げられる。

③ 直接請求制度の 1 つである条例の制定・改廃請求制度は、請求した条例が実際に成立することまでは保障していない。

④ 直接請求制度の 1 つである議員の解職請求制度は、一定数以上の住民の署名に基づいて議員を解職できることを住民に対して保障している。

問69 立法事実に関する次の記述のうち、妥当でないものを 1 つ選びなさい。

① 立法事実は、条例の合憲性審査を行う際の判断基準にはならない。

② 立法事実は、条例の法律適合性審査を行う際の判断基準となる。

③ 立法事実は、条例制定の基礎を形成し、その合理性を支える事実である。

④ 立法事実は、条例の必要性・正当性を裏付ける社会的・経済的・文化的事実である。

問70 係争処理制度に関する次の記述のうち、妥当なものを 1 つ選びなさい。

① 地方自治法上の係争処理制度の対象となる関与等を受けた自治体の長等の執行機関は、これに不服があるときは、関与があった日から、原則として60日以内であれば、関与に対する審査の申出を行うことができる。

② 自治体が、関与に関する審査等の申出も行わず、指示事項に対して必要な措置も講じないときは、関与を行った各大臣は、訴訟を経て代執行を行うことができる。

③ 係争処理制度の対象となる国の関与が行われる例が少なく、審査の申出や関与をめぐる裁判例も少ないことから、自治体が国の関与の取消しを求めた訴訟において、自治体が勝訴し、取消しが認められた例はない。

④ 地方自治体が審査の申出を行うときは、地方自治法により、議会の議決が必要である。

第2節　解答と解説

＜問1＞ 4

〔正解〕②（配点15点）

〔解説〕①は妥当である。2002年の地方自治法改正により代位型から義務付け型の構造となっている。②は妥当でない。2017年の地方自治法改正は、一定の判断基準のもとで議会の議決による賠償請求権の放棄を許容する判例の立場を否定するものではなく、これが認められることを前提にその手続を整備するという側面が認められる。③、④は妥当である。選択肢に記載の通りである。（政策法務テキスト193～195頁）

＜問2＞ 3

〔正解〕③（配点25点）

〔解説〕①は妥当でない。最決平11・3・10刑集53巻3号339頁は、不要物「に該当するか否かは、その物の性状、排出の状況、通常の取扱い形態、取引価値の有無及び事業者の意思等を総合的に勘案して決するのが相当である」であるとして、諸々の客観的な側面に、事業者の意思を加味して解釈すべきであるとしている。②は妥当でない。最高裁はこうした判示を行ったことはない。むしろ、本肢のような規定が置かれていなくとも、犯罪捜査への利用は認められないと解するのが憲法35条に沿ったものといえる。③は妥当である。聴聞・弁明の機会付与のどちらの手続においても、事前通知では具体的な原因事実が示され（行政手続法15条1項2号・30条2号参照）、名あて人となる者は証拠書類等を提出することができる（行政手続法20条2項・29条2項）。④は妥当でない。最判平19・2・6民集61巻1号122頁（いわゆる在ブラジル被爆者健康管理手当等請求事件）など、最高裁はこうした判断を行っている。（政策法務テキスト109，111～113，116，120頁）

＜問3＞ 2

〔正解〕④（配点10点）

〔解説〕①、②、③は妥当である。選択肢に記載の通りである。なお、法改正に係る逐語的改正方式（改め文）と新旧対照表について、2002年12月3日の衆議院総務委員会において質疑があり、内閣法制局が答弁をしている。④は妥当でない。2000年に鳥取県が「改め文」方式から「新旧対照表」方式に変更して以降、「新旧対照表」方式を導入する自治体が増えている。なお、国においても省令の改正に「新旧対照表」方式が導入されている。（政策法務テキスト95～96頁）

＜問4＞ 7

〔正解〕④（配点10点）

〔解説〕①は妥当でない。死者の情報が遺族の個人情報となる場合には、当該遺族自身の個人情報として開示請求することができると解されている。死者の情報が同時に相続人である遺族の個人情報に該当するとした裁判例として、名古屋高裁金沢支判平16・4・19判タ1167号126頁がある。②は妥当でない。開示請求者は、実費の範囲内において条例で定める額の手数料を納めなければ

ならない（「個人情報の保護に関する法律」89条2項）。③は妥当でない。開示決定の期限は、「個人情報の保護に関する法律」83条1項において30日と定められているが、これより短い期間を条例で定めることは、住民の利益という観点から許容されていると解されている。④は妥当である。選択肢に記載の通りである（「個人情報の保護に関する法律」76条第2項）。（政策法務テキスト297，305頁）

＜問5＞ 2

〔正解〕②（配点15点）

〔解説〕①は妥当でない。複数のレベルで並べる場合には、一番大きなレベルに一度だけ「又は」を用い、それより小さいレベルには、すべて「若しくは」を用いる。②は妥当である。「その他の」が使われる場合、その前の語句は後の語句の例示になるので、「A手当」と「B手当」は規則で定める手当の例示であり、規則の中で規定されることになる。「その他」はその前後の語句を並列の関係で並べる場合に用いるので、「A手当」と「B手当」は規則の中であらためて規定する必要はない。③は妥当でない。「もの」は、「者」や「物」には当たらない抽象的なものを指す場合や、法人格のない社団や財団を指す場合などにも用いられる。④は妥当でない。「速やかに」は訓示的に用いられることが多いとされるが、「直ちに」や「遅滞なく」は、これを怠ると義務違反とされることが多い。法令上要求される時間的即時性の強い順は、選択肢に記載の通りである。（政策法務テキスト97～99頁）

＜問6＞ 2

〔正解〕②（配点15点）

〔解説〕①は妥当である。選択肢に記載の通りである。②は妥当でない。「情報の公表」は、結果として特定の者が不利益を受ける可能性を有するが、特定の者に対する強制力を伴うものではなく、規制的手法には該当しない。③、④は妥当である。選択肢に記載のとおりである。（政策法務テキスト65～68頁）

＜問7＞ 8

〔正解〕②（配点15点）

〔解説〕①は妥当でない。法制担当課ではなく、原課（主管。当該事務を担当する課）が日常業務の中で住民からの苦情・要望等を通じて問題に直面して条例制定等の検討を始めることが多い。②は妥当である。選択肢に記載の通りである。③は妥当でない。「基本設計」について主として担当するのは原課である。④は妥当でない。法制担当課と原課の連携ではなく、企画担当課の役割が重要となる。（政策法務テキスト361～367頁）

＜問8＞ 2

〔正解〕④（配点10点）

〔解説〕①は妥当でない。規則の制定改廃は、議会の事後的承認を必要とせず、長の決裁のみで足りる。②は妥当でない。地方自治法15条2項によれば、規則においては、規則違反についてのみ、過料を設定できる。③は妥当でない。規則の中には、条例施行規則だけでなく、法律施行規則も

存在する。④は妥当である。地方自治法138条の4第2項に規定がある。（政策法務テキスト55～56頁）

<問9> 3

〔正解〕①（配点15点）

〔解説〕①は妥当でない。長の規則は、条例のみならず、国の法令の施行に関する事項についても定めることがある。②は妥当である。自治体の行政運営には最少の経費で最大の効果を上げることが求められるところ（効率性の原則。地方自治法2条14項）、長の規則、委員会規則等は必要な範囲で定めるべきとする考え方の背景にも、この原則が及んでいるとされる。③は妥当である。行政法の一般原則は、行政のどの活動形式においても、その実体的な統制の判断基準として機能する。④は妥当である。当該事項については、長の規則で定めることが要求される。（政策法務テキスト127頁）

<問10> 3

〔正解〕②（配点25点）

〔解説〕①は妥当でない。本問のごとく、法律に基づき行政庁が課した不作為義務の履行強制は、行政代執行によって行うことができない。②は妥当である。選択肢に記載の通りである。③は妥当でない。本問のような法律に基づき科される過料は、地方自治法に基づく長による過料処分ではなく、非訟事件手続法に基づき裁判所によって科される。④は妥当でない。この選択肢の内容は「執行罰」に関するものであり、「法」における過料は執行罰とは異なる。なお、執行罰を規定している法律は現行法上ほとんどないとされている。（政策法務テキスト141，144～147頁）

<問11> 1

〔正解〕③（配点10点）

〔解説〕①、②は妥当である。選択肢に記載の通りである。③は妥当でない。「透明性の原則」とは、行政上の意思決定について、その内容・過程が市民にとって明らかであるようにすべきであるとする原則である。選択肢は「説明責任の原則」の内容である。④は妥当である。選択肢に記載の通りである。（政策法務テキスト25～26頁）

<問12> 2

〔正解〕②（配点25点）

〔解説〕①は妥当でない。送付は3日以内である（地方自治法16条1項）。②は妥当である。選択肢に記載の通りである。③は妥当でない。10日を経過した日から施行される。④は妥当でない。10日以内である（地方自治法176条1項）。（政策法務テキスト50～55頁）

<問13> 2

〔正解〕④（配点15点）

〔解説〕①は妥当である。選択肢に記載の通りである。②は妥当である。例えば、「遅滞なく報告しなければならない」のような、その時期が判然としない表現は避け、「……の日から起算して○

日以内に報告しなければならない」のように明確に規定する必要がある。③は妥当である。選択肢に記載の通りである。④は妥当でない。条例に専属的所管事項を包括的に規則等に委任することは許されない。実際の「条例の施行に関し必要な事項は長が別に定める」のような規定は、権利義務にかかわる以外の条例の施行に関し必要な手続等の事務処理上の細目について、議会の承認を必要とせずに、執行機関に委ねるためのものである。（政策法務テキスト90～91頁）

<問14> 8

〔正解〕④（配点10点）

〔解説〕①は妥当でない。ネットワーク型組織ではなく、階統制組織（ヒエラルキー組織）である。②は妥当でない。本人は住民である。一方で、実際には代理人の役割は、長・地方議員から委任された官僚（地方公務員）が果たしている。③は妥当でない。M.ウェーバーは官僚制に対して肯定的な見方を示した。また法規万能主義は官僚制の逆機能の一例である。④は妥当である。「管理の悪循環」と呼ばれる。（政策法務テキスト350～351頁）

<問15> 8

〔正解〕②（配点15点）

〔解説〕①は妥当である。選択肢に記載の通りである。②は妥当でない。総務省『公の施設の指定管理者制度の導入状況等に関する調査結果』の概要（2018年4月現在）によると、全国76,268施設で導入され、そのうち30,802施設で民間企業等（株式会社、NPO法人、学校法人、医療法人等）が指定管理者に指定されているため、7割ではなく、半数に満たない4割となっている。③、④は妥当である。選択肢に記載の通りである。（政策法務テキスト355～356頁）

<問16> 6

〔正解〕④（配点10点）

〔解説〕①は妥当である。国籍はもちろん、住民であるか否かも決定的ではない。市民参加は各自治体が地域の自己決定として導入するものであり、制度化の目的次第で参加範囲を拡げる（場合によっては狭める）裁量がある。ただし、平等原則（同じものは同じように扱うこと）には注意が必要である。②は妥当である。市民「参加」は、自治体運営と無関係に行われる地域公益活動とは区別され、様々な方法や程度で自治体運営に「参加」することを要素とする。③は妥当である。住民自治＝民主主義→市民参加を要請する、と単純化することなく、憲法が「住民」による直接公選議会を「議事機関」として各自治体に設置させる点を重視すべきである。ある種の「市民」参加は、自治体運営に反映すべき「住民」意思を希薄化させ、あるいは長や議会の判断と真っ向から対決して自治体運営の一貫性や答責性を失わせる可能性もある。④は妥当でない。憲法は民主政の行き過ぎを警戒して人権保障を導入しており、法治主義や適正手続法理に従うことは人権保障のために欠かせない。（政策法務テキスト240～241，261～262頁）

<問17> 3

〔正解〕④（配点10点）

〔解説〕①は妥当である。裁量基準が公表されたものであれば、平等原則のほか、私人側の予測可

能性も根拠とされる。なお、その裁量基準が適正な手続により設定されたことのほか、内容に合理性があることが拘束力の前提となることに注意が必要である。②は妥当である。裁量基準が長らく見直されておらず適正確保原則に照らして妥当性に疑義が生じている場合などにおいて、具体的な妥当性を追求するため、あえて既存の裁量基準によらないこととする事案処理もあり得る。ただし、形式的には平等性を欠いているようにみえてしまうため、住民らの納得が得られるよう、合理的な説明ができるようでなければならない。③は妥当である。例えば、特定の種類の非違行為をした職員に対しては「免職、停職又は減給」の懲戒処分をするとの基準が存在する場合においては、3種類の処分のいずれを選択しても、形式的には当該基準に準拠していることとなる。しかし、処分が合理的であるというためには、行われた非違行為の具体的な事情に応じて、適切な強度の処分が選択される必要がある。④は妥当でない。処分の理由を提示する義務の趣旨は、行政庁に慎重な判断をすることを要求することによって手続的に裁量の統制を図ろうとするものである。この趣旨は、申請を拒否する処分及び不利益処分のいずれについても及ぶ（行政手続法8条、14条参照）。（政策法務テキスト130〜131頁）

<問18> 2

〔正解〕 ①（配点15点）

〔解説〕①は妥当でない。別目的での条例は、法令の目的効果を阻害しない限り適法ではあるが、上積み条例とは呼ばれていない。上積み条例は、一般に、給付内容を法令よりも上積みする条例を指す。②、③、④は妥当である。選択肢に記載の通りである。（政策法務テキスト51〜52頁）

<問19> 2

〔正解〕 ①（配点10点）

〔解説〕①は妥当である。選択肢に記載の通りである。②は妥当でない。成立した法令は解釈されて運用されるものであり、立案や審査は、その法令がどのように解釈され、運用されるかを予測し、検討しながら進められるものである。したがって、狭義の法制執務は成文法の解釈とは無縁ではない。③は妥当でない。法令を立案・制定する場合、一般市民が条文を読み、解釈する場面を想定し、できる限り一義的かつ明確で、その意味を理解できるような条文とするよう心がける必要がある。行為の予測可能性を確保でき、市民が予期せぬ不意打ちを受けることがないように配慮するためである。こうした要請に応えるため、法令の制定・改正に際し、用語や用法をチェックしたり、改め文をつくったりする業務について、一定の法制執務のルールがある。④は妥当でない。国・自治体を通じた法体系全体の整合性や国民にとってのわかりやすさからの要請があるため、自治体の法制執務上のルールは、基本的には国の法令と共通のルールである必要がある。（政策法務テキスト87頁）

<問20> 1

〔正解〕 ③（配点15点）

〔解説〕①、②は妥当である。選択肢に記載の通りである。③は妥当でない。税源移譲、国庫補助負担金の削減、地方交付税の見直しを同時に行う地方税財源の三位一体の改革を実施した。④は妥当である。選択肢に記載の通りである。（政策法務テキスト18〜22頁）

<問21> ④

〔正解〕④（配点25点）

〔解説〕①は妥当でない。評価者の主観に左右されないという点で定量的方法が定性的方法よりも優れていることは否定しないが、公平性や適法性といった評価基準についてはそもそも定量的評価が困難であり、定量的手法と定性的手法は並行して用いられるべきものである。②は妥当でない。個別条例のように、上位の施策・政策体系の中で制定されるものについては、その条例の執行状況は、そうした上位の政策体系における目的・目標との整合性も問われる。③は妥当でない。社会経済情勢の変化による立法事実そのものが変化しているときは、そもそもその条例の目的自体が妥当かどうかということについて問われることも考えられる。条例の目的自体が今日においても妥当かを検討し、その上で、目的を維持するとした場合に初めて、その目的達成のための手段の改正等を検討すべきこととなる。④は妥当である。本文に記載の通り、見直し規定の有無にかかわらず、条例は適宜見直す必要がある。（政策法務テキスト155〜156頁，169〜176頁）

<問22> ⑧

〔正解〕②（配点10点）

〔解説〕①は妥当である。狭義の政策と施策との関係は、目的と手段との関係となっている。②は妥当でない。施策と事業との関係が目的と手段との関係となり、記述は目的と手段とが逆になっている。③、④は妥当である。例えば、狭義の政策のレベルを内容とするまちづくり基本条例や、施策のレベルを内容とする景観保全条例などが存在する。（政策法務テキスト322〜323頁）

<問23> ⑦

〔正解〕④（配点10点）

〔解説〕①、②、③は妥当である。選択肢に記載の通りである。④は妥当でない。OECD8原則に含まれない。なお、「個人情報の保護に関する法律」第1条には「個人情報の適正な取扱いに関し、基本理念及び政府による基本方針の作成その他の個人情報の保護に関する施策の基本となる事項を定め、国及び地方公共団体の責務等を明らかにし、個人情報を取り扱う事業者及び行政機関等についてこれらの特性に応じて遵守すべき義務等を定めるとともに、個人情報保護委員会を設置することにより、行政機関等の事務及び事業の適正かつ円滑な運営を図り、並びに個人情報の適正かつ効果的な活用が新たな産業の創出並びに活力ある経済社会及び豊かな国民生活の実現に資するものであることその他の個人情報の有用性に配慮しつつ」とあり、個人情報の有用性についても言及されている。（政策法務テキスト295〜296頁）

<問24> ①

〔正解〕②（配点25点）

〔解説〕①は妥当である。政策法務課が条例づくりの中心となっている小規模自治体や、条例の検討時から政策法務課が参与する県レベルの自治体も存在するが、さまざまな課題を日常的に認識できる原課の役割が重要であり、基本的には政策法務を発揮して直接条例制定に取り組むのは原課であるべきである。②は明らかに妥当でない。自治体の法務マネジメントは法律に基づく事務にも構築されるべきであるが、法律の企画立案（立法法務）は国に専属していることから、この

場合、自治体法務は、法律の実施・運用（解釈運用法務）が起点になることになる。すなわち、自治体における法定事務については、「Do→Check-Act→Do」あるいは「Do→Check-Act→Plan」というマネジメントサイクルが構成されることになる。③は妥当である。自治体によって対応は異なるが、法制執務の役割と政策法務の役割については、条例づくりに向けたスタンスが異なるため、別個の職員が担当することが合理的と一般的に考えられる。④は妥当である。例規の棚卸しは、適切な法規範としての整序と運用を行うものであり、要綱の条例化もその1つではあるが、要綱がすべて不適切とは言えず、法律や条例を補完し、あるいは詳細な運用基準として制定することは十分あり得る。（政策法務テキスト27〜29頁）

<問25> **1**

〔正解〕③（配点10点）

〔解説〕①、②は妥当である。選択肢に記載の通りである。③は妥当でない。地方分権以前の自治体現場の法務では、立法法務に含まれる独自の条例等を制定するための法務、解釈運用法務、争訟法務は必ずしも活発ではなかった。④は妥当である。他の自治体と横並びの解釈運用をもって執行するというものであった。（政策法務テキスト9〜10頁）

<問26> **4**

〔正解〕④（配点10点）

〔解説〕①は妥当でない。学校事故等教育活動も「公権力の行使」に含まれる（広義説）。②は妥当でない。「公権力の行使」には不作為も含まれている。③は妥当でない。「公の営造物」には動産も含まれている。④は妥当である。選択肢に記載の通りである。（政策法務テキスト189〜190頁）

<問27> **4**

〔正解〕②（配点15点）

〔解説〕①は妥当でない。取消訴訟の審理においては弁論主義が基本とされている。②は妥当である。選択肢に記載の通りである。③は妥当でない。ここで示したのは主張責任についての説明である。④は妥当でない。取消訴訟においては証明責任の分配について一致した見解はみられない。（政策法務テキスト185〜186頁）

<問28> **1**

〔正解〕④（配点15点）

〔解説〕①、②、③は妥当である。選択肢に記載の通りである。④は妥当でない。法律や条例は憲法に適合するなど内容的にも合理性が必要である。（政策法務テキスト3頁）

<問29> **4**

〔正解〕③（配点15点）

〔解説〕①は妥当である。この制度は直接民主主義の理念に基づいて、自治体の住民に直接発案を行わせようとするものである。②は妥当である。時限立法は、例えば、一時的な給付金の支給に関する条例や長の多選自粛条例について用いることが考えられる。③は妥当でない。定量的方法

は、評価対象に何らかの操作を加える必要があるという点で偏りが生じるため、政策結果の全体を過不足なく捉える点では、定性的方法が優れている。④は妥当である。制定改正に着手すべき要件を設定することで、評価・検証が具体的な制定改廃に結び付くことが期待される。（政策法務テキスト169〜176頁）

<問30> 8

〔正解〕①（配点15点）

〔解説〕①は妥当である。リベラリズム（自由主義）は、人間は従来の権威から自由であり自己決定権をもつとの立場から、人権の保障を重視する考え方である。ロールズの正義の基準は、自由権の保障と不平等の是正を両立させようとするものであり、憲法の理念にも繋がる考え方である。②は妥当でない。リバタリアニズム（自由至上主義）は、個人の自由・所有権を徹底して保障することを主張し、国家は最小限の役割を果たせばよいとする考え方である。この思想は、経済的自由や市場経済を重視し、国家による再配分を認めず、憲法の下では採用することが難しい思想であるといえる。③は妥当でない。コミュニタリアニズム（共同体主義）は、人間を断片的な個人ではなく、家族、地域、国家などの共同体の中で生きる存在ととらえ、共同体が有する「共通善」を重視する考え方である。④は妥当でない。功利主義は、社会の成員に最大の幸福をもたらすものが正しい政治や政策であるという考え方で、「最大多数の最大幸福」という言葉で表現されるものであり、個人の尊厳や人権という考え方を説明できないため、リベラリズムから厳しく批判された。（政策法務テキスト329〜330頁）

<問31> 5

〔正解〕④（配点15点）

〔解説〕①は妥当である。選択肢に記載の通りである。同条例は、2004年に制定され、2019年に廃止された。②は妥当である。選択肢に記載の通りである。長の多選問題に関する調査研究会による報告書も公にされているが、法制度上の実現には至っていない。③は妥当である。選択肢に記載の通りである。④は妥当でない。多選制限の試みの背景・理由には、長の選挙を実質的なものとすることで住民自治を確保しうるという点も挙げられる。このことから、長の多選制限に関わる憲法上の論点もクリアすることができると考えられている。（政策法務テキスト225〜226頁）

<問32> 8

〔正解〕②（配点10点）

〔解説〕①は妥当でない。インプットの例である。②は妥当である。アウトカムの例である。③は妥当でない。アウトプットの例である。④は妥当でない。インパクトの例である。（政策法務テキスト336〜337頁）

<問33> 5

〔正解〕②（配点25点）

〔解説〕①は妥当でない。地方自治法285条は、「市町村及び特別区の事務に関し相互に関連するものを共同処理するための市町村及び特別区の一部事務組合については、市町村又は特別区の共同

処理しようとする事務が他の市町村又は特別区の共同処理しようとする事務と同一の種類のものでない場合においても、これを設けることを妨げるものではない」と定めている。②は妥当である。地方自治法143条1項は、「普通地方公共団体の長が、被選挙権を有しなくなつたとき又は前条の規定に該当するときは、その職を失う。その被選挙権の有無又は同条の規定に該当するかどうかは、普通地方公共団体の長が公職選挙法第11条、第11条の2若しくは第252条又は政治資金規正法第28条の規定に該当するため被選挙権を有しない場合を除くほか、当該普通地方公共団体の選挙管理委員会がこれを決定しなければならない」と定めている。③は妥当でない。地方自治法252条の7第1項は、「普通地方公共団体は、協議により規約を定め、共同して、……第138条の4第1項に規定する委員会若しくは委員……を置くことができる。……」と定めている。④は妥当でない。地方自治法261条1項は、「一の普通地方公共団体のみに適用される特別法が国会又は参議院の緊急集会において議決されたときは、最後に議決した議院の議長……は、当該法律を添えてその旨を内閣総理大臣に通知しなければならない」と定めている。（政策法務テキスト198～221、223～228頁）

<問34> ４

〔正解〕②（配点10点）

〔解説〕①は妥当でない。不服申立てをする相手は、行政庁である。②は妥当である。行政事件訴訟のうち、最も提起される件数が多いのは、行政庁の公権力の行使に関する不服の訴訟である抗告訴訟である。③は妥当でない。国家賠償の対象となるのは、違法な行政活動によって生じた損害である。④は妥当でない。住民訴訟は、住民であれば誰でも、自己の権利利益とかかわりなく提起できることから、客観訴訟に位置付けられる。（政策法務テキスト160～161頁）

<問35> ４

〔正解〕①（配点15点）

〔解説〕①は妥当でない。執行細則は公開する必要があり、実際に相模原市や川崎市において公開されている。②は妥当である。協働性基準とは、住民など関係者の意見を採り入れるなど民主的プロセスを踏まえて実施することである。③は妥当である。法務管理組織及び顧問弁護士への法律相談が、所管部課の「駆け込み寺」になっているとの指摘がある。④は妥当である。国法評価の必要性は、法執行の評価と密接にかかわる。（政策法務テキスト176～180頁）

<問36> ３

〔正解〕④（配点10点）

〔解説〕①は妥当でない。自治体の条例についても、最終的な判断権者は裁判所である（憲法81条）。②は妥当でない。国の法令を根拠とする自治体の事務であっても、自治体が責任をもって行う必要がある。③は妥当でない。国の法令等に基づいて自治体が行う事務に関し、当該法令の所管省庁から、当該法令の解釈運用に関する通知等が出されることがあるが、自治体が当該通知等の内容に拘束されるのはきわめて限定的であり、通知等に則って行った解釈であっても、その結果が違法又は不当なものであれば、基本的には自治体が責任を負う。④は妥当である。選択肢に記載の通りである。（政策法務テキスト110頁）

<問37> **3**

〔正解〕④（配点15点）

〔解説〕①は妥当でない。非金銭上の義務の分類において、違法建築の撤去命令に基づく建物の除却義務は代替的作為義務（他人が代わって行うことのできる作為義務）の一例であり、行政財産の目的外使用許可の取消しに伴う施設の明渡義務は非代替的作為義務（他人が代わって行うことのできない義務）の一例として挙げられる。②は妥当でない。滞納処分の対象となるのは、個別に法令に定められている金銭の給付を目的とする義務のみである。行政財産を毀損した場合の損害賠償責任に関するものは、一般法である民法による民事上の損害賠償請求であり、個別に法令に定められている金銭の給付を目的とする義務ではない。③は妥当でない。現在のところ、公の施設の使用料で滞納処分に係る根拠規定が置かれているのは、下水道の使用料のみである（地方自治法231条の3第3項、制定附則6条3号）。④は妥当である。選択肢に記載の通りである。（政策法務テキスト137～138頁）

<問38> **3**

〔正解〕④（配点10点）

〔解説〕①は妥当でない。行政裁量は、自治体の活動のあらゆる領域の、あらゆる活動形式に認められており、自治体が行う事務の根拠が法律であっても、自治体に裁量が認められているものは多数存在する。②は妥当でない。法の制定に当たり、社会経済情勢の変化を事前に全て予測することは困難であることや、法の改正が容易でないことも踏まえ、法は、目的達成のために、多くの場合行政に何らかの裁量を認めている。③は妥当でない。法令が行政に裁量権を与えているのは、個々の事案において法の目的達成にとって最適・最良の判断や選択をさせるためである。したがって自治体（執行機関）は、裁量権を最適に行使するという職務上の義務を負っているという点において、裁量権の行使には限界がある。④は妥当である。選択肢に記載の通りである。（政策法務テキスト124～125頁）

<問39> **6**

〔正解〕②（配点10点）

〔解説〕①は妥当である。住所とは生活の本拠を意味する（地方自治法10条2項・民法22条参照）。②は妥当でない。憲法には住民の定義を述べた規定はない。ただ、最高裁判所は、憲法93条2項にいう「住民」は「区域内に住所を有する日本国民を意味する」という解釈を示し、外国人に地方参政権が憲法上保障されるわけではないと述べている（最判平成7・2・28民集49巻2号639頁）。③は妥当である。選択肢に記載の通りである。④は妥当である。自治基本条例などで区域外からの通勤・通学者を政治過程に取り込む工夫がなされることがある。（政策法務テキスト252～257頁）

<問40> **2**

〔正解〕④（配点15点）

〔解説〕①は妥当である。地方自治法4条1項に規定がある。②は妥当である。地方自治法90条1項及び91条1項に規定がある。③は妥当である。地方自治法14条2項に規定がある。④は妥当で

ない。行政評価は、自治体の行政運営や住民への説明責任の確保にとって重要な仕組みであるが、地方自治法において条例で定めることが規定されているわけではない。（政策法務テキスト54〜55頁）

<問41> ③

〔正解〕①（配点10点）

〔解説〕①は妥当でない。選択肢に記載の枠組みについては、現行の行政事件訴訟法30条に明文で定めがある。②は妥当である。裁判所は、講学上、判断過程審査といわれる手法をとることがある（日光太郎杉事件・東京高判昭48・7・13行裁例集24巻6＝7号533頁等）。③は妥当である（神戸税関事件・最小三判昭52・12・20民集31巻7号1101頁、マクリーン事件・最大判昭53・10・4民集32巻7号1223頁等）。講学上、社会観念審査といわれるもので、このときに用いられる具体的な判断基準としては、重大な事実誤認、目的・動機違反、平等原則違反、比例原則違反等が挙げられる。④は妥当である。不利益処分のように相手方の権利利益を大きく制約する行為において法定手続違反があった場合、内容的に問題のない処分であっても違法となる可能性がある。（政策法務テキスト132〜134頁）

<問42> ⑦

〔正解〕①（配点25点）

〔解説〕①は妥当である。選択肢に記載の通りである。②は妥当でない。個人情報及び法人情報について、人の生命、健康、生活又は財産を保護するため、公にすることが必要であると認められる情報として公開しようとする場合には、実施機関は意見書を提出する機会を与えられなければならない。③は妥当でない。情報公開法においては、法令上秘密とすべき情報等に関しては、各個別法で情報公開法の適用除外を規定していることから、非公開事由として法令秘情報を規定していない。例えば、戸籍法128条では戸籍及び除かれた戸籍の副本等については、「行政機関の保有する情報の公開に関する法律」の規定は適用しない旨を規定しており、いっぽう、各個別法で情報不公開自由が規定されている。④は妥当でない。実施機関の要請を受けて公にしないとの条件で任意に提供されたものであるのみでは足らず、通例として公にしないこととされているものその他の当該条件を付することが当該情報の性質、当時の状況等に照らして合理的であると認められるものに限って不開示とすることとされている。（政策法務テキスト276〜292頁）

<問43> ⑤

〔正解〕④（配点10点）

〔解説〕①は妥当である。選択肢に記載の通りである。②は妥当である。もっとも、「市町村及び特別区は、当該都道府県の条例に違反してその事務を処理してはならない」（地方自治法2条16項）とされ、「前項の規定に違反して行つた地方公共団体の行為は、これを無効とする」（地方自治法2条17項）と定められている。③は妥当である。都については、都道府県が処理するものとされている事務のみならず、「市町村が処理するものとされている事務のうち、人口が高度に集中する大都市地域における行政の一体性及び統一性の確保の観点から当該区域を通じて都が一体的に処理することが必要であると認められる事務」（地方自治法281条の2第1項）など、都特有の事

務が規定されている。④は妥当でない。地方自治法は、普通地方公共団体として都道府県と市町村を挙げているが、憲法の明文の規定として、都道府県と市町村が挙げられているわけではなく、「地方公共団体」と定められているのみで、憲法が都道府県と市町村の二階層制を保障しているか否かは議論がある。（政策法務テキスト210〜212頁）

＜問44＞ 3

〔正解〕②（配点15点）

〔解説〕①は妥当でない。下位規範の解釈は、上位の法律の趣旨に反しない、委任の範囲内のものであることが前提となる。したがって、上位規範がある法令を解釈する際には、当該解釈が、上位規範の委任の範囲内であるかを確認する必要がある。②は妥当である。選択肢に記載の通りである。③は妥当でない。観念的には、文理解釈から導き出される結果が、住民の権利利益に対して重大な侵害をもたらす事態はあり得るものであり、当該法令又はその解釈は、違憲・違法の疑いがあることになる。④は妥当でない。法令の文理解釈から導き出される結果を適用した場合に、住民に重大な権利利益の侵害を生じさせるとして、自治体は、法に規定された文言どおりに事務処理をしないという選択肢がないではないが、外形的には自治体が違法な行為をしていることになることから、緊急性があり、かつ、執行機関の責任者である自治体の長等の個別の判断がない限り、法に規定された文言どおりの事務処理をしないことは避けるべきである。（政策法務テキスト113頁）

＜問45＞ 5

〔正解〕①（配点15点）

〔解説〕①は妥当である。選択肢に記載の通りである。②は妥当でない。地方自治法上、市町村等の共同処理しようとする事務が他の市町村等の共同処理しようとする事務と同一の種類のものでない場合においても、これを設けることを妨げるものではないと定められている（地方自治法285条１項）。③は妥当でない。広域連合は、法人の設立を通して共同での事務処理を進めるという広域連携の手法で（地方自治法284条３項）、地方自治法上、組合の一種である。④は妥当でない。総務大臣や都道府県知事に対しては許可を得る必要はなく、届け出ればよい（地方自治法252条の２第２項）。（政策法務テキスト216〜221頁）

＜問46＞ 4

〔正解〕④（配点15点）

〔解説〕①は妥当でない。選択肢の記載は「条例の目的に照らしてみる評価」であり、「条例の内容面からみる評価」は、条例によって影響を受ける関係者の視点からの評価を指す。②は妥当でない。運用面の見直しの結果は、主に解釈運用法務の改善へとフィードバックされる。③は妥当でない。法執行が政策目標の達成に向けた能動的活動である以上は、正当・不当という基準からも評価することが重要である。④は妥当である。執行管理には具体的に、執行方針の検討、執行体制の整備、執行細目の決定、執行状況の点検が含まれる。（政策法務テキスト155〜156頁）

<問47> 2

〔正解〕① （配点10点）

〔解説〕①は妥当でない。地方自治法の基本構想策定義務は、2011年に公布された「地方自治法の一部を改正する法律」によって廃止された。②は妥当である。議会の議決手続についても、2011年の「地方自治法の一部を改正する法律」で廃止された。③、④は妥当である。選択肢に記載の通りである。（政策法務テキスト68～69頁）

<問48> 2

〔正解〕④ （配点10点）

〔解説〕①、②、③は妥当である。④は妥当でない。地方自治法14条3項は「普通地方公共団体は、法令に特別の定めがあるものを除くほか、その条例中に、条例に違反した者に対し、2年以下の懲役若しくは禁錮、100万円以下の罰金、拘留、科料若しくは没収の刑又は5万円以下の過料を科する旨の規定を設けることができる」と規定している。（政策法務テキスト92頁）

<問49> 6

〔正解〕② （配点25点）

〔解説〕①は妥当でない。図書館協議会の設置目的に沿う人選であれば、住民に限定されない。②は妥当である。施行規則上は許されないようにも読めるが、上位にある図書館法16条はこれを「参酌」基準としており、人選の1つの目安として位置付けられる。③は妥当でない。教育委員会規則や内規ではなく自治体の条例に基準設定を委ねたことは、自治体の自己決定を尊重する趣旨と読める。④は妥当でない。市民参加を導入することで自治体の法的責任が軽減されると考えるべきではない。半面で、一般的な市民参加には行政判断に対する法的拘束力は認められない。（政策法務テキスト266～268頁）

<問50> 8

〔正解〕② （配点25点）

〔解説〕アは①の多元主義に適合する見解である。イは、④のゴミ缶モデルに適合する見解である。ウは③の権力エリートモデルに適合する見解である。エの見解に適合する理論はない。近いのは合理的決定モデルであるが、ここには掲げられていない。よって②がいずれにも該当しない。（政策法務テキスト343～346頁）

<問51> 5

〔正解〕③ （配点10点）

〔解説〕①は妥当でない。市町村長の場合は、退職しようとする日前20日までに議会の議長に申し出る必要がある。都道府県知事の場合には、退職しようとする日前30日までに議会の議長に申し出る必要がある（地方自治法145条）。②は妥当でない。解職の投票において、3分の1以上の同意ではなく、過半数の同意があったときに、長はその職を失う（地方自治法83条）。③は妥当である。選択肢に記載の通りである（地方自治法178条1項）。④は妥当でない。議会による不信任決議については、議員数の3分の2以上の者が出席し、地方自治法178条1項の場合においては、

その4分の3以上の者の、同条2項の場合においてはその過半数の者の同意がなければならない（地方自治法178条3項）。（政策法務テキスト223〜224頁）

<問52> **5**

〔正解〕③（配点10点）

〔解説〕①は妥当でない。憲法92条は、「地方公共団体の組織及び運営に関する事項は、地方自治の本旨に基いて、法律でこれを定める」と定めている。政令ではなく、法律が正しい。②は妥当でない。憲法93条2項は、自治体における長の直接選挙について義務付けている。③は妥当である。選択肢に記載の通りである。④は妥当でない。組織的画一性について、地方自治を重視する立場からの批判がみられるところである。（政策法務テキスト223頁）

<問53> **4**

〔正解〕①（配点10点）

〔解説〕①は妥当でない。有効性、効率性、公平性、協働性は、「よりよい条例」となるための発展的な条件である。②は妥当である。必要性は、条例の「目的」面に関する基準である。③は妥当である。有効性は、条例中の「手段」面に関する基準であり、政策的検討の中心になる要素である。④は妥当である。公平性の評価は、定性的手法によって行われる。（政策法務テキスト172〜175頁）

<問54> **1**

〔正解〕③（配点15点）

〔解説〕①は妥当でない。並行条例は、法律と同一事項について要件と効果を定めるものであるが、法律とは独立した独自のものであり、自主条例である。②は妥当でない。法律の基準に条例の基準を加えた書き加え条例である。③は妥当である。選択肢に記載の通りである。④は妥当でない。情報公開や住民投票は、義務を課し、権利を制限するものではないので「必要的事項」条例ではなく、自治体が重要と考えて条例に定めている「任意的事項」条例に区分される。（政策法務テキスト39〜42頁）

<問55> **6**

〔正解〕①（配点15点）

〔解説〕アは妥当である。法律上、自治会・町内会は任意加入団体という位置付けになる。イは妥当である。住民が出資する株式会社の形をとる例もあり、会社としての組織運営ルールが導入され、株主である住民との関係で経営上の責任が明確になる。ウは妥当でない。地域自治区の設置は自治会・町内会の運営にとどまらず自治体の運営を変更する決定であり、条例事項である（議会の議決を要する）。エは妥当でない。ここでいう認可とは、自治会・町内会が自治体化するための手続ではなく、法人格を得て財産権の主体となるための手続であり、集会所の建物等の権利者を明確にする（自治会長・町内会長を権利者にしない）意義がある。地方自治法260条の2第6項も参照。（政策法務テキスト257〜259頁）

<問56> 5

〔正解〕② （配点10点）

〔解説〕①は妥当である。地方自治法94条1項は、「町村は、条例で、第89条の規定にかかわらず、議会を置かず、選挙権を有する者の総会を設けることができる」と規定している。②は妥当でない。地方自治法106条は、「普通地方公共団体の議会の議長に事故があるとき、又は議長が欠けたときは、副議長が議長の職務を行う」と規定している。議長及び副議長にともに事故があるときは、年長の議員が臨時議長として議長の職務を行う（地方自治法107条）。③は妥当である。選択肢に記載の通りである（地方自治法115条）。④は妥当である。選択肢に記載の通りである（地方自治法135条各号）。（政策法務テキスト230〜233頁）

<問57> 4

〔正解〕① （配点10点）

〔解説〕①は妥当でない。選択肢の記載は争訟法務の説明であるのに対し、評価・争訟法務には争訟の提起のみならず、立法事実の変化を契機に行われるものも含まれる。②は妥当である。選択肢に記載の通りである。③は妥当である。条例の目的がほとんど達成されていない場合には、条例の抜本的見直しを検討する余地がある。④は妥当である。このほか、自治体が法務マネジメントサイクルを確立すること、及び、自治体による説明責任の履行などが、評価・争訟法務の意義・目的として挙げられる。（政策法務テキスト152〜154頁）

<問58> 1

〔正解〕③ （配点10点）

〔解説〕①、②は妥当である。選択肢に記載の通りである（地方自治法1条の2第1項及び第2項）。③は妥当でない。国と自治体は対等・協力関係にある。④は妥当である。選択肢に記載の通りである。なお、地方自治の本旨には、団体自治と住民自治の二つの要素がある。団体自治は、地方自治が国から独立した団体に委ねられ、団体自らの意思と責任の下でなされるという自由主義的・地方分権的要素である。住民自治は、地方自治が住民の意思に基づいて行われるという民主主義的要素である。（政策法務テキスト24頁）

<問59> 3

〔正解〕④ （配点15点）

〔解説〕①は妥当である。不利益処分を行う場合等、関係者に不利益が生じる可能性があるときは、関係者が自己に不利な事実を積極的に行政に提供することは期待しにくいことから、事実認定のために、行政側からの積極的な調査が必要となることがある。②は妥当である。例えば行政指導として相手方の任意の情報提供を求める場合であっても、行政手続条例に従う必要があるほか、立入調査を行う際に身分証の携帯を義務付ける法律や条例の定めがある場合には、身分証の携帯が必要となる。③は妥当である。選択肢に記載の通りである。④は妥当でない。自治体には、公文書管理法は直接適用されないことから、同様の条例を定めない限り、同様の文書作成義務は直ちには生じない。ただし、事実の正確な記録がなければ、自治体が行った法の解釈運用の適切さを担保する証拠も存在しないことになり、仮に訴訟になった場合にも、自治体の立証活動にも支

障をもたらすことから、収集した情報については適切に記録し、保管する必要がある。（政策法務テキスト111～112頁）

<問60> **7**

〔正解〕②（配点15点）

〔解説〕①は妥当である。例えば、不治の病に関する情報であって、本人がそれを知ることによって精神的に大きな打撃を受け、健康が悪化するおそれがある場合が挙げられる。②は妥当でない。自治体の情報公開条例との整合性の確保を図るため、条例により「個人情報の保護に関する法律」の開示・不開示との調整を図る規定を定めることができる（「個人情報の保護に関する法律」78条2項）。③は妥当である。開示請求者以外の個人のプライバシーの保護を目的としており、死者のプライバシーも保護されるべきと解されている。④は妥当である。法定代理人による家庭内暴力が疑われる事案においては、開示されることにより本人の生命、健康、生活又は財産を害するおそれがあり、不開示とすることが相当である場合が考えられる。（政策法務テキスト306頁, 308～309頁）

<問61> **7**

〔正解〕③（配点15点）

〔解説〕①、②、④は妥当でない。③は妥当である。この判例は、学識経験者等の意見を聞く目的で設置された協議会に提出されたダムサイト候補地点選定位置図について、「協議会の意思形成過程における未成熟な情報であり、公開することにより府民に無用の誤解や混乱を招き、協議会の意思形成を公正かつ適切に行うことに著しい支障が生じるおそれのある」情報であると判断したものである。（政策法務テキスト284頁）

<問62> **4**

〔正解〕②（配点10点）

〔解説〕①は妥当でない。条例に基づく処分に対する不服申立てについても行政不服審査法が適用される。②は妥当である。選択肢に記載の通りである。③は妥当でない。処分庁の最上級行政庁に対する審査請求が原則とされている。④は妥当でない。書面審理が原則とされている。（政策法務テキスト182～183頁）

<問63> **6**

〔正解〕④（配点10点）

〔解説〕①は妥当である。憲法92条がそのことを規定している。②は妥当である。自治会・町内会における意思決定が時に世帯単位であることと対比すると、自治体の選挙制度が個人の尊重と平等原則に根差していることが際立つ。③は妥当である。一部事務組合の議会は、構成自治体の長や議員によって構成されることが通例である。④は妥当でない。憲法93条1項が「議事機関として議会を設置する」と明記している。（政策法務テキスト244～245頁）

<問64> 7

〔正解〕② （配点15点）

〔解説〕①は妥当でない。請求者が求めている文書が何かが客観的に分かれば、特定としては十分であり、大量請求であることのみをもって文書の特定がないとの主張が認められなかった判例（公文書公開請求却下処分取消請求事件・横浜地判平14・10・23D1-law.com判例体系）がある。②は妥当である。各文書不開示処分取消請求控訴事件（東京高判平23・11・30訟月58巻12号4115頁）の第一審判決（東京地判平23・5・26訟月58巻12号4131頁）は、選択肢に記載のような開示請求を権利の濫用として不開示とすることができる旨を判示している。③は妥当でない。一般法理としての権利の濫用に該当するものであり、条例の規定は求められていない。④は妥当でない。特定の部署の公文書を包括的に請求する趣旨の記載は、特段の事情がない限り、公文書を特定するものとは認められないとする判例（行政文書請求拒否処分取消請求控訴事件・東京高判平23・7・20判自354号9頁）がある。（政策法務テキスト291～292頁）

<問65> 2

〔正解〕① （配点15点）

〔解説〕①は妥当である。選択肢に記載の通りである。②は妥当でない。公金を支出する以上、平等性についても十分に検討する必要がある（憲法14条1項）。③は妥当でない。公金を支出する以上、効率性についても十分に検討する必要がある（地方自治法2条14項）。④は妥当でない。説明責任や透明性の観点からも、補助対象を明確にすることは必要不可欠である。（政策法務テキスト66～67頁）

<問66> 5

〔正解〕③ （配点15点）

〔解説〕①は妥当でない。議会ではなく、住民投票においてその過半数の同意を得なければならない（憲法95条）。②は妥当でない。地方自治特別法が議決された後に、一定の手続を経て当該自治体において住民投票が実施されるのであって、議決される前ではない（地方自治法261条）。③は妥当である。選択肢に記載の通りである（地方自治法261条）。④は妥当でない。確かに住民投票が実施されたケースは少ないが、広島平和記念都市建設法の制定以来16件・18市町である。（政策法務テキスト201～202頁）

<問67> 2

〔正解〕③ （配点25点）

〔解説〕①は妥当でない。条例制定権の直接の根拠は憲法94条にあり、地方自治法14条1項はそれを確認したものと解されている。②は妥当でない。徳島市公安条例事件は刑事事件であり、同条例と道路交通法との関係が問題となった。③は妥当である。最高裁判決は、道路交通法のなかに、同法にもとづく許可対象行為を公安委員会が地域的事情を踏まえて決定できる制度があったことを理由に、同法は全国一律的規制を強制する趣旨ではないと解した。④は妥当でない。法律先占論は、法律が制定されたという事実を重視するものであり、制定が条例の前か後かは関係がない。その意味では、「法律専占論」と称されるべきものである。（政策法務テキスト50～51頁）

＜問68＞ 6

〔正解〕④（配点15点）

〔解説〕①は妥当である。選択肢に述べたとおりであり、この理解は③と④の解答にも繋がる。②は妥当である。住民監査請求と住民訴訟は住民が個人で行うことができる点で、直接請求制度とは対照的である。③は妥当である。請求した条例を長から議会に提案させることができるにとどまる。④は妥当でない。署名を集めて自治体に提出することで解職のための住民投票を実施させることができるにとどまる。（政策法務テキスト247～249頁）

＜問69＞ 2

〔正解〕①（配点10点）

〔解説〕①は妥当でない。立法事実は、条例の合憲性審査を行う際にも判断基準の一つとなる。②、③、④は妥当である。選択肢に記載の通りである。（政策法務テキスト59頁）

＜問70＞ 3

〔正解〕②（配点15点）

〔解説〕①は妥当でない。関与に対する審査の申出は、原則として30日以内に行う必要がある。②は妥当である。なお、代執行を行うことができるのは指示事項のみであり、要求事項については代執行を行うことができない（地方自治法245条の8）。③は妥当でない。ふるさと納税の寄附控除制度の対象となる団体に指定されなかった泉佐野市が、不指定処分の取消しを求めて総務大臣を訴え、泉佐野市が勝訴した事案（最三小判令2・6・30民集74巻4号800頁）がある。④は妥当でない。審査の申出については、地方自治法上、議決事項とはされていない。ただし、自治体が国等の措置に対して審査等の申出を行うことが稀であることを踏まえれば、申出自体が異例な事態であると評価されることもあるため、議会や住民に対し情報提供することが望まれる。（政策法務テキスト121～123頁）

自治体法務検定（2023年度）解答用紙（基本法務）

問題番号	解答
1	
2	
3	
4	
5	
6	
7	
8	
9	
10	
11	
12	
13	
14	
15	
16	
17	
18	
19	
20	
21	
22	
23	
24	
25	
26	
27	
28	
29	
30	
31	
32	
33	
34	
35	

問題番号	解答
36	
37	
38	
39	
40	
41	
42	
43	
44	
45	
46	
47	
48	
49	
50	
51	
52	
53	
54	
55	
56	
57	
58	
59	
60	
61	
62	
63	
64	
65	
66	
67	
68	
69	
70	

自治体法務検定（2023年度）解答用紙（政策法務）

問題番号	解答
1	
2	
3	
4	
5	
6	
7	
8	
9	
10	
11	
12	
13	
14	
15	
16	
17	
18	
19	
20	
21	
22	
23	
24	
25	
26	
27	
28	
29	
30	
31	
32	
33	
34	
35	

問題番号	解答
36	
37	
38	
39	
40	
41	
42	
43	
44	
45	
46	
47	
48	
49	
50	
51	
52	
53	
54	
55	
56	
57	
58	
59	
60	
61	
62	
63	
64	
65	
66	
67	
68	
69	
70	

自治体法務検定（2023年度9月）解答一覧（基本法務）

問題番号	解答	配点	問題番号	解答	配点
1	④	10	36	③	10
2	④	25	37	③	15
3	④	10	38	②	15
4	②	15	39	①	10
5	④	15	40	③	10
6	①	10	41	②	15
7	①	10	42	②	10
8	④	15	43	②	25
9	③	15	44	③	15
10	④	25	45	④	25
11	①	15	46	③	15
12	②	10	47	③	10
13	①	25	48	③	15
14	④	10	49	④	10
15	④	15	50	④	10
16	②	10	51	③	15
17	④	15	52	④	15
18	④	15	53	①	15
19	④	25	54	①	15
20	①	10	55	②	10
21	①	25	56	④	10
22	③	15	57	①	25
23	②	10	58	③	10
24	③	10	59	①	10
25	④	15	60	②	15
26	④	15	61	③	10
27	③	15	62	④	15
28	④	15	63	④	15
29	④	15	64	③	15
30	④	15	65	④	15
31	①	10	66	①	25
32	③	10	67	②	10
33	③	25	68	①	10
34	②	10	69	④	10
35	①	10	70	④	10

自治体法務検定（2023年度 9 月）解答一覧（政策法務）

問題番号	解答	配点	問題番号	解答	配点
1	②	15	36	①	10
2	③	10	37	④	10
3	②	15	38	④	15
4	①	15	39	③	15
5	②	15	40	②	10
6	②	10	41	②	25
7	④	15	42	④	25
8	③	15	43	②	10
9	③	10	44	③	15
10	②	10	45	②	10
11	③	15	46	③	10
12	①	10	47	④	15
13	①	25	48	③	10
14	③	10	49	③	25
15	②	15	50	④	10
16	④	15	51	④	15
17	③	25	52	①	10
18	③	25	53	②	10
19	④	25	54	③	15
20	②	15	55	①	15
21	②	25	56	①	10
22	①	10	57	①	15
23	②	15	58	③	15
24	①	15	59	③	10
25	②	10	60	①	10
26	④	25	61	③	10
27	②	10	62	③	10
28	③	10	63	③	15
29	③	15	64	①	10
30	③	15	65	③	15
31	④	15	66	③	10
32	③	25	67	④	10
33	③	15	68	④	15
34	③	10	69	④	10
35	③	15	70	④	15

自治体法務検定（2023年度9月）分野別出題一覧
◎基本法務

分野	出題番号
序章 （基本法務を学ぶにあたって）	47
	60
第1章 （憲法）	8
	14
	18
	32
	33
	39
	49
	52
	53
第2章 （行政法）	2
	5
	15
	17
	21
	35
	38
	40
	41
	42
	43
	48
	54
	62
	68
	69
第3章 （地方自治法）	1
	3
	7
	10
	16
	20
	22
	28

分野	出題番号
第3章 （地方自治法）	29
	30
	37
	45
	46
	50
	51
	55
	57
	59
	61
	63
	65
	67
第4章 （民法）	6
	9
	19
	24
	25
	26
	27
	31
	36
	44
	56
	58
	64
	66
	70
第5章 （刑法）	4
	11
	12
	13
	23
	34

◎政策法務

分野	出題番号
第 1 章 （自治体法務とは）	6
	12
	15
	20
	21
	27
	39
第 2 章 （立法法務の基礎）	19
	24
	33
	34
	43
	45
	49
	52
	54
	61
	65
	68
	69
	70
第 3 章 （解釈運用法務の 基礎）	2
	3
	5
	14
	17
	31
	32
	35
	44
	56
	59
第 4 章 （評価・争訟法務）	4
	13
	25

分野	出題番号
第 4 章 （評価・争訟法務）	29
	47
	48
	53
	55
	57
	64
	66
第 5 章 （自治制度の改革）	8
	10
	16
	18
	36
	38
	62
	67
第 6 章 （市民参加と市民 協働）	9
	11
	26
	40
	46
	63
第 7 章 （情報公開と 個人情報保護）	7
	22
	23
	30
	37
	41
第 8 章 （公共政策と 自治体法務）	1
	28
	42
	50
	51
	58
	60

問題番号	解答	配点
1	④	10
2	②	15
3	③	10
4	①	25
5	④	25
6	④	15
7	①	10
8	②	15
9	②	10
10	③	10
11	②	25
12	①	15
13	②	10
14	②	15
15	④	15
16	①	15
17	③	10
18	③	15
19	③	15
20	④	10
21	④	15
22	②	10
23	③	15
24	④	25
25	②	10
26	③	10
27	③	15
28	③	25
29	④	10
30	③	25
31	②	10
32	③	10
33	③	10
34	②	10
35	④	15

問題番号	解答	配点
36	③	10
37	②	15
38	③	15
39	②	15
40	③	10
41	③	15
42	①	15
43	④	10
44	④	15
45	④	15
46	③	25
47	③	10
48	②	25
49	④	15
50	③	10
51	①	10
52	③	15
53	③	15
54	②	10
55	②	15
56	④	15
57	①	10
58	③	10
59	③	25
60	②	10
61	②	25
62	③	10
63	④	10
64	②	15
65	③	15
66	①	15
67	④	15
68	②	10
69	④	10
70	①	15

自治体法務検定（2023年度２月）解答一覧（政策法務）

問題番号	解答	配点
1	②	15
2	③	25
3	④	10
4	④	10
5	②	15
6	②	15
7	②	15
8	④	10
9	①	15
10	②	25
11	③	10
12	②	25
13	④	15
14	④	10
15	②	15
16	④	10
17	④	10
18	①	15
19	①	10
20	③	15
21	④	25
22	②	10
23	④	10
24	②	25
25	③	10
26	④	10
27	②	15
28	④	15
29	③	15
30	①	15
31	④	15
32	②	10
33	②	25
34	②	10
35	①	15

問題番号	解答	配点
36	④	10
37	④	15
38	④	10
39	②	10
40	④	15
41	①	10
42	①	25
43	④	10
44	②	15
45	①	15
46	④	15
47	①	10
48	④	10
49	②	25
50	②	25
51	③	10
52	③	10
53	①	10
54	③	15
55	①	15
56	②	10
57	①	10
58	③	10
59	④	15
60	②	15
61	③	15
62	②	10
63	④	10
64	②	15
65	①	15
66	③	15
67	③	25
68	④	15
69	①	10
70	②	15

自治体法務検定（2023年度2月）分野別出題一覧

◎基本法務

分野	出題番号	分野	出題番号
序章 （基本法務を学ぶ にあたって）	47	第3章 （地方自治法）	22
	62		27
第1章 （憲法）	14		28
	23		30
	24		32
	25		36
	31		38
	45		42
	53		48
	54		50
	58		51
第2章 （行政法）	1		60
	2		69
	11		70
	20	第4章 （民法）	5
	33		13
	39		16
	40		17
	41		29
	43		34
	46		35
	52		37
	56		44
	59		49
	64		57
	65		61
第3章 （地方自治法）	6		63
	8		67
	9		68
	10	第5章 （刑法）	3
	12		4
	15		7
	18		26
	19		55
	21		66

◎政策法務

分野	出題番号
第1章 （自治体法務とは）	11
	20
	24
	25
	28
	54
	58
第2章 （立法法務の基礎）	3
	5
	6
	8
	12
	13
	18
	19
	40
	47
	48
	65
	67
	69
第3章 （解釈運用法務の基礎）	2
	9
	10
	17
	36
	37
	38
	41
	44
	59
	70
第4章 （評価・争訟法務）	1
	21
	26

分野	出題番号
第4章 （評価・争訟法務）	27
	29
	34
	35
	46
	53
	57
	62
第5章 （自治制度の改革）	31
	33
	43
	45
	51
	52
	56
	66
第6章 （市民参加と市民協働）	16
	39
	49
	55
	63
	68
第7章 （情報公開と個人情報保護）	4
	23
	42
	60
	61
	64
第8章 （公共政策と自治体法務）	7
	14
	15
	22
	30
	32
	50

サービス・インフォメーション

―――――――――― 通話無料 ――――――――――

① 商品に関するご照会・お申込みのご依頼
　　　　　TEL 0120 (203) 694／FAX 0120 (302) 640
② ご住所・ご名義等各種変更のご連絡
　　　　　TEL 0120 (203) 696／FAX 0120 (202) 974
③ 請求・お支払いに関するご照会・ご要望
　　　　　TEL 0120 (203) 695／FAX 0120 (202) 973

●フリーダイヤル（TEL）の受付時間は、土・日・祝日を除く
　9：00～17：30です。
●FAXは24時間受け付けておりますので、あわせてご利用ください。

自治体法務検定問題集
2023年度版

2024年6月10日　初版発行

編　集　　自治体法務検定委員会（委員長　塩野　宏）
発行者　　田　中　英　弥
発行所　　第一法規株式会社
　　　　　〒107−8560　東京都港区南青山2−11−17
　　　　　ホームページhttps://www.daiichihoki.co.jp/

自治検問2023　ISBN 978−4−474−01765−8　C0031　　(7)